Em torno do Mestre

Vinícius

Em torno do Mestre

FEB

Copyright © 1939 *by*
FEDERAÇÃO ESPÍRITA BRASILEIRA — FEB

9ª edição – Impressão pequenas tiragens – 8/2025

ISBN 978-85-7328-617-5

Todos os direitos reservados. Nenhuma parte desta publicação pode ser reproduzida, armazenada ou transmitida, total ou parcialmente, por quaisquer métodos ou processos, sem autorização do detentor do *copyright*.

FEDERAÇÃO ESPÍRITA BRASILEIRA – FEB
SGAN 603 – Conjunto F – Avenida L2 Norte
70830-106 – Brasília (DF) – Brasil
www.febeditora.com.br
editorial@febnet.org.br
+55 61 2101 6161

Pedidos de livros à FEB
Comercial
Tel.: (61) 2101 6161 – comercial@febnet.org.br

Adquirindo esta obra, você está colaborando com as ações de assistência e promoção social da FEB e com o Movimento Espírita na divulgação do Evangelho de Jesus à luz do Espiritismo.

Dados Internacionais de Catalogação na Publicação (CIP)
(Federação Espírita Brasileira – Biblioteca de Obras Raras)

V785t   Vinícius, 1878–1966

         Em torno do mestre / Vinícius. – 9. ed. – Impressão pequenas tiragens – Brasília: FEB, 2025.

        468 p.; 21 cm

        ISBN 978-85-7328-617-5

        1. Jesus Cristo – Interpretações espíritas. 2. Espiritismo I. Federação Espírita Brasileira. II. Título

                                            CDD 133.9
                                            CDU 133. 7
                                            CDE 20.03.00

Sumário

Prefácio da 2ª edição 11

Seixos e gravetos – Primeira parte

O pai e o filho 17
O Mestre e o discípulo 21
Paciência não se perde 27
Felicidade 31
O humano e o divino 35
O mordomo infiel 39
Renúncia 43
Avareza 49
Marta e Maria 53
Ecce Homo 57
Conversão 65
Coragem moral 69
A dor 75
A supremacia do Espírito 79
Soou a hora 81
A crise 85
Deus, justiça, evolução 89
O pecado e a atitude pecaminosa 93
O criminoso e o crime 97

A restauração do inferno 101
Os lírios e as aves 107
Os dois espelhos 111
Pai nosso que estás nos Céus 115
Frase maravilhosa 117
Lobos vorazes 121
O Médico das almas 125
A dracma perdida 127
Einstein e a Religião 131
Colóquio íntimo 133
O pão e o vinho 137
A natureza humana 141
Lázaro e o Rico 147
Jesus, o Mestre 151
A grande lição 155
O sumo bem 159
As milícias do Céu 163
Nil novi sub sole 167
Amor e amores 171
A nossa loucura 175
Ligeiro cavaco 179
Humildes de espírito 181
Tentação 185
Ressurreição 191
Pai! Perdoa-lhes... 197
A suprema conquista 199
Educar 203
Não julgueis 207
A paixão do Senhor 211
Iniquidade? Não. Justiça! 215
O lar 217
O caminho estreito 223

Instrução e educação	225
Jesus e o seu Natal	229
Cristo nasceu? Onde? Quando?	235
A psicose da época	239
Sede perfeitos	241
Honra ao mérito	245
Fé, esperança e caridade	247
O Reino de Deus	249
Crer e crer	253
Canonização da Terra e canonização do Céu	257
A multiplicação dos pães	261
Homo homini lupus	265
Pilatos e a Verdade	269
O magno problema	273
A Torre de Babel	277
A necessidade do momento	279
Jesus e suas parábolas	283
Os nossos caricaturistas	285
Cristianismo e justiça	289
O objetivo do Espiritismo	291
Causas e efeitos	295
O Juízo Final	299
Quem é meu próximo	303
Cruzada contra a verdade	305
A História se repete	309
A cruz do Cristo	313
Em espírito e verdade	315
Ouvindo Stanley Jones	317
Inversões fatais	321
Pátria	325
A Arte	327
Larfobia	329

As pedras verdes 331
O sal da terra 335
A realeza da lei 337
A indigência humana 339
Brado de fé 341
O Unigênito 343
A semente e o fruto 345
Amar o próximo 349

Estilhas e limalhas – Segunda parte

A palavra de Jesus 353
O trabalho 355
Egoísmo 357
A manjedoura de Belém 359
Religião e higiene 361
A Religião da Revelação 363
O emblema dos cristãos 365
A Lei da vida 367
A palavra 369
O valor das obras 371
A luz do mundo 373
Tudo é bom 375
A Lei 377
Nihil 379
Cristianização do mundo 381
Não temas 383
Sem título 385
Justiça 387
A unidade da fé 389
Saulo e Paulo 393
As três dores 395
O ensino religioso 397

Quimeras e realidades 399
A soberania da lei 401
Cânones do século 401
Homens racionais 407
O homem 409
Crer sem ver 411
Orgulho 415
O demônio 417
Inteireza do Cristianismo 419
Olhos de ver 421
Filosofia da felicidade 423
Impressão de viagem 427
Reflexões 431
Vigílias 435
O nonada humano 441
Suprema lei 443
O tempo 445
Os mistérios do amor 447
O Evangelho do reino 451
O Caminho, a Verdade e a Vida 453
Excertos 455
O pêndulo da vida 463

Aos que comigo creem e sentem as revelações do Céu, comprazendo-se em sua doce e encantadora magia, dedico esta obra.

Prefácio da 2ª edição

O leitor vai ler Seixos e gravetos, Estilhas e limalhas, denominações que a modéstia cristã do autor deu ao conteúdo destas páginas. Isso tudo são nomes que se dão a frações ou fragmentos de alguma coisa. Concordo em parte com esse batismo, por conhecer bem de perto o autor.

Eu mesmo quis fazer a revisão e o prefácio da primeira edição. Para tanto, era preciso ler os originais da obra. E esse exercício mental proporcionou-me grande prazer e imenso proveito. Agora, na segunda edição que a benemérita Federação Espírita Brasileira oferece ao leitor, vai o prefácio levemente ampliado para clarear certas expressões então em sentido figurado.

De entrada, devo dizer que estas páginas merecem ser lidas e meditadas por todos quantos se interessam pelas coisas divinas, maximamente nestes dias de tanto ceticismo, o que vale dizer — de tanta dúvida, de tanta inquietação e de tanta indiferença pelas coisas sérias e santas, quais sejam as realidades palpitantes da vida do Espírito além das fronteiras do sepulcro.

Os assuntos aqui esflorados e desenvolvidos instruem, esclarecem e acalmam o espírito sedento de paz e de luz. Aqui encontrará cada leitor, seja qual for a expressão que dê a suas convicções religiosas, uma resposta que satisfaz aos seus anseios íntimos, por isso que o A., seguindo as pegadas do Mestre, sabe ministrar em dosagem adequada o remédio prescrito pela terapêutica do Médico das almas em seu divino formulário que é o Evangelho.

Vinícius não é discutidor. Não sente gosto pela polêmica, talvez porque esta palavra, do grego *polemos*, quer dizer "guerra".

Espírito pacífico e reconhecidamente pacificador, seu método expositivo é cem por cento pedagógico. E o bom pedagogo só constrói, sem usar de instrumento cortante ou contundente, visto que seu processo edificativo se apoia em dois alicerces permanentes e insubstituíveis — o raciocínio e o sentimento. Razão e Coração. Ser pedagogo é, pois, saber conduzir inteligências e consciências na direção da luz e do bem, com critério e carinho, com clareza e segurança, descendo até ao nível da capacidade receptiva dos seus educandos. Aristóteles, um dos luzeiros da Filosofia, chegou a afirmar que o mestre é de mais valia que os pais, porquanto estes apenas dão a vida, enquanto aquele ensina a arte do bem viver.

Vinícius faz jus ao título de pedagogo. É o que afirmam suas numerosas obras e teses magistrais, girando os assuntos, invariavelmente, em torno de uma ideia central que é o esclarecimento, a formação moral e espiritual de seus semelhantes.

Seixos ou gravetos, limalhas ou estilhas — Vinícius disse bem, porque esses 135 temas e respectivas dissertações outra coisa não são que reflexos infinitamente pequenos da Verdade, que é infinitamente grande, por ser a essência mesma da Divindade. *A tua Palavra é a Verdade*, disse Jesus na oração ao Pai pelos seus discípulos (*João*, 17:17). E Vinícius nos conduz a ouvir a Palavra de Jesus, que é a Palavra de Deus.

Em torno do Mestre é livro para a escrivaninha do escritório, para a cabeceira da cama, para o culto doméstico, para a tribuna em qualquer assembleia ou reunião de estudo do Evangelho, seja num templo ou num centro espírita. Vinícius não é controversista, mas exegeta-educador, intérprete fiel da Palavra do Mestre, explicando-a não segundo a letra, mas segundo o espírito que anima e vivifica as palavras. Há quase quatro décadas exerce as funções de educador de almas na tribuna e na pena, e é assim que se explica a razão por que, em cada leitor ou ouvinte, em todo o país, tem ele um fervoroso admirador. É que vem plantando em todos os corações a semente da gratidão.

Romeu A. Camargo
São Paulo (SP), 22 de outubro de 1947.

SEIXOS E GRAVETOS
Primeira parte

O pai e o filho

Sede perfeitos como vosso Pai celestial.

(*Mateus*, **5:48**).

Pai: Que queres filho? Procuras-me com tanta insistência.

Filho: Quero riquezas, meu Pai. Desejo possuir largos cabedais, muitas fazendas, ouro e prata. Aspiro a ser um Creso.

Pai: Dar-te-ei o que pretendes, filho; porém, previno-te de que de novo me buscarás, porque não te sentirás satisfeito.

***

Pai: Aqui estou, filho, que desejas de mim, uma vez que me buscas com tanto interesse?

Filho: Quero saúde, força, vigor físico, resistência. Invejo os Hércules, os Ursos, os Titãs.

Pai: Terás o que solicitas de mim, filho. Não obstante advirto-te: de novo me procurarás, porque não te sentirás satisfeito.

***

Pai: Eis-me aqui, filho. Por que estás assim aflito e me chamas com tamanha impaciência?

Filho: Pai, tenho sede de domínio, de poder, de autoridade. Meu desejo é governar, é conquistar reinos, dominar nações, imperando discricionariamente sobre povos e raças. Tenho por modelos — Napoleão e Júlio César.

Pai: Será deferida a tua petição, filho. Contudo, permite que te observe: de novo me demandarás, porque não te sentirás satisfeito.

***

Pai: Por que bates assim sofregamente nos tabernáculos eternos? Sossega, acalma-te e fala.

Filho: Pai, sou ávido de glórias; a fama me fascina, a notoriedade me arrebata. Nenhuma alegria terei, enquanto não lograr este meu intento. Quero perceber sobre a fronte a coroa de louros que ostentaram os sábios, os grandes poetas, os escritores célebres. Anelo ser Camões, Cícero, Hipócrates.

Pai: Serás atendido, alcançando o que tanto ambicionas. Todavia, aviso-te de que de novo voltarás à minha procura, por isso que não te sentirás satisfeito.

***

Pai: Aqui estou, filho, pede o que desejas, dize o que pretendes de mim.

Filho, finalmente: Pai, quero amar e ser amado. Sinto incontido anseio de expandir o meu coração. Vejo-me constrangido numa atmosfera asfixiante. Meu sonho é amar amplamente, incomensuravelmente. Meu maior desejo é sentir palpitar em mim a vida de todos os seres. Quero o amor sem restrições, ilimitado, infinito. Quero amar com toda a capacidade de meu coração, assim como os pulmões sadios respiram na floresta, nos montes, nos campos e nos bosques!

Meu ideal, Pai, é o Filho de Maria, o Profeta de Nazaré, aquele que morreu na cruz por amor da Humanidade.

Pai: Sê bendito, meu filho. Terás aquilo a que tão sabiamente aspiras. Não me procurarás mais, porque sentirás em ti a plenitude da vida: de ora em diante serás uno comigo.

O Mestre e o discípulo

Discípulo: Senhor, sinto-me desalentado diante das iniquidades do século. Parece que jamais os homens se mostraram tão rebeldes à razão e ao sentimento, como nestes tempos.

Mestre: Desalentado? Por quê? Duvidas, acaso, da segurança do Universo? Desalento é fraqueza, é falta de fé.

Discípulo: Quero ter fé, Senhor, mas vejo a cada passo surgirem tais impedimentos e tais embaraços à vinda do Reino de Deus, que o desânimo me invade a alma.

Mestre: És mais carnal que espiritual. A precipitação é peculiar ao homem. Quando o domínio do Espírito se estabelece, o coração se acalma, serenam as paixões e a fé não vacila mais. A pressa é não só inimiga da perfeição, como também da razão. Os atrabiliários e insofridos jamais arrazoam com acerto. O Reino de Deus há de vir e está vindo a cada instante, para aqueles que o querem e sabem querê-lo. A vontade de Deus há de ser feita na Terra, como já o é nos Céus. Espera e confia, vigia e ora. Não deves medir o curso das ideias como medes o curso da tua existência: esta se escoa através de alguns dias fugazes, enquanto aquelas se agitam no transcorrer dos séculos e dos milênios.

Discípulo: Bem sei, Senhor, que deve ser como dizes. Eu supunha, no entanto, que a obra da evolução caminhasse sem intermitências; por isso queria vê-la em marcha ascensional, triunfando dos óbices e tropeços com que os homens, em sua ignorância e maldade, costumam juncar-lhe o caminho. Esta vitória do mal sobre o bem, da opressão sobre a liberdade me amargura e angustia. Tal vitória é certamente efêmera; contudo, é um entrave à evolução, é uma pedra de tropeço que, não se sabe por quanto tempo, conservará o carro do progresso entravado.

Mestre: Enganas-te. A evolução é lei imutável. Não há forças, não há potências conjugadas capazes de a impedir, nem mesmo embaraçar-lhe a ação e a eficiência. Nem um só instante a obra da evolução sofreu interrupções na eternidade do tempo e no infinito do espaço.

Discípulo: Como explicas, então, Senhor, a iniquidade, a tirania, a mentira e a corrupção que ora imperam na sociedade terrena? O mundo estará evolutindo sob o influxo de tais elementos?

Mestre: Erras nos teus juízos, pelos motivos já expostos. Ignoras que é precisamente sofrendo iniquidades e suportando opressão que o homem vai compreender o valor da justiça e da liberdade? Não sabes que só a experiência convence os Espíritos rebeldes? Não vês como os doentes amam a saúde, como os oprimidos sonham com a liberdade e os perseguidos suspiram pela justiça? Julgas que esta geração adúltera e incrédula se converta apenas com os testemunhos do Céu e com as palavras de amor expressas no Evangelho do reino? Supões que todos se amoldam à graça sem o aguilhão da lei? Em mundos como este, é preciso privar os seus habitantes de certos bens, para que se inteirem do valor e importância desses mesmos bens. Suportando injustiças e afrontas, vendo seus direitos postergados pelo despotismo, os homens aprenderão a venerar a justiça, subordinando-lhe os interesses temporais e tornando-se capazes de renúncias e de sacrifícios em prol de seu advento.

Discípulo: Começo a ver luz onde tudo se me afigurava escuro. Todavia, Senhor, seja-me permitido ainda algumas perguntas.

Mestre: Pede e receberás; bate e se te abrirá, busca e acharás.

Discípulo: De tal modo, a obra da redenção jamais se interrompe e, mesmo através de todas as anomalias, ela se realiza fatalmente?

Mestre: Decerto: se assim não fora, a Suprema Vontade não se cumpriria e Deus deixaria de ser Deus. A evolução, no que respeita ao Espírito, opera-se pela educação dos seus poderes e faculdades latentes. Ora, todas as vicissitudes, todas as lutas, todos os sofrimentos, em suma, contribuem para incentivar o desenvolvimento das possibilidades anímicas. Assim, pois, quer o Espírito goze os salutares efeitos da prática do bem e da conduta reta; quer suporte as amargas consequências do mal cometido, da negligência no cumprimento do dever, da corrupção a que se entregue, ele estará educando-se, e, portanto, evolvendo. Pelo amor e pela dor, sob a doçura da graça, ou sob a inflexibilidade da lei — caminhará, sempre, em demanda dos altos destinos que lhe estão reservados.

Discípulo: Falas na santa obra da educação. Feriste, Senhor, o alvo, o eixo em torno do qual giram as minhas lucubrações mais acuradas. Compreendo muito bem a importância da educação. Vejo claramente que só a religião da educação, tal como ensinaste e exemplificaste, pode salvar a Humanidade. Mas como vingará esta fé, se os dirigentes, os dominadores de consciências, aqueles, enfim, que têm ascendência sobre o povo são os primeiros a deseducá-lo, a corrompê-lo, premiando os caracteres fracos e venais que se sujeitam aos seus caprichos e perseguindo os poucos que, capazes de sofrer pela justiça e pela verdade, pelo direito e pela liberdade, resistem ao despotismo do século? Tal processo de corrupção não invalidará, pelo menos por tempo indeterminado, a eficiência da educação?

Mestre: Nada há encoberto que não seja descoberto, nem algo oculto que se não venha a saber. Falas em processo de corrupção que poderá deseducar o povo. Ignoras, então, que o Espírito educado jamais se deseduca? A lei é avançar e não retroagir. Os que se submetem às influências dos maus e dos prevaricadores, deixando-se corromper por falaciosas promessas, são Espíritos fracos, egoístas e amigos da ociosidade, da vida cômoda e fácil. São os tais que entram pela porta larga e transitam pela estrada espaçosa e ampla que conduz à perdição. É possível que tais indivíduos se abastardem ao extremo, levados pelos corruptores de consciências, mas o dia do despertar há de chegar. Tanto maior será a reação quanto mais o Espírito se tenha degradado. E, às vezes, é o único meio de corrigir os cínicos, os hipócritas e os indolentes.

Discípulo: E os empreiteiros da corrupção, até quando continuarão entregues a tão abjeta tarefa?

Mestre: Eles são instrumentos inconscientes de punição. Os homens castigam-se mutuamente. São semelhantes aos seixos que rolam no fundo dos rios, arrastados pela corrente das águas. No começo, eram ásperos e arestosos, mas, à força de se entrechocarem e se friccionarem, acabam alisando-se, tornando-se polidos e brunidos, como trabalhados por mão de artista. Cumpre notar ainda que a cada um será dado segundo as suas obras. O déspota de hoje será a vítima de amanhã — pois quem com ferro fere com ferro será ferido.

Discípulo: Estás com a razão, Senhor. És, de fato, o Caminho, a Verdade e a Vida. És a luz do mundo.

Mestre: Lembra-te do que eu disse: Vós sois o sal da Terra e a luz do mundo. Não se acende uma candeia para colocá-la debaixo dos móveis, mas no velador, para que a todos ilumine. Portanto, não basta que me consideres luz, é preciso que te *tornes luz*.

Discípulo: Cada vez mais me arrebatas com a tua luz, aclarando os problemas da vida, tornando acessíveis a todas as inteligências os mais complexos problemas sociais.

Mestre: Confessas que tens entendido o que Eu disse? Bem-aventurado serás, se puseres em prática os meus ensinamentos. Não te esqueças: *se os praticares*. Trata, pois, de descobrir o Reino de Deus em ti mesmo, no teu coração; depois, procura implantá-lo em teu lar; depois, em tua rua; depois, no mundo. Não tenhas pressa. Confia e espera, vigia e ora. Não penses em fazer o mais, antes de fazer o menos. No Universo, tudo é ordem e harmonia.

Paciência não se perde

Pela paciência possuireis as vossas almas.

É muito comum ouvirmos esta exclamação: perdi a paciência! Como sabem, porém, que perderam a paciência? Por que quando precisaram daquela virtude para se manterem calmos e serenos não a encontraram consigo, e, por isso, exasperaram-se, praticaram desatinos, proferiram impropérios e blasfêmias?

Só pelo fato de não encontrarem em seu patrimônio moral aquela virtude, alegam logo que a perderam. Como poderiam, porém, perder o que não possuíam?

Será melhor que os homens se convençam de que eles não têm paciência, que ainda não alcançaram essa preciosa qualidade que, no dizer do Mestre insigne, é a que nos assegura a posse de nós mesmos: *Pela paciência possuireis as vossas almas.* E não pode haver maior conquista que a conquista própria. Já alguém disse, com justeza, que o homem que se conquistou a si mesmo vale mais que aquele que conquistou um reino. Os reinos são usurpados mediante o esforço e o sangue alheio, enquanto a posse de si mesmo só pode advir do esforço pessoal, da porfia enérgica e perseverante da individualidade própria, agindo sobre si mesma.

Todos esses, pois, que vivem constantemente alegando que perderam a paciência, confessam involuntariamente que jamais a tiveram. Paciência não se perde como qualquer objeto de uso ou como uma soma de dinheiro. Os que ainda não lograram alcançá-la, revelam essa falha precisamente no momento em que se exasperam, em que perdem a compostura e cometem despautérios. Quando, depois, o ânimo serena, o homem diz: perdi a paciência. Não perdeu coisa alguma; não tenho paciência é o que lhe compete reconhecer e confessar.

As virtudes, esta ou aquela, fazem parte de uma certa riqueza cujo valor imperecível Jesus encarece sobremaneira em seu Evangelho, sob estas sugestivas palavras: *Granjeai aquela riqueza que o ladrão não rouba, a traça não rói, o tempo não consome e a morte não arrebata*. Tais bens são, por sua natureza, inacessíveis às contingências da temporalidade, e não podem, portanto, desaparecer em hipótese alguma. Constituem propriedade inalienável e legitimamente adquirida pelo Espírito, que jamais a perderá.

Não é fácil adquirirmos certas virtudes, entre as quais se acha a paciência. A aquisição da paciência depende da aquisição de outras virtudes que lhe são correlatas, que se acham entrelaçadas com ela numa trama perfeita. A paciência — podemos dizer — é filha da humildade e irmã da fortaleza, do valor moral. O orgulho é o seu grande inimigo. A fraqueza de Espírito é outro obstáculo à conquista daquele precioso tesouro. Todos os movimentos intempestivos, todo ato violento, toda atitude colérica são oriundos da suscetibilidade do nosso amor-próprio exagerado. A seu turno, os desesperos, as aflições incontidas, os estados de alucinação, os impropérios e blasfêmias são consequências de fraqueza de ânimo ou debilidade moral. A calma e a serenidade de ânimo, em todas as emergências e conjunturas difíceis da vida, só podem ser conservadas mediante a fortaleza e a humildade de Espírito. É essa condição inalterável de ânimo que se denomina *paciência*. Ela é incontestavelmente atestado eloquente de alto padrão moral.

Naturalmente, em épocas de calmaria, quando tudo corre ao sabor dos nossos desejos, *parece* que possuímos aquele preciosíssimo bem. Os homens, quando dormem, são todos bons e inocentes. É exatamente nas horas aflitivas, nos dias de amargura, quando suportamos o batismo de fogo, que verificamos, então, a inexistência da sublime virtude conosco.

No mundo, observou o Mestre, *tereis tribulações, mas tende bom ânimo, eu venci o mundo* (*João*, 16:33). Como Ele venceu, cumpre a nós outros, como discípulos, imitá-lo, vencendo também. Cristo é o sublime modelo, é o grande paradigma. Não basta conhecer seus ensinamentos, é preciso praticá-los. Daqui a necessidade de fortificarmos nosso Espírito, retemperando-o nos embates cotidianos como o ferreiro que, na forja, tempera o aço até que o torna maleável e resistente.

A existência humana é urdida de vicissitudes e de imprevistos. Tais são as condições que havemos de suportar como consequências do nosso passado. A cada dia a sua aflição — reza o Evangelho em sua empolgante sabedoria. Portanto, cumpre nos tornemos fortes para vencermos. Fomos dotados dos predicados para isso. *Tudo que eu faço*, asseverou o Mestre, *vós também podeis fazer*. Se nos é dado realizar os feitos maravilhosos do Cristo de Deus, por que permanecemos neste estado de miserabilidade moral?

Simplesmente porque temos descurado a obra de nossa educação. A educação do Espírito é o problema universal.

A obra da salvação é obra de educação, nunca será demais afirmar esta tese.

A religião que o momento atual da Humanidade reclama é aquela que apela para a educação sob todos os aspectos: educação física, educação intelectual, educação cívica, educação mental, educação moral.

A fé que há de salvar o mundo é aquela que resulta desta sentença: *Sede perfeitos como vosso Pai celestial é perfeito.*

Felicidade

Existe a felicidade? Será ficção ou realidade? Se não existe, por que tem sido essa a aspiração de todas as gerações através dos séculos e dos milênios? Já não seria tempo de o homem desiludir-se? Se existe, por que não a encontram os que a buscam com tanto empenho?

Que nos responda o poeta:

"A felicidade está onde nós a pomos; e nunca a pomos onde nós estamos".

Eis a questão. A felicidade é um fato desde que a procuremos onde realmente ela está, isto é, em nós mesmos.

O desapontamento de muitos com relação à felicidade, desapontamento que tem gerado incredulidade e pessimismo, origina-se de a terem procurado no exterior, onde ela não está; origina-se ainda de a suporem dependendo de condições e circunstâncias externas, quando todo o seu segredo está em nosso foro íntimo, no labirinto dos refolhos de nosso ser.

O problema da felicidade é de natureza espiritual. Circunscrito à esfera puramente material, jamais o homem o resolverá. O anseio de felicidade que todos sentimos vem do Espírito, são protestos de uma voz interior.

O erro está em querermos atender a esses reclamos por meio das sensações da carne e da gratificação dos sentidos.

Daí a insaciabilidade, daí a eterna ilusão! O fracasso vem da maneira como pretendemos acudir ao clamor do Espírito. Ao ruflar de asas, respondemos com o escarvar de patas.

A ideia da felicidade é tão real como a da imortalidade: aquela, porém, como esta, diz respeito à alma, não ao corpo. Ao Espírito cumpre alcançar a felicidade que está, como a imortalidade, em si mesmo, na trama da própria vida, dessa vida que não começa no berço nem termina no túmulo.

A felicidade, neste mundo onde tudo é relativo, não exclui o sofrimento. Mesmo na dor, a felicidade legítima permanece atuando como lenitivo.

De outra sorte, sofrer durante certo tempo e ver-se, depois, livre do sofrimento, já não será felicidade? O doente que recupera a saúde e o prisioneiro que alcança a liberdade já não se sentem, por isso, felizes? A saudade que nos crucia não se transforma em gozo quando, novamente, sentimos palpitar, bem junto ao nosso, o coração amado?

Não é bom sofrer para gozar? É assim que, muitas vezes, a felicidade surge da própria dor como a aurora irrompe da noite caliginosa.

O descanso é um prazer após o trabalho; sem este, que significação tem aquele? Assim a felicidade. Ela representa o fruto de muitos labores, de muitas porfias e de acuradas lutas. Vencer é alcançar a felicidade. Podemos, acaso, conceber vitória sem refregas? Quanto mais árdua é a peleja, maior será a vitória, mais saborosos os seus frutos, mais virentes os seus louros.

Para a felicidade fomos todos criados. *Quero que o meu gozo esteja em vós, e que o vosso gozo seja completo* (João, 15:11). As graças divinas estão em nós, mas não as percebemos. A vida animalizada que levamos ofusca o brilho da luz íntima que somos nós mesmos. Vivemos como que perdidos, insulados, ignorando-nos a nós próprios. Encontrarmo-nos e nos reconhecermos como realmente somos — eis a felicidade. Fugirmos da espiritualidade é fugirmos de nós mesmos. Querendo fruir prazeres sensuais, adulteramos nossa íntima natureza, resvalando para o abismo da irracionalidade. Desse desvirtuamento vem a dor, dor que nos chama à realidade da vida e nos conduz à felicidade.

A alegria de viver é consequência natural de um certo estado de alma, e significa viver profundamente.

Eu vim para terdes vida e vida em abundância (João, 10:10). A verdadeira vida é sempre cheia de alegria; é um dia sem declínio, um sol sem ocaso. O Céu é a região da luz sempiterna. A ele não iremos pela estrada ensombrada de tristezas, luto e melancolia. O caminho que conduz à felicidade, resolvendo os problemas da vida, é estreito: não é escuro nem sombrio. Estreito, no caso, significa difícil, mas não lúgubre.

A alegria de viver nasce do otimismo, o otimismo nasce da fé. Sem fé ninguém pode ser feliz. Sem fé e sem amor não há felicidade.

As virtudes são suas ancilas. Haverá felicidade maior que nos sentirmos viver no coração de outrem? *Pai, quero que eles* [os discípulos] *sejam um em mim, como eu sou um contigo (João, 17:21).* A fusão de nossa vida em outra vida é a máxima expressão da ventura. O egoísmo é o seu grande inimigo. Alijá-lo de nós é dar o primeiro passo na senda da felicidade.

Sendo a felicidade resultante de uma série de conquistas, é, por isso mesmo, obra de educação. Através da autoeducação de nosso Espírito, lograremos paulatinamente a felicidade verdadeira. *O Reino de Deus* — que é o do amor, da justiça e da liberdade — *está dentro de nós,* disse Jesus com o peso de sua autoridade. Descobri-lo, torná-lo efetivo, firmar em nós o império desse reino, vencendo os obstáculos e os embaraços que se lhe opõem — tal é a felicidade.

Para finalizar, concedamos a palavra a Léon Denis, o grande apóstolo da Nova Revelação.

Como a educação da alma é o senso da vida, importa resumir seus preceitos em palavras: "Aumentar tudo quanto for intelectual e elevado. Lutar, combater, sofrer pelo bem dos homens e dos mundos. Iniciar seus semelhantes nos esplendores do verdadeiro e do belo. Amar a verdade e a justiça, praticar para com todos a caridade, a benevolência, tal é o segredo da FELICIDADE, tal é o dever, tal é a Religião que o Cristo legou à Humanidade".

O humano e o divino

As religiões pretendem estabelecer uma linha de separação entre aquilo que se convencionou denominar humano e aquilo que se conhece como divino.

Para as religiões, o humano é o natural, e o divino é o sobrenatural. Há em tudo isto, certamente, um mal-entendido, sendo mesmo um erro de apreciação que deve ser reparado.

Se considerarmos como humano — o que os homens costumam desnaturar e corromper — estamos de pleno acordo. Neste particular não há só uma linha, mas um abismo de separação entre o que é do homem e o que é de Deus. Mas, se compreendermos por humano o que é natural ou da Natureza, não há nenhuma linha de distinção entre o humano e o divino. Em resumo: tudo o que é natural é divino. A Natureza mesma é divina em todas as suas manifestações. Nosso corpo é humano e é divino ao mesmo tempo, porque é obra de Deus. Nada há no Universo infinito que não proceda do Supremo Arquiteto: logo, tudo é divino.

O objeto da Religião não é, como supõem os credos religiosos, separar o humano do divino: é aperfeiçoar o humano até que ele se divinize. Não é menoscabar ou destruir a matéria, mas submetê-la ao império do Espírito.

Nosso corpo, segundo afirma São Paulo, é santuário de Deus. Se é verdadeira a afirmativa do apóstolo — e cremos piamente que o seja — nosso corpo é divino.

Desprezá-lo ou sujeitá-lo propositadamente a sevícias e mortificações não é virtude: é antes um delito. O Converso de Damasco disse: Quem destruir o santuário divino, Deus o destruirá. E disse isto em alusão ao corpo humano.

Jesus — o divino entre os divinos — não menosprezou o corpo. Ele é o Verbo que se fez carne e habitou entre os homens. Não se sentiu diminuído em se dizer — Filho do Homem. Jamais aconselhou o abandono do corpo aos males que o danificam. Os leprosos, cobertos de chagas pútridas, não causavam repugnância ao Enviado Celeste. Sobre essas pústulas asquerosas o Cristo de Deus impunha suas mãos e as sarava prontamente. A pureza vencia as impurezas, mostrando na carne a obra que devia também ser feita no Espírito. Nem mesmo a matéria em decomposição inspirava asco ao Filho de Deus.

O alto escopo do Espírito não é desprezar, nem mortificar, nem odiar a carne: é simplesmente dominá-la, sujeitando-a ao seu governo e direção.

O sobrenatural é o absurdo, e o absurdo é dos homens, embora as religiões pretendam que seja de Deus. Com Deus está a verdade, a luz, a ordem, a Natureza em sua plenitude excelsa e deslumbrante. Se o homem obedecesse à Natureza, estaria sempre com Deus. O Espírito também é da Natureza: as leis que lhe presidem o destino são naturais como as que governam a mecânica celeste no giro dos planetas; como as que determinam a germinação da semente ou a coloração das flores. A Natureza abrange tudo, nada havendo fora da influência e da regência de suas leis.

Há fenômenos insólitos, preternaturais, mas sobrenaturais nunca houve, nem haverá. A própria luta do Espírito com a carne é um fenômeno da Natureza. O homem sente que deve vencer a matéria. A dignidade própria lhe diz intimamente que ele só poderá ser grande se triunfar sobre a matéria e seus desejos. O homem tem consciência que o senso da vida repousa nessa porfia e na consequente vitória que ele deve alcançar. E tudo isto é divino porque foi concebido por Deus, faz parte do seu programa de educação destinado à redenção dos seus filhos, que são os filhos da Humanidade.

Não desprezemos, pois, coisa alguma. Amemos o que é puro e até o que é impuro, lembrando que o amor tudo purifica. Jesus não desdenhou os delinquentes de qualquer matiz; e até mesmo a mulher adúltera e a pecadora Madalena encontraram nele refúgio e redenção. Os homens profanam o santuário de Deus, entregando-se aos caprichos desordenados do egoísmo insaciável. Desvirtuam o corpo, corrompendo e adulterando as suas manifestações e expansões naturais. Daí o estrabismo das igrejas criar artificialmente uma distinção entre o natural e o divino, como se tal distinção pudesse existir. Tal a origem dos jejuns, dos cilícios e mortificações infligidas ao corpo, como meio de alcançar o Céu. Erro palmar. O Céu é dos fortes e não dos fracos que fogem à luta; é dos que combatem com lealdade, de viseira erguida, e não com astúcia. Enfraquecer o corpo para assegurar a vitória do Espírito importa num falso processo de vencer. É ilusório esse triunfo. O Espírito, em verdade, não venceu o inimigo; iludiu-o apenas. Não se abrem as portas dos tabernáculos eternos com gazua. Jesus prometeu a Pedro, como aliás aos demais apóstolos, as *chaves*, não as *gazuas*, do Reino dos Céus.

O caminho de evolução é um só, alegorizado naquela porta estreita e estrada apertada de que nos fala o Evangelho.

Não procuremos, portanto, o marco que divide o humano do divino, porque tal marco é uma ilusão. Divinizemos o humano. Para que tal conseguíssemos é que o Verbo Divino se humanou.

O mordomo infiel

Havia um homem rico, que tinha um administrador; e este lhe foi denunciado como esbanjador de seus bens. Chamou-o e perguntou-lhe: Que é isto que ouço dizer de ti? dá conta da tua mordomia; pois já não podes mais ser meu mordomo. Disse o administrador consigo: Que hei de fazer, já que meu amo me tira a administração? Não tenho forças para cavar, de mendigar tenho vergonha. Eu sei o que hei de fazer para que, quando for despedido do meu emprego, me recebam em suas casas. Tendo chamado cada um dos devedores do seu amo, perguntou ao primeiro: Quanto deves ao meu amo? Respondeu ele: Cem cados de azeite. Disse-lhe, então: Toma a tua conta, senta-te depressa e escreve cinquenta. Depois perguntou a outro: E tu, quanto deves? Respondeu ele: Cem coros de trigo. Disse-lhe: Toma a tua conta, e escreve oitenta. E o amo louvou o administrador iníquo, por haver procedido sabiamente; porque os filhos deste mundo são mais sábios para com sua geração do que os filhos da luz. E eu vos digo: Granjeai amigos com as riquezas da iniquidade, para que, quando estas vos faltarem, vos recebam eles nos tabernáculos eternos. Quem é fiel no pouco também é fiel no muito; e quem é injusto no pouco também é injusto no muito. Se, pois, não fostes fiéis nas riquezas injustas, quem vos confiará as verdadeiras? E se não fostes fiéis no alheio, quem vos dará o que é vosso? Nenhum servo pode servir a dois senhores; porque ou há de aborrecer a um e amar o outro, ou *há de unir-se a um e desprezar o outro. Não podeis servir a Deus e a Mamon* (*Lucas*, 16:1 a 13).

Personagens da Parábola:

O amo ou proprietário: Deus.

O mordomo infiel: o homem.

Os devedores beneficiados: Nosso próximo.

A propriedade agrícola: O mundo em que habitamos.

Moralidade: o homem é mordomo infiel porque se apodera dos bens que lhe são confiados para administrar, como se tais bens constituíssem propriedade sua. Acumula esses bens, visando exclusivamente a proveitos pessoais; restringe sua expansão, assenhoreia-se da terra cuja capacidade produtiva delimita e compromete. Enfim, todo o seu modo de agir com relação à propriedade, que lhe foi confiada para administrar, é no sentido de monopolizá-la, segregá-la em benefício próprio, menosprezando assim os legítimos direitos do proprietário.

Diante de tal irregularidade, o senhorio se vê na contingência de demiti-lo. Essa exoneração do cargo verifica-se com a morte. Todo Espírito que deixa a Terra é mordomo demitido. A parábola figura um, cuja prudência louva. É aquele que, sabendo das intenções do amo a seu respeito e reconhecendo que nada lhe era dado alegar em sua defesa, procura, com os bens alheios ainda em seu poder, prevenir o futuro. E como faz? Granjeia amigos com a riqueza da iniquidade, isto é, lança mão dos bens acumulados, que representam a riqueza do amo sob sua guarda, e, com ela, beneficia a várias pessoas, cuja amizade, de tal forma, consegue conquistar.

E o amo (Deus) louva a ação do mordomo (homem) que assim procede, pois esses a quem ele aqui na Terra beneficiara serão aqueles que futuramente o receberão nos tabernáculos eternos (páramos celestiais, espaço, Céu etc.).

O grande ensinamento desta importante parábola está no seguinte: Toda riqueza é iníqua. Não há nenhuma legítima no terreno das temporalidades. Riquezas legítimas ou verdadeiras são unicamente as de ordem intelectual e moral: o saber e a virtude. Não assiste ao homem o direito de monopolizar a terra, nem de açambarcar os bens temporais que dela derivam. Seu direito não vai além do usufruto. Como, porém, todos os homens são egoístas e querem monopolizar os bens terrenos em proveito exclusivo, o Mestre aconselha com muita justeza que, ao menos, façam como o mordomo infiel: granjeiem amigos com esses bens dos quais ilegalmente se apossaram.

A parábola vertente contém, em suma, uma transcendente lição de Sociologia, encerrando um libelo contra a avareza e belíssima apologia da liberalidade e do altruísmo, virtudes cardeais do Cristianismo.

Obedecem ao mesmo critério, acima exposto, estes outros dizeres da parábola: Quem é fiel no pouco também é fiel no muito. Se, pois, não fostes fiéis nas riquezas injustas, quem vos confiará as verdadeiras? E se não fostes fiéis no alheio, quem vos dará o que é vosso? Não podeis servir a dois senhores: a Deus e às riquezas.

É claro que a riqueza considerada como sendo *o pouco*, como sendo *a iníqua* e *a alheia*, é aquela que consiste nos bens temporais; e a riqueza reputada como sendo *o muito*, como sendo o fruto da justiça e que constitui legítima propriedade nossa, é aquela representada pelo saber, pela virtude, pelos predicados de caráter, numa palavra, pela evolução conquistada pelo Espírito no decurso das existências que se sucedem na eternidade da vida.

A terra não constitui propriedade de ninguém: é patrimônio comum. E, como a terra, qualquer outra espécie de bens, visto como toda a riqueza é produto da mesma terra. Ao homem é dado desfrutá-la na proporção estrita das suas legítimas necessidades. Tudo que daí passa ou excede é uma apropriação indébita.

Não se acumula ar, luz e calor para atender aos reclamos do organismo. O homem serve-se naturalmente daqueles elementos, sem as egoísticas preocupações de entesourar.

O testemunho eloquente e insofismável dos fatos demonstra que o solo, quanto mais dividido e retalhado, mais prosperidade, mais riqueza e paz assegura aos povos e às nações.

Radix omnium malorum est avaritia.

Renúncia

Não pode haver progresso integral sem renúncia. A obra do aperfeiçoamento do nosso Espírito é urdida de renúncias sob aspectos multiformes. Não há caráter consolidado que se não funde numa série de renúncias. Quem não sabe renunciar, jamais firmará as bases seguras de sua evolução. Renunciar é vencer, vencer é viver. A redenção é impraticável fora da órbita das renúncias: só nesse ambiente o Espírito conquista a liberdade e firma o seu império.

O homem é um animal que se espiritualiza. Veio do império dos instintos, e caminha para o reinado da razão. O desenvolvimento harmônico dos atributos do Espírito — inteligência, razão, vontade e sentimentos — determina naturalmente o recuo do instinto. À medida que o Espírito assegura seu poder, a animalidade se restringe. Semelhante transição, de um para outro reino, é obra da renúncia.

O instinto representa o domínio da carne; a razão, o do Espírito. Há estágios na vida dos seres em que o instinto tem a primazia: época da irracionalidade. Outros há em que o despotismo do instinto constitui a fonte de todos os males: ciclo racional. O animal tem no instinto o seu guia. Para o homem o guia deve ser a razão. Sempre que esta fraqueja, cedendo lugar àquele, o homem erra e sofre. Erra porque se deixa arrastar, tendo já o leme e a bússola para orientar-se, ao sabor das vagas que o desviam do roteiro normal da vida. Sofre porque o erro é causa cujo efeito é a dor.

O instinto não reúne os requisitos necessários para satisfazer as aspirações do Espírito, antes constitui-lhe embaraço. Daí a necessidade de restringi-lo, impondo limites cada vez mais restritos às suas exigências. E isto só se consegue pela renúncia.

A grande maioria dos homens vegeta entre duas tiranias: uma que atua no seu interior, e se denomina instinto; outra que age de fora para dentro, e se chama sentidos. Subjugado pelo instinto e fascinado pelos sentidos, o homem torna-se um ser híbrido, incoerente e extravagante, capaz de todas as aberrações. Só a renúncia, jugulando a cobiça e refreando os instintos, poderá quebrar os grilhões desse duplo e aviltante cativeiro.

É o que São Paulo aconselha em sua *Epístola aos romanos* (12:1), sob os seguintes dizeres: *Rogo-vos, irmãos, pela compaixão de Deus, que apresenteis os vossos corpos como um sacrifício vivo, santo e agradável a Deus, pois em tal importa o culto racional; e não vos conformeis com este mundo, mas transformai-vos pela renovação da vossa mente, para que proveis qual é a boa, agradável e perfeita vontade de Deus.*

Para que o nosso corpo seja um sacrifício vivo em oferenda perpétua, é indispensável manter aceso o fogo da renúncia na imolação do instinto e da cobiça.

***

Se alguém vem a mim e não renuncia a seu pai, mãe, mulher, filhos, irmãos e irmãs, e ainda à sua própria vida, não pode ser meu discípulo... Assim, pois, todo aquele que dentre vós não renuncia a tudo que possui, não pode ser meu discípulo. Quem tem ouvidos de ouvir, ouça.

Sempre que o incomparável Mestre fechava seus discursos com a frase — quem tem ouvidos de ouvir, ouça — queria, com isso, dizer: quem for capaz penetre o sentido destas palavras, porque o meu ensino não está na letra que mata, mas no espírito que vivifica. O trecho, acima inscrito, acha-se em tais condições.

Jesus tinha o lar e a família na mais alta consideração. Segundo seu modo de ver, no lar e na família se consubstanciavam os maiores bens, aqueles a que o homem se achava mais intimamente ligado. Daí citar precisamente o lar e a família, ao lado da própria vida, como os objetos que fazem jus aos nossos maiores afetos e ao nosso mais profundo e radicado apego.

Todavia, esses tesouros devem ser renunciados quando constituam embaraços à obra da redenção de nossos Espíritos.

Mas, afinal, de que consta essa renúncia e como deve ser executada? Aqui cumpre lembrar a observação do Senhor: *Quem tiver ouvidos de ouvir, ouça.*

A renúncia, tal como Jesus a estabelece, não significa, no que respeita à família, o seu abandono nem o arrefecimento do afeto que une os corações destinados a viverem sob o mesmo teto; e no que concerne aos bens temporais, a renúncia não importa tampouco em abrirmos mão de tudo que possuímos, transformando-nos em párias ou mendigos.

Renúncia, segundo o critério evangélico, quer dizer capacidade moral, força de caráter capaz de sobrepor, em qualquer emergência ou conjuntura, a causa da justiça e da verdade acima de todos os interesses, de todas as volições e prazeres, e mesmo acima das nossas mais legítimas e caras afeições. Tal é a condição — *sine qua non* — estabelecida por Jesus para nos tornarmos seus discípulos.

Esta importantíssima questão tem sido mal interpretada pela teologia de certos credos cristãos. Do estrabismo teológico nasceram os conventos. Os reclusos das celas supõem, com isso, apressar o dia da redenção de suas almas. Enganam-se redondamente, pois, antes, retardam a aurora desse dia glorioso. Não é fugindo da sociedade e se isolando egoisticamente entre as paredes de um cubículo que aceleraremos a evolução dos nossos Espíritos. Os trânsfugas perdem oportunidade de avançar, na senda do progresso, porque evitam as lutas. É enfrentando os nossos inimigos, dentre os quais a morte é o derradeiro a vencer, no conceito de Paulo, que caminharemos com passo seguro na conquista do porvir.

Os tabernáculos eternos não se abrem com gazua. E que pretendem os habitantes do claustro senão abri-los com chave falsa? Os instintos amortecidos pelos cilícios e pelos jejuns contínuos não foram vencidos, não foram subjugados; acham-se apenas impossibilitados de ação mediante processos anormais, e, portanto, condenáveis. A virtude de convento é como a planta de estufa: só medra a coberto das intempéries.

Não é tal a renúncia ensinada por Jesus, que deu os mais inequívocos exemplos de sociabilidade, convivendo com os pecadores, tomando parte nos seus jantares, bodas e festins, a despeito mesmo das censuras acrimoniosas do farisaísmo que o cobria de apodos por isso.

A filha que deixa seus pais, que abandona o lar e a sociedade para sepultar-se num convento, comete um ato de fanatismo. Ela não renunciou a pai, mãe, irmãos, irmãs e a tudo quanto tem, no sentido em que o Divino Mestre preceitua; ela deixou de cumprir o seu dever junto da família e da sociedade, fugindo às lutas e às vicissitudes da vida humana e social. O arrefecimento e o repúdio às afeições de família, consequentes ao enclausuramento, são antes delito que virtude. Já dizia o apóstolo João, sábia e judiciosamente: "Se não amas a teu irmão que vês, como amarás a Deus que não vês?".

O que Jesus pede não é o desafeto aos membros de nossa família; não é o repúdio do lar, essa mansão sagrada onde se forjam as virtudes fundamentais do Cristianismo; não é a abstinência de tudo o que nos alegra, conforta e refrigera a alma; não é a privação do conforto, do bem-estar e da independência material ou financeira; não é o estrangulamento de todas as aspirações do melhor por que nosso "ser" naturalmente anela, porque isso seria uma monstruosidade, seria a nossa morte moral como efeito do embrutecimento, da abulia a que condenássemos nosso espírito.

O que Jesus requer dos seus discípulos é, como já ficou dito acima, a coragem moral, a disposição de ânimo capaz de resistir a todas as seduções do mundo, colocando acima de tudo, inclusive de nossos mais santos afetos e da nossa própria vida, o ideal de justiça e de amor que sua doutrina encerra e do qual Ele mesmo é o símbolo e o exemplo.

Avareza

Guardai-vos e acautelai-vos de toda a avareza, porque a vida de um homem não consiste na abundância dos bens que possui — disse o maior expoente da Verdade que os homens conhecem. Em seguida, para corroborar aquele assertivo, propôs a seguinte parábola aos seus discípulos:

As terras de um homem rico produziram muito fruto. E ele discorria consigo: Que farei, pois não tenho onde recolher os meus frutos? E concluiu: Farei isto: derribarei os meus celeiros e os reconstruirei maiores, e aí guardarei toda a colheita e os meus bens; e, em seguida, direi: Minha alma tens largos bens em depósito para longos e dilatados anos: descansa, come, bebe e regala-te. Mas Deus disse-lhe: Néscio, esta noite te exigirão a tua alma; e as fazendas que ajuntaste, para quem serão?

Quanta sabedoria em tão singela fábula!

Quão transcendente lição nesta frase tão simples: A vida do homem não consiste nos bens que possui!

Se a longevidade dependesse dos cabedais, seria justificável que o homem se empenhasse pelos obter a todo custo.

Se, de outra sorte, a felicidade tivesse uma relação direta com as riquezas, compreender-se-ia que o homem buscasse conquistá-las, envidando, para isso, seus melhores esforços.

Mas o fato indiscutível é que a vida e a felicidade do homem (felicidade, que outra coisa não é senão alegria de viver) independem dos bens que ele consegue obter e amontoar.

Ora, se as fazendas e os haveres não asseguram vida longa nem venturosa, como se explica a fascinação que exercem sobre os homens? De onde procede tanto apego às temporalidades do século?

Jesus responde: vem da avareza. E, não só aponta a origem de tal vesânia, como adverte: Guardai-vos e acautelai-vos de *toda a avareza*.

Sim, de *toda a avareza*, isto é, das várias formas que essa terrível paixão assume, dominando o coração do homem.

Alexandre Herculano, impressionado com os diversos aspectos do orgulho, exclama: Orgulho humano! que serás tu mais: estúpido, feroz ou ridículo?

Pois a avareza comporta aqueles três qualificativos: pode ser estúpida, ridícula ou feroz.

A estúpida é aquela modalidade sórdida e mesquinha que faz o homem privar-se do conforto, do necessário e até do indispensável, perecendo à míngua para conservar intacta a pecúnia avaramente amealhada.

A avareza ridícula é a do homem que tem no dinheiro o seu ídolo, a sua preocupação constante e absorvente, empregando-o, embora, no luxo, na ostentação, ou simplesmente na satisfação dos seus apetites e caprichos.

A feroz (de todas a mais perniciosa) é a avareza dos açambarcadores, dos organizadores de monopólios e trustes, cuja ambição e cupidez desmedidas não se contentam com menos que possuir o mundo inteiro, ainda que para tanto seja mister reduzir à miséria toda a Humanidade. Outrora, essa avareza gerou os conquistadores e os latifúndios. Atualmente, ostenta-se nas grandes organizações comerciais e industriais, nas companhias, nos sindicatos e empresas poderosas cujos tentáculos se alongam em todas as direções.

Essa classe de avareza é geralmente peculiar a homens inteligentes, ricos, astutos e de alta cotação social. Das três, é, como ficou dito, a mais perniciosa e a que mais danos tem acarretado à sociedade de todos os tempos. Um só avaro dessa categoria, ou uma comandita de meia dúzia deles, pode reduzir à fome uma cidade, um povo inteiro.

É a responsável pela carestia e pelas crises econômicas que convulsionam o mundo, dando origem às lutas fratricidas que, por vezes, estendem o negro véu da orfandade e da viuvez sobre milhares de crianças e de mulheres indefesas. É também obra sua, nos tempos que correm, os milhões de desocupados nos países industriais, e as pretensas superproduções nos países agrícolas.

O trabalho suspenso; o legítimo comércio (que significa a livre troca de produtos entre as nações), quase de todo paralisado graças às odiosas barreiras alfandegárias, são outros tantos crimes de lesa-humanidade praticados pela avareza da terceira espécie, isto é, a feroz.

As outras duas formas são mais estados mórbidos ou doentios da alma; a feroz é que caracteriza a verdadeira avareza. Aquelas prejudicam somente os indivíduos que as alimentam; ao passo que os maléficos efeitos desta atingem um raio de ação considerável, incalculável mesmo.

***

Todavia, os escravizados por essa cruel paixão são dignos de piedade. Vivem iludidos; agitam-se, como todos os homens, em busca da sonhada felicidade. Julgam encontrá-la na satisfação dos desejos, na expansão do egoísmo. Cobiçando sempre, vão alimentando ambições que jamais chegam a ser satisfeitas.

Entretanto, a nossa alma, para ser feliz, não precisa construir celeiros de proporções desmesuradas como fez o rico da parábola; não precisa mesmo de um céu imenso, recamado de sóis refulgentes, basta-lhe uma nesga azul, onde "brilhe a estrela do amor".

Marta e Maria

Marta e Maria eram irmãs de Lázaro, a quem Jesus ressuscitara. Residiam em Betânia, aldeia onde o Senhor, de quando em vez, se refugiava em busca de repouso.

Ambas eram boas e tementes a Deus; entretanto, havia entre elas certo traço particular de caráter que as distinguia. O Mestre excelso apreciou devidamente esse fato, legando-nos, nessa apreciação, elevado ensinamento, consoante se verifica pela seguinte passagem:

Quando iam de caminho, entrou Jesus em uma aldeia; e uma mulher chamada Marta hospedou-o. Esta tinha uma irmã por nome Maria, a qual, sentada aos pés do Senhor, lhe ouvia o ensino. Marta, porém, andava preocupada com muito serviço e absorvida nas contínuas lides domésticas; e, aproximando-se do divino hóspede, disse-lhe: Senhor, a ti não se te dá que minha irmã me deixe só a servir? Mas respondeu-lhe o Senhor: Marta, Marta, estás ansiosa e te ocupas com muitas coisas; entretanto, poucas são necessárias, ou antes uma só; pois Maria escolheu a boa parte que lhe não será tirada (Lucas, 10:38 a 42).

Marta era sensata, laboriosa e ponderada; agia sempre com método e cálculo, de maneira que em todos os seus atos se podia descobrir o predomínio de uma razão amadurecida.

Maria tinha um temperamento apaixonado; descuidada, talvez, daquilo que o mundo classifica de *coisas práticas*, vivia num ambiente algo místico e de puro idealismo.

Em Marta, se a razão de todo não predominava, tinha acentuada influência em sua conduta. Em Maria, o coração quase que reinava discricionariamente. Marta nos oferece o tipo da mulher exemplar, impecável, verdadeira encarnação do bom senso; Maria é um astro que resplende no Além e só de longe pode ser contemplado.

Marta, recebendo Jesus, teria pensado em cercá-lo do máximo conforto em seu modesto lar. Maria, defrontando o Mestre amado, esquecia-se de tudo, embalada ao som mágico da palavra da vida. A existência terrena com seus cuidados e tribulações, o lar, o mundo mesmo se fundiam no fogo sagrado do seu ardente entusiasmo. A palavra do Senhor exercia em sua mente verdadeira fascinação: ela sorvia o divino verbo como a planta ressequida se embebe do orvalho matutino. Jesus representava para Maria o Alfa e o Ômega.

E, afinal, como não ser assim, se foi sob a influência incoercível daquele Verbo que Maria ressurgiu para a vida imortal? Como não ser assim, se foi daqueles lábios que Maria ouviu a voz maravilhosa que, penetrando-lhe a consciência e o coração, transformou-a radicalmente? Como não ser assim, se foi ao influxo maravilhoso daquelas mesmas palavras que o lírio de Magdala se transplantou dos pântanos da terra para os jardins siderais onde vicejam flores cujo mimo, frescor e perfume permanecem para sempre!

Resumindo, definiremos com acerto as duas irmãs, parodiando Victor Hugo: Marta está onde termina a terra; Maria, onde começa o céu.

***

O mundo vê no idealismo de Maria uma espécie de desequilíbrio; e no idealista, um insano. O critério de Jesus, contrastando com o dos homens, classifica esse estado de alma como sendo a *boa parte* que será sempre mantida. Poucas coisas são necessárias, ou antes uma só — assevera o Profeta da Verdade. Realmente, que justifica, e que espécie de benefício proporciona ao homem as mil preocupações que o absorvem? Nada justifica, e nenhum bem lhe outorga; é, antes, a causa das suas tribulações, desenganos e angústias.

As necessidades reais da vida são poucas, enquanto as fictícias, puros caprichos forjados pelas paixões desenfreadas e pelos vícios, são infinitas. Rigorosamente falando, como estatui o soberano Mestre, uma só necessidade realmente existe: o conhecimento de nós próprios, de nossa origem e de nossos destinos. Em tal importa a magna questão da vida; para no-la revelar, enviou Deus o seu Cristo ao mundo. Desse conhecimento depende tudo. De nada vale o homem alcançar largos cabedais representados na riqueza ou mesmo nos bens intelectuais acumulados pelo estudo, se ele ignora aquele assunto. Ser pobre ou ser rico, errar ou acertar em todas as matérias, sabê-las ou não, são coisas de importância relativa: o que importa é que o homem se inteire em "primeiro lugar do Reino de Deus e de sua Justiça, por isso que tudo o mais lhe será dado por acréscimo".

A posse da verdade acima é que valoriza, de fato, tudo quanto o homem venha a possuir. Sem aquele requisito, as nossas conquistas serão vãs e estéreis. Uma inteligência de escol, verdadeiro repositório de erudição, desacompanhada da luz que aclara os horizontes da vida, não passa de fogo de artifício que entretém a vista por alguns momentos.

O mesmo progresso que se verifica na vida complicada, artificial e enervante dos grandes centros é pura ficção, pois o verdadeiro progresso é aquele de cujo surto advém tranquilidade, segurança e bem-estar para a sociedade. Exatamente o contrário, no entanto, é o que se observa: vida febril, excitada, inquieta, áspera, complexa e confusa, originando indivíduos impacientes, neurastênicos e nevropatas; criando, de outra sorte, terreno propício à eclosão de todas as formas do vício e de todas as modalidades do crime.

Será isso progresso ou insânia?

Aprendamos com Maria a escolha da *boa parte* que não nos será tirada, isto é, daquela parte que transportaremos conosco além do túmulo. Sonho? Ilusão? Não importa; há sonhos que se convertem em realidade e há realidades que se transformam em sonhos e mesmo em pesadelos!

Ecce Homo*

Que melhor apresentação nos é dado fazer de Jesus senão aquela que Ele próprio revelou? Consideremos, pois, sua autoapresentação:

O Batista enviou dois de seus discípulos ao Senhor para perguntar: És Tu aquele que há de vir, ou havemos de esperar outro? Quando estes homens chegaram a Jesus, disseram: João Batista enviou-nos para indagar de ti se és o Cristo esperado? Na mesma ocasião Jesus curou a muitos de moléstias, de flagelos e de espíritos malignos; e deu vista a muitos cegos. Então lhes respondeu: Ide contar a João o que vistes e ouvistes: os cegos veem, os coxos andam, os leprosos ficam limpos, os surdos ouvem, os mortos são ressuscitados, aos pobres anuncia-se-lhes o Evangelho; bem-aventurado é aquele que em mim não achar motivo de tropeço (Lucas, 7:20 a 23).

Tal é o Cristo: o amigo e defensor dos humildes e dos oprimidos sofredores. O objeto de sua paixão é o pecador. A individualidade humana representa para Ele um valor infinito. Deus é pai dos pecadores. Quanto mais abatido e vexado pela dor física ou moral, mais interesse o homem lhe desperta. Haja vista estes dois exemplos: o leproso e a mulher adúltera.

---

* Eis aqui o homem.

Os leprosos, no tempo em que Jesus passou pela Terra, eram corridos a pedradas das cidades e aldeias. A lei de Moisés os condenava à lapidação, se tentassem penetrar nos povoados. Sobre a crueldade dessa lei que visava a evitar a propagação da lepra, havia ainda a superstição com caráter religioso, segundo a qual os leprosos eram réprobos a quem Deus punia com o terrível mal.

E que fez Jesus com relação àqueles infelizes? Curou-os. As chagas humanas não lhe causavam asco nem pavor, mas comiseração e piedade. E não só as mazelas do corpo lhe inspiravam aqueles sentimentos, como também as da alma. Seu gesto de compaixão pela mísera adúltera apupada pela horda de fariseus, aliado à sublime lição contida no "aquele que se julgar isento de culpa atire a primeira pedra" — é outro atestado eloquente do quanto lhe interessava a sorte dos pecadores, particularmente dos aflitos e oprimidos.

O Cristianismo é a história do Cristo junto ao pecador. Na sua maneira de agir está sua doutrina. Conta Stanley Jones, missionário que há vinte anos vive na Índia, que, naquele país, quando se fala em Cristianismo, o povo se mostra cético e completamente desinteressado. Quando, porém, se faz referência à vida do Cristo no seio da Humanidade, defendendo os explorados, suavizando as angústias alheias, ensinando ao povo o meio de viver feliz, então os hindus se tornam atenciosos e, ávidos de curiosidades, pedem que se fale mais nesse Jesus amorável e bom.

Esse fato é muito significativo. Quer dizer que as lendas forjadas pelas escolas sectárias em torno do Cristianismo estão comprometendo o surto daquele credo. Cumpre, portanto, deixar de lado as teorias, o escolasticismo, os dogmas, os rituais, e anunciar Jesus Cristo tal como Ele é, qual Ele próprio se apresentou aos emissários do Batista, sarando os enfermos e anunciando aos humildes o Evangelho do amor. E bem-aventurados aqueles que se não escandalizarem nesse Jesus que é o real e verdadeiro Cristo de Deus.

Não estamos nos tempos das teorias, mas na era dos fatos. O Cristianismo não é uma teoria: é o mesmo Cristo revelando as Leis Divinas à Humanidade. Jesus é um fato histórico e, ao mesmo tempo, uma necessidade de todos os momentos, porque Ele sintetiza, na moral em si mesmo personificada, a solução de todos os problemas da vida humana: *Ecce Homo!*

O método para ensinar a verdade religiosa é o mesmo que se emprega para ensinar a verdade científica: dedução e indução. Ora temos que partir dos fatos para seus efeitos, ora destes somos levados a remontar àqueles. Não se pode mais impor crenças: temos que convidar o povo a raciocinar conosco. A fé oficializada está nos últimos estertores; não tem prestígio moral, não tem vigor, jaz de há muito na esterilidade.

O momento reclama uma religião que melhore o mundo. Jesus não é inimigo da sociedade. Conviveu com os homens, tomando parte em suas reuniões e festividades. Ele é adversário do vício, do crime, da corrupção e da maldade.

Se não tivermos desde já o Céu em nós mesmos, não poderemos encontrá-lo depois da morte; Jesus não veio tampouco livrar-nos desse inferno localizado não se sabe onde: veio tirar o inferno de dentro de nós. Como? Ensinando-nos a conhecer e vencer as paixões egoísticas e animalizadas que nos torturam o espírito e nos aviltam o caráter.

Jesus curava e prevenia as enfermidades. Sua terapêutica era curativa e profilática. *Vai, e não peques mais.* A saúde do corpo e do espírito é a Lei da Natureza, é o normal. As doenças físicas e morais são a anomalia, o distúrbio na vida. Sarando o leproso, Jesus não fez milagre: restabeleceu no pecador a ordem natural. As curas maravilhosas que operou foram todas no sentido de fazer voltar, à Natureza, o que dela estava divorciado.

O pecado está na vida anormal que o homem leva no mundo, Jesus veio normalizá-la. Sua fé é um canto de louvor à Natureza.

Outro característico peculiar a Jesus é a sua atitude de servidor da Humanidade. Não veio para ser servido, mas para servir: todos os seus atos comprovam esta frase. Sua vida terrena foi toda de dedicação pelo homem. Viveu para outrem. Viver para outrem, como Ele viveu, não é uma teoria: é um fato que impressiona profundamente os pensadores. Seus próprios adversários — Strauss e Renan —, analisando suas pegadas, acabaram rendendo-se à evidência de seu altruísmo e de seu poder de atração, reconhecendo em tudo que Ele fez o fruto do seu imenso amor pela Humanidade. *Ecce Homo!*

O eclesiasticismo ou imperialismo na esfera religiosa está em franca decadência. O tempo não comporta mais imperialismos em qualquer terreno. Jesus quer ser o que Ele é, e não o que a clerezia pretende à viva força que Ele seja. Jesus se revela por si mesmo àqueles que o procuram. Precisamos sair do Paganismo, buscando com Jesus a saúde, a pureza, o valor, a bondade, a alegria de viver e a imortalidade. Ele é o modelo a ser imitado. É o médico do corpo e da alma. É o pastor deste rebanho.

Onde houver lágrimas a enxugar, chagas e dores a lenir, aí está Jesus no desempenho de sua missão. Ele é por excelência o servidor da Humanidade. *Vinde a mim todos vós que vos achais aflitos e sobrecarregados e eu vos aliviarei: Ecce Homo!*

***

A frase de Pilatos, que nos serve de epígrafe, tornou-se célebre.

E a quem se referia o procônsul romano?

A Jesus açoitado, escarnecido, trazendo aos ombros um manto de púrpura como usavam os reis, à cabeça uma coroa de espinhos e na destra uma cana à guisa de cetro. O Cristo de Deus assim ultrajado e envilecido, sangrando pela fronte e pelo dorso, coberto de pó, suarento e todo em desalinho, foi conduzido ao pretório, e dali apresentado, ao poviléu enfurecido, pelo representante de César na Palestina.

Essa figura trágica do Filho do Homem, sendo uma realidade histórica, é também eloquente símbolo.

Vemos através daquela matéria flagelada, daquele corpo contundido, chagado e lastimoso, refulgir em todo o seu esplendor um Espírito varonil que se alteia imponente e sublime sobre os troféus da carne abatida e mortificada!

Jesus vilipendiado é a imagem do soldado que volta de encarniçada luta, descalço, magro, olhos macilentos, maltrapilho, mas vitorioso, repassado de glória, sobraçando virentes louros colhidos através de sua bravura, de seu heroísmo mil vezes comprovado no ardor das refregas e dos combates cruentos.

Realmente, em síntese, que nos veio ensinar e que nos exemplificou tão ao vivo o Mestre Excelso, senão a luta do espírito com a matéria, o que vale dizer da vida com a morte?

Ciúmes, invejas, rivalidades e ambição; orgulho, pruridos de domínio, de ostentação e de grandeza; luxúria, comodismo, ócios intermináveis, prazeres que só gratificam os sentidos, inclinações que tendem para a materialidade; vícios que deleitam e embriagam, que fascinam, que desfibram e amolentam (cortejos dos ministros da morte) devem ser tragados na vitória.

Imitar a Jesus — é servir a Humanidade; conservar a vida é permanecer no seu ideal; e vencer cada um a si mesmo, à viva força, é penetrar o Reino dos Céus, que é o reino do Espírito, o reino da imortalidade.

O *Ecce Homo* de Pilatos tornou-se frase de renome, cumprindo assinalar que é ao mesmo tempo profundamente simbólica, pois, em realidade, só deve ser apresentado como HOMEM aquele que venceu.

ECCE HOMO
(Vinícius)

A quem se referia a epígrafe, Pilatos?
A Jesus, a sofrer todos os desacatos,
tendo à cabeça em sangue a coroa de espinhos,
pensado pelo pó que voara dos caminhos,
a espádua chicoteada, a púrpura do manto,
e para completar o escárnio, metro a metro,
pusera-se-lhe à destra humílima de santo
a cana recurvada à guisa então de cetro.

E vemos-lhe, através do corpo flagelado,
refulgir, nesse dia, o espírito elevado,

no máximo da dor,
no máximo esplendor,
imponente, pairando, na escalada,
sobre os troféus da carne, assim, dilacerada.

Ciúme, inveja, ambição, a sede de extermínio,
o orgulho, a ostentação, pruridos de domínio,
os prazeres da vida transitória,
só gratos aos sentidos,
é assim que devem ser vencidos,
e como o fez Jesus, tragados na vitória.

Imitá-lo é dever nosso, ainda que a esmo,
aprender cada um a vencer-se a si mesmo.

O Ecce Homo de Pilatos,
além de frase de renome
que nada mais consome,
é um símbolo que os fatos
enriqueceu:
pois que só deve ser apresentado,
como HOMEM, *quem assim, vilipendiado,*
torturado,
venceu!

Arnaldo Barbosa

Conversão

> *Em verdade vos digo que se não vos converterdes e não vos fizerdes como crianças, de modo algum entrareis no Reino de Deus*
>
> (*Mateus*, 18:3).

Jesus, dirigindo as palavras supracitadas aos seus apóstolos, mostra a necessidade em que eles se achavam de se converterem.

Mas não seriam então convertidos aqueles que acompanhavam o Mestre, ouvindo-lhe os ensinamentos, edificando-se em suas vivas exemplificações? Não seriam convertidos aqueles que foram escolhidos pelo mesmo Jesus para seus colaboradores? Este caso merece ser ponderado.

Dele ressalta edificante lição, digna de todo o nosso acatamento.

Converter não importa em abraçar este ou aquele credo religioso, tampouco em filiar-se a esta ou àquela igreja, aceitando determinado corpo de doutrina qualquer. O incrédulo pode tornar-se crente sem que se verifique com isso um caso de conversão.

Converter significa transformar. Onde não há transformação, não há conversão. Quanto mais acentuada seja a transformação, tanto mais positiva será a conversão. Se essa transformação for tão grande, a ponto de se não reconhecer o objeto primitivo, podemos afirmar que se trata de verdadeiro caso de conversão.

Na Natureza, transformar quer dizer melhorar. "Nada se cria, nada se perde, tudo se transforma"; isto é, tudo sobe, tudo levita. Crescei e multiplicai — sentença aplicada à criação dos seres — tem sentido espiritual que não deve ser desprezado. "Para frente e para o alto — tal é a legenda inscrita em cada átomo do Universo."

Conversão é fenômeno vital de transformação constante para melhor. Tal fenômeno se realiza tanto no plano físico quanto no moral. Os reinos da Natureza se entrelaçam em movimento ascensional de contínuas transformações. O espírito progride, melhora e se aperfeiçoa através de ininterrupta série de conversões.

Saulo transforma-se em Paulo, Simão em Pedro, Magdala em Maria. O caráter dessas personagens sofreu tal modificação que se tornaram o oposto do que eram. O fanatismo perigoso de Saulo, a fraqueza perniciosa de Simão e a voluptuosidade desenfreada de Magdala converteram-se na tolerância e no sacrifício de Paulo, na firmeza heróica de Pedro e na espiritualidade angélica de Maria. Tais são os tipos genuínos de convertidos.

Conversão importa também em valorização. Objeto convertido é objeto valorizado. O escultor toma um bloco de pedra bruta, um lenho tosco ou mesmo um punhado de argila e converte-os em belas estátuas onde refulgem os primores da arte. É incalculável o valor que o estatuário imprime, por efeito de conversão, àqueles materiais obscuros.

Qual o cômputo possível entre o valor do calcário, antes e depois de ser a Vênus de Milo ou o Discóbolo? E os gramas de tinta antes e depois de serem convertidos em quadros de Michelangelo ou de Velasquez? Entretanto, um exame químico demonstrará tratar-se da mesma substância.

O mesmo sucede com o homem, antes e depois da sua conversão. O caráter forma-se e consolida-se através da obra da conversão, obra que uma vez iniciada jamais deixa de prosseguir em seu curso eficiente de embelezamento e de valorização. O homem velho vai sendo absorvido pelo homem novo: é o renascimento espiritual que se opera.

De tal sorte, é possível volver ao estado de inocência primitiva, conforme disse Jesus: *Se não vos converterdes, e não vos fizerdes como crianças, não entrareis no Reino de Deus*. A inocência revela-se sob dois aspectos distintos: a ignorância do mal, e a vitória do bem. A primeira forma é o estado da criança; a segunda representa a condição do justo.

A criança é inocente, porque desconhece o pecado; o justo é inocente, porque adquiriu a virtude. A inocência da criança é fruto da insipiência. A inocência do santo é filha da sabedoria.

Esta permanece, aquela passa. A transição de uma para outra espécie de inocência é maravilha da conversão. Sem conversão, portanto, ninguém logrará o Reino de Deus.

Coragem moral

Um dos requisitos exigidos por Jesus, como condição indispensável àqueles que pretendessem seguir-lhe as pegadas, é a coragem moral.

Eu vos envio, disse Ele aos discípulos, *como ovelhas no meio de lobos.* Esta frase é bastante eloquente e, por si só, define muito bem a posição dos cristãos na sociedade do século.

Sereis entregues aos tribunais por minha causa. Suportareis perseguições, açoites e prisão. Haverá delações entre os próprios irmãos. Atraireis o ódio de todos. A vossa vida correrá iminente risco a cada instante.

Todavia, não temais, pois até os cabelos de vossas cabeças estão contados. Nenhum receio deveis ter dos homens, cujo poder não vai além do vosso corpo. Se chamaram Belzebu ao dono da casa, quanto mais aos seus domésticos. Portanto, nada de temores: o que vos digo à puridade proclamai-o dos eirados. Nada há encoberto que não seja descoberto; nada há oculto que se não venha a saber. Por isso, aquele que me confessar diante dos homens, eu o confessarei diante de meu Pai celestial; e o que me negar diante dos homens, eu o negarei perante meu Pai que está nos Céus (Mateus, 10:16 a 33).

Tais expressões são de clareza meridiana. Para ser cristão, é preciso coragem, ânimo forte, atitude varonil. *Seja o teu falar: sim, sim; não, não* (*Mateus*, 5:37). Não há lugar para composturas dúbias, indecisas, oscilantes. O crente em Cristo deve possuir convicção inabalável, têmpera rija, caráter positivo e franco.

Entre as virtudes, não há incompatibilidades. A mansuetude, a cordura e a humildade são predicados que podem (e devem) coexistir com a energia, com a intrepidez, com a varonilidade. Deus é infinitamente misericordioso e, ao mesmo tempo, é infinitamente justo.

O caráter do cristão há de ser forjado de aço de Toledo e de ouro do Transvaal. Assim disse Amado Nervo: "Ouro sobre aço sejam a tua vontade e a tua conduta. Sobre o aço do teu pensamento há de luzir o arabesco de ouro das formas puras e gentis. Ouro e aço será tua vida, serão teus propósitos, serão teus atos".

Abulia, indiferença e marasmo não são expressões de bondade. "Não és frio, nem quente; por isso, quero vomitar-te de minha boca." Passividade não é virtude. Entre o bem e o mal, a verdade e a impostura, a justiça e a iniquidade não há lugar para acomodações nem para neutralidade. O cristão se define sempre em tais conjunturas, confessando o seu Mestre. "Ninguém pode servir a dois senhores." Que relação pode haver entre Jesus e Baal? Dobrar os joelhos diante de todos os tronos, só porque são tronos; curvar-se perante todos os Césares, só porque são Césares; afazer-se às tiranias e às opressões, anuir direta ou indiretamente às tranquibérnias e vilezas da época; pactuar, enfim, com a injustiça de qualquer maneira e por quaisquer motivos, é negar a Jesus Cristo no cenáculo social.

"Não sejais escravos dos homens nem das paixões; não sejais, igualmente, nem parasitas, nem bajuladores, nem mendigos" — disse o grande educador Hilário Ribeiro em um dos seus excelentes livros didáticos. Não se triunfa na vida sem ânimo viril. É a covardia moral que faz o homem escravizar-se a outros homens; que o faz escravo de vícios repugnantes e de paixões vis e soezes. É ainda por pusilanimidade e covardia que o homem bajula, mendiga e se torna parasita.

Sem boa dose de coragem (quase ia dizendo de audácia), o homem não cumpre o dever e menos ainda consegue sair-se airosamente das emergências difíceis da vida. O suicídio, seja por este ou por aquele motivo, é sempre um ato de covardia moral. A sentinela valorosa jamais abandona o posto que lhe foi confiado.

Os altos problemas da Vida, consubstanciados na sentença evangélica — *Sede perfeitos como vosso Pai celestial é perfeito* — requerem ânimo forte e vontade irredutível para serem solucionados. Não é fugindo aos perigos e às dificuldades que o homem há de vencê-las; é enfrentando-as.

A coragem moral é a primeira virtude do homem de fé. Cumpre, porém, não confundir a verdadeira coragem com as caricaturas de coragem, que se ostentam por toda a parte. Estas são burlescas e vulgares, aquela é rara e cheia de nobreza. A coragem não consiste em atitudes violentas e belicosas. Nada tem de comum com a temeridade. É serena e íntima. Não se ostenta em bracejos, ou gesticulações espetaculosas, nem em vozeios e frases ameaçadoras e ofensivas. Revela-se antes em suportar do que em repelir a ofensa recebida. Energia não significa agressividade. Ser franco não é ser ferino, nem, sequer, contundente.

Quanto maior é a coragem, tanto mais calmo age o indivíduo. A consciência do valor próprio, aliada à fé no supremo Poder, fez o homem tolerante e sofrido, paciente e tranquilo. Tal foi a atitude invariável de Jesus diante das conjunturas mais embaraçosas de sua vida terrena. Suportou todas as injúrias, todas as humilhações e iniquidades que lhe foram infligidas, conservando imaculada e intangível a pureza do alto ideal por que se bateu até ao extremo sacrifício.

Tal é a coragem de que precisam revestir-se os seus discípulos de hoje, como souberam fazer os discípulos do passado.

Saulo, antes de ser *Paulo*, não denotou coragem nenhuma perseguindo, aprisionando e consentindo no assassínio dos primeiros adeptos do Cristianismo nascente.

Saulo tinha às suas ordens gendarmes municiados; as altas autoridades civis e eclesiásticas lhe conferiam poderes discricionários. Os perseguidos eram párias sociais, sem proteção, pobres e desarmados. A atitude de Saulo era daquelas que confirmam o velho brocardo: Quer conhecer o vilão? Ponha-lhe nas mãos o bastão.

Após o célebre dia de Damasco, em que *Saulo* se transformou em *Paulo*, a vilania daquele se converteu na coragem moral deste. De algoz, passou a ser vítima. A seu turno perseguido, tendo agora contra si as armas e o rancor das autoridades detentoras do poder; correndo os maiores riscos, suportando prisões e açoites, afrontando a morte a cada momento, Paulo caminha intrépido e destemido, na defesa da causa santa da justiça e da liberdade personificadas no credo de Jesus.

O extraordinário apóstolo das gentes nos oferece, em si mesmo, exemplos da falsa e da legítima coragem, antes e depois da conversão.

Convertamo-nos, pois, nós os espíritas, os neo-cristãos, como se converteu Paulo.

Provemos em nós mesmos, com a transformação radical de nosso caráter, a eficiência e o poder de Jesus Cristo, como redentor da Humanidade, como libertador do homem, mediante o exemplo de coragem moral que nos legou como herança preciosíssima.

A dor

Será a dor um bem? Será um mal? Se é um bem, porque a consideramos como — indesejável? — Se é um mal, por que Deus fez dela o patrimônio comum da Humanidade? Será a dor punição ou castigo? Então como se explica atinja ela os bons e de sua influência não escapem os justos? De outra sorte, como se entende que a vida dos maus, senão sempre, muitas vezes transcorra menos árida e penosa que a dos que procuram viver segundo a justiça?

A dor será, então, um problema complexo, de solução difícil, inacessível às inteligências vulgares? Não devemos buscar o seu "porquê"? Cumpre que a ela nos submetamos, premidos pelas circunstâncias, como vítimas indefesas? Diante da dor, qual a atitude a assumir, de revolta ou de submissão incondicional e passiva?

Descobre-se facilmente a incógnita da dor através da seguinte parábola de Jesus:

Um homem tinha uma figueira plantada na sua vinha, e foi buscar fruto nela, e não o encontrou. Então disse ao viticultor: Faz três anos que venho procurar fruto nesta figueira, e não acho; corta-a, para que está ela ainda ocupando a terra inutilmente? Respondeu-lhe: Senhor, deixa-a por mais este ano, até que eu cave em roda e lhe deite adubo; e se der fruto no futuro, bem está; mas, senão, cortá-la-ás (Lucas, 13:7 a 9).

Eis aí como se faz luz sobre o caso. Aquilo que nos parecia tão complicado, torna-se perfeitamente claro.

A dor é uma necessidade em orbes como este onde nos encontramos. Ela é, na vida do Espírito, o que o fertilizante é na vida da planta. Os homens, como as árvores, não devem ocupar neste mundo um lugar inutilmente. É da lei que as árvores e homens produzam frutos, cada um segundo sua espécie e natureza. Quando a árvore se torna estéril, o agricultor recorre aos processos aconselhados ao caso: abre sulcos em volta do seu tronco e aduba a terra ao redor. Quando o Espírito estaciona na senda de evolução, mostrando-se negligente e relapso no dever que lhe assiste de produzir frutos de aperfeiçoamento moral e de desenvolvimento intelectual, vem o aguilhão da dor despertá-lo. É assim que os abúlicos, os comodistas impenitentes, os preguiçosos e os cínicos são chamados a postos e forçados a assumirem atitudes definidas e positivas nas lutas da vida.

A humanidade terrena é composta de elementos retardatários. Daí se explica por que a dor é patrimônio comum a todos os homens. As lutas, as dificuldades e o sofrimento nos assediam por todos os lados e nos salteiam a cada passo no carreiro da presente existência. Debalde procuramos fugir às suas investidas. O momento chega em que nos vemos forçados a enfrentar obstáculos e a resolvê-los; a aceitar as lutas e a vencê-las; a encarar a dor face a face e suportá-la.

E de tudo isso resulta um bem. Após as refregas e as dores, o Espírito sente-se mais capaz e menos egoísta, mais corajoso e menos indolente. Ao concurso da dor devemos, pois, grande parte do nosso progresso intelectual e moral.

A dor física, determinando sensações desagradáveis e penosas, põe cobro aos desmandos da intemperança, às bacanais e a todos os arrastamentos da animalidade a que nós, os homens, nos entregamos na satisfação insaciável dos sentidos. Em busca da saúde perdida, vemo-nos na necessidade de submeter-nos às leis de higiene, cujos preceitos são mandamentos divinos. Começa aí a obra de nossa espiritualização.

A dor moral gera sentimentos que fazem aflorar nos corações as mais belas virtudes ao lado das mais puras e santas emoções. É pelo sentimento que o gérmen de tudo que é bom e de tudo que é belo cresce e frutifica. O sentimento é o esplendor da centelha divina que anima e vivifica o espírito, ou, para melhor dizer, é a essência do próprio espírito. A dor moral é o sopro que desperta os sentimentos como a aragem ressuscita a brasa amortecida sob espessa camada de cinza.

O homem assemelha-se à cana de açúcar. Através dos grandes sofrimentos é que ele nos revela as belezas ocultas e as suas qualidades mais nobres e excelentes, tal como a cana que só esmagada e triturada entre os impiedosos cilindros da moenda é que nos fornece o seu delicioso sumo repassado de incomparável doçura. Daí porque sofrem todos neste mundo: os injustos para que se regenerem, e os justos e os santos para que melhor se justifiquem e se santifiquem.

Bem-aventurados os que choram, porque serão consolados (*Mateus*, 5:4). A dor, suportada com valor e paciência, encerra em si mesma a consolação, porque atrai a graça divina, esse bálsamo que mitiga e suaviza todas as agruras e tormentos, fazendo despontar a aurora bendita da esperança nas almas aflitas e sobrecarregadas.

Ai de vós, os que agora rides! porque haveis de lamentar e chorar. Ai de vós, os que agora estais fartos! porque tereis fome. Ai de vós que sois ricos! porque já recebestes a vossa consolação (*Lucas*, 6:24 e 25).

Estes são as figueiras estéreis: não produzem frutos. Por isso estão reclamando que o arado rasgue largos e profundos sulcos em torno de si, abalando suas raízes; em seguida, receberão o fertilizante.

Bem-aventurados vós os pobres, porque vosso é o Reino de Deus. Bem-aventurados vós que tendes fome, porque sereis fartos. Bem-aventurados sois quando perseguidos e vilipendiados; quando vos odiarem e hostilizarem. Regozijai-vos e exultai: pois grande será o vosso galardão (Mateus, 5:3,6 e 10 a 12). Estes são as figueiras sob a influência do fertilizante: já estão produzindo frutos sazonados.

Riqueza e pobreza, vigor e debilidade — são provações. O rico há de dar conta de sua riqueza, como o pobre há de responder acerca da maneira por que se houve na sua pobreza. O forte dirá que uso fez da sua fortaleza, e o débil como se portou em suas enfermidades. O planeta Terra é o grande cenário onde os Espíritos vêm exercitar suas atividades e experimentar suas possibilidades. As encarnações são oportunidades concedidas para tal finalidade.

A vitória ou a derrota tracejará as linhas do porvir que além os aguarda.

A dor é o aguilhão que os impele à arena do combate. Aqueles que menosprezam ou malbaratam a ocasião favorável que lhes é concedida lamentarão amargamente o tempo perdido. A dor os espreita e, como efeito de uma causa adrede criada, sobre eles recairá inexoravelmente até que os conduza à senda da vida cujo senso máximo é o progresso sob todos os prismas e aspectos.

E assim a dor se define, não como o objeto ou a finalidade da vida, mas como o meio que conduz os Espíritos àquele objeto e àquela finalidade.

A supremacia do Espírito

Pretende-se dividir o trabalho em duas categorias distintas: o trabalho intelectual e o trabalho manual.

Diz-se — intelectuais — dos homens cuja atividade se exerce no recinto de uma sala: são as chamadas — profissões liberais. Aqueles que labutam em serviços que demandam o concurso dos músculos — nas fábricas, nas oficinas ou no campo — denominam-se operários e jornaleiros.

Em rigor essa classificação não corresponde à realidade. Quem age é, invariavelmente, o intelecto ou inteligência, seja qual for o ramo de atividade que o homem exerça. Os músculos são para o homem o que a ferramenta é para o operário. Ninguém diria que a trolha, o prumo e o nível constroem casas. Seria ainda maior insânia dizer que o arsenal cirúrgico realiza operações de baixa e alta cirurgia, ou que alguns pincéis e uma palheta sejam os legítimos autores de telas e painéis que se admiram nos museus.

Não há trabalho, por mais modesto, que não reclame a ação do intelecto. É a inteligência que dirige a pá do cantoneiro, a brocha do pintor, a garlopa do carpinteiro, a pena do escritor, o buril do estatuário, o bisturi do cirurgião. Qualquer obra é fruto da inteligência, seja esta, seja aquela.

O homem máquina é uma aberração. As coisas simples e comezinhas requerem inteligência na execução. As obras mais rudes e materiais — como a escavação ou o nivelamento do solo — e as mais delicadas e intelectivas — como as intervenções cirúrgicas em órgãos vitais — reclamam sempre a inteligência, e só a inteligência as pode executar tais como devem ser.

A inteligência educada ou deseducada revela-se tanto no plano intelectual, quanto no manual ou muscular.

O automatismo, na esfera humana de ação, é indício seguro de anomalia psíquica.

O homem consciente de si mesmo, cuja dignidade despertou, jamais se movimenta como as maquinarias. Tudo quanto o homem é chamado a fazer, no cenário da vida, há de ser feito com a inteligência. Cérebro e músculos, cabeça e braços são — como, de resto, todas as demais partes do corpo — instrumentos do Espírito. E o homem, digno de ser homem, sabe que ele é espírito porque tem plena consciência de que vive pela inteligência e pelo sentimento.

Soou a hora

O método de pesquisar a verdade científica é o mesmo que deve ser empregado na conquista da verdade religiosa.

Não há dois processos diferentes de aprendizagem. O natural é um só. Indagar, deduzir, experimentar, confrontar, observar — eis os meios de chegarmos à solução dos problemas científicos e religiosos.

Não há religião fora da Ciência, e não há ciência fora da Religião. Se é certo que há ciência na Física, na Química, na Astronomia e nas Matemáticas, há sabedoria, e muito grande, na bondade de coração, na inteireza de caráter, no espírito de justiça, no cumprimento do dever, no altruísmo, na renúncia e no sacrifício próprio em prol do bem coletivo e da felicidade de todos. E estas coisas são os frutos da árvore da redenção plantada no cume do Calvário pelo Cristo de Deus. A ciência que proscreve a virtude não é ciência: é vaidade. A religião que proscreve a Ciência não é religião: é superstição.

Não estamos mais nos tempos dos dogmas e dos rituais. O imperialismo não mais domina, quer na Ciência, quer na Política, quer na Religião. O homem quer agir com liberdade, direito inalienável que Deus concede a todos. O mundo reclama uma religião que melhore as condições sociais, regenerando o indivíduo. A Humanidade está farta de teorias e de promessas falaciosas: ela quer frutos.

Salvação e *condenação* já se tornaram termos vazios de sentido. O mundo atual pede fatos concretos que possam ser observados na esfera social, no cenário terreno. A religião que não melhora o homem não salva o espírito. O credo que não tem poder para reformar os costumes, que é incapaz de conter a onda do vício e do crime que ora invade a sociedade, não merece mais crédito, nem pode ser levado a sério. Não garante o futuro quem não tem ação sobre o presente. Quem não faz o menos não fará, com mais razão, o mais.

Não importa que certas instituições hajam conseguido prestígio no passado e disso se gloriem na atualidade. O momento atual reclama uma nova fé, uma força nova, viva, forte, capaz de conjurar os males e os flagelos que arrastam a Humanidade para o abismo.

"Águas passadas não movem moinho." Não será com as tradições que venceremos os inimigos do homem desta época: vício, crime, cobiça, ambição, fraude, hipocrisia, ociosidade. Religião que se torna estática e estéril é religião morta que pede o *Requiescat in pace*. [Descanse em paz.] Necessitamos de fé, dessa fé que é dinamismo, que é energia incoercível e cuja eficácia se revela em fatos palpáveis, concretos.

A época não é de discussões nem de controvérsias, é dos fatos. Quem é bom, trate de ser melhor; e quem é mau há de revelar em mais alto grau as suas maldades. Todos os homens são convidados agora a se manifestarem tais quais são em realidade. "Nada há encoberto que não seja descoberto." "É preciso que haja escândalos, mas ai daqueles por quem o escândalo vem." As máscaras vão cair. Não se tolerará a hipocrisia. O que houver oculto, no coração do homem, virá à luz meridiana. Daí por que as organizações, baseadas nas exterioridades e nas encenações, ruirão por terra. Elas geraram corrupção, fanatismo e hipocrisias. Os chamados intelectuais chegaram, por isso, a negar a eficiência e o valor da fé. Encaram a religião e as demais instituições sociais como coisas que se prestam unicamente para embair a credulidade dos simples e serem exploradas pelos *sábios* e *entendidos*.

"A hora vem e agora é", em que o Filho do Homem reivindicará os legítimos direitos que lhe são devidos, pois esses direitos foram conquistados com a efusão do seu sangue.

A crise

O mundo todo está em crise, e crise original. Original e paradoxal, visto tratar-se de crise de abundância.

Há pletora de produtos em toda a parte. Todos os países estão com seus mercados abarrotados. A crise provém exatamente dessa estagnação.

O mundo está enfermo, e gravemente: é portador de esclerose adiantada. Suas artérias estão enferrujadas. A circulação se opera penosamente. Os aneurismas ameaçam romper-se a cada momento. Estamos diante de um enfermo que os esculápios classificam como — um caso perdido.

Não haverá, de fato, remédio para o estado atual da Humanidade? Pensamos que sim. Basta que se procure a causa e sobre ela se atue, em vez de curar somente dos efeitos, como se tem procedido até aqui. *Sublata causa, tolitur effectus.* [Eliminada a causa, desaparece o efeito.]

A nosso ver, a origem do mal, ou, pelo menos — uma das causas — está na política econômica fundamentalmente egoísta adotada pelas nações, em geral.

Inspirados nessa política desastrosa, cada país pretende defender seus interesses particulares, com menosprezo do interesse coletivo.

Em questão econômica, não há interesse particular, ou isolado, por isso que todas as nações são igualmente interessadas. Há, realmente, um interesse único: o interesse coletivo.

O egoísmo impede que se veja com clareza este fato tão simples. É assim que o egoísmo de cada nação, pretendendo defender-se, vai-se comprometendo; pretendendo ajuntar, vai espalhando; pretendendo fortificar e sustentar a obra financeira, vai solapando-a em suas bases e fundamentos.

Exemplifiquemos.

As Leis Naturais, *que são divinas*, nos revelam o seguinte: Os países, pelas suas condições geográficas, topográficas e climatéricas, fornecem determinados produtos. O Brasil produz café, a Argentina trigo, Espanha, Portugal e França produzem frutas, óleo de oliva, vinhos etc. O México tira do seu subsolo gasolina, querosene, óleos lubrificantes.

Certas nações, pela estreiteza de seus territórios, pela densidade de suas populações e por outras circunstâncias, tornam-se manufatureiras, fazendo da indústria sua fonte principal de renda.

Ora, assim sendo, o bom senso está indicando que o *modus vivendi* entre os povos deve ser o da livre troca de produtos. É a lição da própria Natureza. Tudo que contribui para embaraçar a circulação das diferentes produções, certamente acabará afetando o organismo internacional na sua parte econômico-financeira.

Outra coisa não tem feito a egoística política vigente. Cada nação se encastela em seus domínios, fechando virtualmente seus portos aos produtos estrangeiros. Todas querem vender, nenhuma quer comprar. Exportar, sim; importar, nunca. Impostos proibitivos de parte a parte determinaram a esclerose e os aneurismas de que se acha atacado o organismo econômico de todos os povos.

De tal sorte se explicam as pletoras de produtos abarrotando os mercados mundiais, como também, a seu turno, o número crescente de desocupados.

Desobstruam-se as artérias, promova-se o livre curso dos produtos, e ver-se-á, com espanto, que o moribundo abre os olhos, desperta, dando, desde logo, sinais de melhora e esperanças de restabelecimento.

Está visto que, dada a gravidade do mal, o remédio deve ser aplicado com justeza e proficiência. O estado do doente é melindroso. A terapêutica deve ser ministrada por mãos hábeis e competentes.

Uma das soluções para o caso não pode deixar de ser esta. Temos que mudar de política econômica. Da política vesga, materialista, estreita e mesquinha, inspirada no egoísmo, cumpre evolvermos para a política da solidariedade, altruísta, natural e cristã.

Sem a luz dos fatores morais, nenhum problema da vida humana se resolverá satisfatoriamente.

Deus, justiça, evolução

Que significa a evolução se os seres inferiores não evolvem para as espécies superiores? Onde a eficiência dessa Lei Eterna e incoercível se os seres devem permanecer eternamente chumbados ao estado e às condições em que os conhecemos no momento atual?

Não temos, acaso, para refutar aquela hipótese, o fato inconteste das profundas modificações verificadas entre os animais de hoje em comparação com os do passado? O mesmo gênero humano não escapa a estas alterações. Os homens, como os animais da atualidade, divergem dos homens e dos animais de outrora. Destes últimos, várias espécies desapareceram do teatro terreno, existindo apenas exemplares nos museus. Outras variedades há que existiram em épocas remotas e só lograram chegar ao nosso conhecimento por meio de vestígios fósseis.

A Criação é uma cadeia infinita cujos elos se entrelaçam num movimento ascensional constante. Não podemos, naturalmente, ver e palpar esse entrelaçamento gradual e progressivo dos seres, porque o orbe em que habitamos não passa de uma nesga ou fração diminuta do Universo.

Os elos da infinita cadeia se conjugam no incomensurável cenário da vida universal. Podemos imaginar esse fenômeno, podemos concebê-lo, mercê de nossa inteligência e de nosso raciocínio, mas não nos é dado comprová-lo neste mísero recanto que ora nos hospeda.

A escada que Jacó viu em sonhos, quando em caminho da Mesopotâmia, é a imagem fiel da evolução. Por essa escada, cujas extremidades se apoiavam, respectivamente, uma na Terra, outra no Céu, subiam e desciam os Espíritos. A escada com seus múltiplos degraus alegoriza claramente as várias etapas do progresso que os Espíritos vão galgando na conquista aurifulgente de seus destinos.

A Terra não está insulada no céu. Tudo, na criação, é solidário, como solidárias são as células de nosso corpo.

Mundos e sóis, planetas e astros, anjos e homens, animais e plantas — todas as modalidades de vida, da mais simples e rudimentar à mais complexa e elevada, sobe a escada maravilhosa da evolução como hino triunfal que a Natureza entoa à sabedoria infinita e ao amor incomparável de Deus.

O grande naturalista Darwin, conquanto se mantivesse exclusivamente no terreno da Biologia, averiguou a veracidade da evolução através das variadas espécies animais anatomicamente estudadas. Gabriel Delanne, o pensador profundo, o espiritualista consumado, em sua obra majestosa — *Evolução anímica* — firma, com dados positivos, o conceito, hoje indiscutível, do progresso de todos os seres numa empolgante peregrinação pela senda intérmina do aperfeiçoamento. Wesley, protestante, fundador da Igreja Metodista, era partidário da evolução. Raciocinando, certa vez, sobre a sorte dos animais, teve este pensamento, próprio de uma alma cristã, de um coração amorável e justo: "Meu Deus! certamente tens concedido aos animais a faculdade de melhorar. Creio que eles não permanecerão no estado de inferioridade em que hoje os conhecemos".

A evolução é um fato que se impõe, e que em tudo se verifica. No campo do subjetivo ela se ostenta também em demonstrações e testemunhos irretorquíveis. A imprensa de Gutenberg evolutiu para as Marinoni, essas máquinas admiráveis, verdadeiros prodígios da mecânica moderna. Os barcos de Fulton evolveram, a seu turno, para essas naus possantes, para os transatlânticos que são cidades flutuantes unindo os continentes. A ideia de Gutenberg e a de Fulton, para citar apenas dois exemplos, emigraram de cérebro em cérebro, de geração em geração, subindo, ascendendo aos altos páramos do aperfeiçoamento. E, certamente, não se cristalizarão aí. O futuro, em todos os tempos, sempre trouxe em seu bojo surpresas maravilhosas.

Creio na evolução porque creio na justiça. Creio na justiça porque creio em Deus!

O pecado e a atitude pecaminosa

Tendes ouvido o que foi dito: Não adulterareis. Eu, porém, vos digo que todo o que põe seus olhos em uma mulher, para a cobiçar, já no seu coração cometeu adultério... (Mateus, 5:27 e 28). É necessário que haja escândalos, mas ai do homem por quem o escândalo vem (Mateus, 18:7).

A atitude pecaminosa e o pecado consumado são igualmente passíveis de condenação pela soberana justiça do Céu.

Há capacidade para o mal, como há para o bem. O estado pecaminoso está incurso na Lei Divina, ainda mesmo que, por esta ou aquela circunstância, não se objetive o pecado.

A justiça da Terra julga pelas aparências. A do Céu julga segundo a reta equidade. Para o julgamento do mundo é mister que o mal se concretize para que exista e seja condenado. Para o Juízo Divino, que penetra o âmago dos corações, não é isto necessário: ele constata o mal latente e o exprobra desde logo.

E assim se explicam as palavras de Jesus: É preciso que haja escândalo; mas ai daquele por quem vem o escândalo.

Sim, é preciso que a maldade humana, oculta nos pélagos insondáveis do Espírito, se manifeste, se mostre à luz do dia para que o delinquente se reconheça como tal, e, suportando as consequências dolorosas do delito, se corrija e se converta. Enquanto a sujidade permanece escondida, o homem se julga puro; quando, porém, extravasa a lama pútrida que jazia acamada no fundo de sua alma, ele desperta para a realidade e se reconhece pecador. É o que sucedeu com o Mancebo, cuja paixão pelas riquezas mundanas Jesus tornou patente.

Sendo a confissão da culpa o início da redenção, é preciso que haja escândalo, visto como o homem só se curva à evidência dos seus pecados quando estes se tornam ostensivos, não lhe sendo mais possível dissimulá-los.

Que importa que o adultério não se haja consumado, se ele existe no coração? Que importa que o homem mau não haja tirado a vida a ninguém, se ele é homicida de pensamento, se alimenta ódio contra seu próximo e se regozija com as alheias desventuras?

Quem diria que Judas seria capaz de vender a Jesus Cristo por trinta dinheiros, senão o mesmo Jesus, que sabia existir na alma cúpida daquele discípulo a avareza, a sede insaciável de ouro que, no dizer de Paulo, é a raiz de todos os males? Nesse caso, dir-se-á: por que, então, Jesus chamou Judas para o apostolado? Justamente porque era preciso que o escândalo se verificasse, já em proveito da missão que Jesus vinha desempenhar na Terra, já no do próprio Judas, cuja redenção teve início precisamente após a prática daquele crime de traição. O tremendo remorso de que se viu possuído é o atestado certo do despertar de sua consciência até ali mergulhada na embriaguez de bastardas paixões.

Noutro terreno menos grave, vemos Pedro, o apóstolo arrojado, cujo temperamento ardoroso tão bem se prestava a transmitir as mensagens do Céu, negar três vezes o seu Mestre, a despeito mesmo de haver sido por Ele prevenido dessa prova pela qual devia passar. A negação de Pedro foi, a seu turno, um escândalo; mas, *era preciso* que assim sucedesse para que Pedro se acautelasse contra uma falha de seu bondoso caráter.

Jesus estava certo de que Pedro podia negá-lo; porém Pedro, a parte mais interessada no caso, ignorava que de tal fosse capaz. Após a consumação do ato pecaminoso, ficou-se conhecendo melhor; e, como é sabido, do conhecimento próprio depende a obra de nosso aperfeiçoamento. Pedro, no conceito de Jesus, era o mesmo, antes e depois da negação. Esta falta, ou melhor, a capacidade de praticar ou incorrer em tal gênero de pecado, Jesus já havia descortinado no interior daquele Apóstolo.

De todos estes comentos ressalta grande e proveitosíssima lição de humildade, que convém assinalar. Do exposto, é forçoso concluir que existe em todos nós grandes falhas de caráter, muitas e variadas capacidades de pecar. Esta convicção, do que em realidade somos, há de nos tornar mais benevolentes, menos descaridosos para com as quedas alheias. Veremos com olhos mais complacentes as vítimas do crime; e, — como os acusadores da mulher adúltera, aos quais Jesus forçou reconhecer as culpas próprias — não nos sentiremos com ânimo de atirar-lhes a primeira pedra.

O criminoso e o crime

No conceito que geralmente se faz do mal, sob seus vários aspectos, confunde-se o mal, propriamente dito, com aquele que o pratica. Dessa lamentável confusão advêm não pequenos erros de apreciação, quanto à maneira eficiente de combater-se o mal.

Para bem agirmos em prol do saneamento moral, precisamos partir deste princípio: o crime não é o criminoso, o vício não é o viciado, o pecado não é o pecador, do mesmo modo e pelo mesmo critério que o doente não é a doença. Assim como se combatem as enfermidades e não os enfermos, assim também se devem combater o crime, o vício e o pecado, e não o criminoso, o viciado e o pecador.

O mal não é intrínseco no indivíduo, não faz parte da natureza íntima do Espírito; é, antes, uma anomalia, como o são as enfermidades. O bem, tal como a saúde, é o estado natural, é a condição visceralmente inerente ao espírito. Um corpo doente constitui um caso de desequilíbrio, precisamente como um espírito transviado, rebelde, viciado, ou criminoso.

Há tantas variedades de distúrbios psíquicos quanto de distúrbios físicos, aos quais a Medicina rubrica com variadíssimas denominações. A origem do mal, quer no corpo, quer no espírito, é a mesma: infração das leis de higiene.

O homem frauda essa lei por ignorância, por fraqueza e, finalmente, pelo impulso de certas paixões que o dominam. Não devemos votá-lo ao desprezo por isso, nem, muito menos, malsiná-lo como réprobo, pois, em tal caso, se justificaria tratar-se de igual modo os enfermos.

Aliás, em épocas felizmente remotas, se procedeu assim com relação aos enfermos de moléstias infectuosas. Esses infelizes eram tidos como vítimas da cólera divina e, por isso, perseguidos desapiedadamente pela sociedade.

A ignorância torna os homens capazes de todas as insânias. Pois é essa mesma ignorância, com referência aos transviados da senda nobre da vida, que gera a repulsa e mesmo o ódio contra os delinquentes. Os velhos códigos humanos, assim civis que religiosos, foram vazados nos moldes dessa confusão entre o ato delituoso e o seu agente.

Quando Jesus preconizou o — *amai os vossos inimigos; fazei bem aos que vos fazem mal* — não proclamou somente um preceito de alta Humanidade; proferiu uma sentença profundamente pedagógica e sábia. A benevolência, contrastando com a agressão, é o único processo educativo capaz de corrigir e regenerar o pecador.

Cumpre notar, e o declaramos com toda a ênfase, que nada tem esta doutrina de comum com o sentimentalismo piegas, estéril e, às vezes, prejudicial. Trata-se de repor as coisas nos seus lugares.

Para varrer-se o mal da face da terra, é preciso que se apliquem métodos naturais, conducentes a esse objetivo. O método natural é a educação do espírito. Com o velho sistema de castigar, ou eliminar as vítimas do crime e do vício, nada se logrará de positivo, conforme os fatos atestam eloquentemente.

A Medicina jamais pensou na eliminação dos enfermos; toda a sua preocupação está em curar as doenças. Pois o processo deve ser o mesmo em se tratando dos distúrbios que afetam o moral dos indivíduos.

Felizmente, os primeiros pródromos de uma reforma radical neste sentido já se observam nos meios mais avançados. O único castigo capaz de produzir efeito na regeneração dos culpados é o que se traduz pela natural consequência dolorosa do erro ou mal cometido, consequência que recai fatalmente sobre o culpado. É necessário fazer que o delinquente reconheça esse fato, e isto se consegue por meio da instrução moral.

Toda punição imposta de fora, como revide social, é contraproducente, conforme os fatos, em sua irretorquível expressão, têm comprovado mil vezes.

É muito fácil encarcerar ou eletrocutar um criminoso. Educá-lo é mais difícil, mais trabalhoso, demanda esforço, tempo, saber e caridade. Por isso, o Estado manda os criminosos à forca e as religiões remetem os pecadores, *que não são da sua grei*, para o inferno.

Mas, se aquele é o único processo eficaz, procuremos empregá-lo, e não este, anticientífico, imoral e cruel.

A educação vence e previne o mal. O homem educado conhece o senso da vida, age conscienciosamente com critério, com discernimento: é um valor social. É pela educação que se hão de vencer os vícios repugnantes (haverá algum que o não seja?), que se hão de domar as paixões tumultuadas que obliteram a inteligência e a razão. E, de tal modo, sanear-se-á a sociedade.

Retirem-se os delinquentes do convívio social, como se faz com o pestoso que ameaça a salubridade pública; mas, como a este, preste-se àquele a assistência que lhe é devida: educação.

E não se suponha, outrossim, que só os criminosos devem ser educados. A obra de educação é obra de salvação, é obra religiosa em sua alta finalidade, é obra científica e social em sua expressão verdadeira. Eduquem-se a todos, cada um na sua esfera, até que a educação se transforme, em cada indivíduo, numa autoeducação contínua, ininterrupta.

Na educação do espírito está o senso da vida, está a solução de todos os seus problemas.

A restauração do inferno
(Paródia a Tolstoi)

Satanás, o príncipe dos demônios, encarando o Nazareno, cujo corpo pendia do madeiro erguido no topo do Calvário, exclamou: "Miserável! morreste, graças às insinuações que sugeri aos pontífices e fariseus, mas de que me serve este vão triunfo, se tua Doutrina já foi compreendida e assimilada por muitos que a praticam e propagam? Maldição! meu reino está destruído para sempre. Vinguei-me, é certo, arrastando-te ao patíbulo da cruz, porém, que te importa isso, uma vez que estavas disposto ao sacrifício?".

Balbuciando estas últimas apóstrofes em voz estentórica, Satanás encurvou as negras asas sobre o esguio arcabouço e desapareceu por entre larga fenda que se abriu no solo, qual suicida que se precipita na voragem de um abismo.

Caindo nas profundezas do inferno, ali permaneceu desacordado, num ambiente silencioso e tétrico onde as trevas da noite seriam sóis, se dado fosse penetrar a luz em semelhante antro, sede do reinado diabólico.

Um século, dois séculos, três séculos se passaram. Satanás permanecia imóvel, de chavelhos entre as garras, esforçando-se por esquecer o fato que lhe havia produzido a ruína; mas, malgrado seu, não pensava noutra coisa.

De repente, num dado momento, após largo ciclo de tempo decorrido, ouviu certo movimento em torno de si. Perscrutou atentamente e distinguiu o ruído sinistro de correntes que se arrastavam, a par de gemidos lancinantes, gritos, imprecações e ranger de dentes.

Ergueu-se, então, Satanás nas veludas patas, mal acreditando no que ouvia. Agitou a cauda, distendeu as membranosas e luzidias asas, a fim de despertar completamente daquele longo torpor, e se pôs a escutar. Era tudo real! O inferno mantinha o seu comércio em franca atividade. Tudo em movimento e vida nas tenebrosas masmorras de Belzebu.

Satanás discorria consigo mesmo: "Como conseguiram restabelecer o meu reino após a vitória do Crucificado, vitória que presenciei e cujos pormenores acompanhei até ao transe derradeiro? Que teriam feito os meus sequazes? Vejamos".

Dito isto, soltou um silvo agudo e prolongado, que repercutiu, sibilante, nas abóbadas infernais.

Incontinente, abriu-se sobre o alto daquele subterrâneo um buraco que deixava ver labaredas vivas de um fogo rubro-azulado, precipitando-se por ali uma turbamulta de diabos de toda casta e feitio, que se vieram grupar em torno de Satanás, como bando de urubus ao redor de um corpo em putrefação.

Dentre eles, havia um que se postou mesmo em frente ao Chefe das trevas, mostrando-se satisfeito em ter ocasião de relatar suas façanhas.

Satanás, sequioso de notícias, não se fez esperar e, dirigindo-se a ele, travou o seguinte diálogo:

— Então o inferno foi restaurado? Que foi feito da Doutrina de Jesus Cristo?

— Saiba, respeitável Chefe, que nosso reinado continua firme como outrora. Diariamente, abrem-se as portas do inferno para dar entrada a centenares de pecadores.

— Zombas comigo. Então, depois da Doutrina do Cristo de Deus, cujo nome tremo em pronunciar, ainda caem almas no inferno às centenas?

— Pois é tal como digo. Os ensinamentos do Divino Mestre não nos incomodam, porque logramos destruí-los.

— Mentes, cão infame. Àquela Doutrina é indestrutível.

— Expressei-me mal, eminente Chefe. Queira perdoar-me. Nós conseguimos adulterá-la, introduzindo-lhe falsos conceitos.

— Conta-me como foi isso.

— Sim, adulteramo-la de tal maneira e com tanta astúcia e habilidade, que os homens adotam a nossa doutrina, supondo ser aquela que o Chefe tanto teme.

— Estupendo! Como conseguiram semelhante proeza?

— Aproveitamo-nos de certas circunstâncias, conforme passo a expor.

"Logo depois da destruição do nosso império, procuramos observar os homens que praticavam a temível Doutrina do Filho de Maria. Viviam felizes. Amavam-se uns aos outros, tinham as propriedades em comum. Não havia, nem podia haver ciúmes, nem contendas, nem rivalidades entre eles. Pagavam o mal com o bem, perdoavam sempre. As pessoas que a eles se chegavam tornavam-se logo adeptas daquela Fé, tal a força viva da exemplificação. Ora, em tais condições, eram inacessíveis às nossas influências, por mais esforços que empregássemos.

"Vi tudo perdido. Mas as tais circunstâncias, a que antes me referi, vieram em nosso auxílio. Levantou-se entre eles uma ligeira divergência sobre meras questões de formalidades.

"Assim, diziam uns que a circuncisão era indispensável. Outros se reportavam às demais cerimônias de ritual judeu, opinando que não deviam desprezá-las de todo. Falavam sobre o jejum, as abluções, o batismo da água, a hóstia etc. Entramos, então, em ação, sugerindo a cada grupo que nada cedesse sobre seu modo de ver aquelas questões *importantíssimas para a salvação das almas*. O veneno foi-se infiltrando. O egoísmo e o orgulho começaram a despertar. As discussões acaloravam-se. Deu-se o cisma. As figuras mais importantes e que se haviam distinguido nas controvérsias instituíram um forte partido, com sede em Roma, aliando-se ao poder civil e à força política do século. Criaram um tribunal de onde passaram a decretar os novos artigos de fé.

"O povo tinha que aceitar as deliberações dos concílios reunidos em Roma. Uma onda de sangue inundou a Terra. Milhares de vítimas foram sacrificadas por se haverem insurgido contra os dogmas estatuídos."

— Dogma? Que vem a ser esse termo, para mim desconhecido?

— Dogma é um processo que inventamos e inspiramos aos membros do tal tribunal e que consiste em impor à razão e à consciência de outrem um absurdo qualquer, que convenha à nossa obra.

— Esplêndido! Continua a narrativa dos fatos, sem nada omitires.

— Uma vez os acontecimentos no estado já exposto, nosso império ficou de novo estabelecido. O inferno foi restaurado e a terrível doutrina desapareceu entre esses escombros de dogmas, fórmulas, ritos e cerimônias que conseguimos inspirar aos homens, no momento em que, esquecidos da essência e da base do Cristianismo, se preocupavam com as aparências e formas exteriores. Eis aí, valoroso Chefe, em ligeiros traços, a história da restauração dos nossos domínios.

Satanás, cofiando a pera com as aguçadas garras, permaneceu por algum tempo perplexo, depois de ouvir a narrativa do seu dedicado súdito. Despertando daquela meditação, disse:

— Muito bem. Agiste com sabedoria: hei de gratificar-te como mereces.

Neste tempo, saltam os demais demônios, pretendendo, cada um, fazer jus a propinas, pelos seus trabalhos particulares.

— Afastem-se — bradou Satanás, em voz imperativa —; não sejam idiotas. Uma vez que a Doutrina do Crucificado foi desnaturada em suas bases e que os homens, por isso, não fazem um juízo real do objeto da vida, temos completo ganho de causa. Os feitos isolados carecem de importância. A base é tudo e a base foi desvirtuada. Enquanto pudermos conservar esta situação, as portas do inferno não se fecharão. Esforcemo-nos, pois, pela estabilidade deste estado de coisas. Estou inteirado de tudo e declaro a Assembleia dissolvida. Cada um no seu posto: marchem.

E um novo e prolongado silvo dissolveu o congresso diabólico.

Os lírios e as aves

> *Considerai as aves, que não semeiam nem ceifam, não têm despensa nem celeiro; contudo, Deus as alimenta; quanto mais a vós que valeis mais do que as aves. Considerai os lírios, como não trabalham nem fiam; contudo, eu vos digo que nem Salomão com toda a sua glória se vestiu como um deles*
>
> (*Mateus*, 6:26 a 29).

Esplêndidas e sublimes palavras! Como o nosso espírito se sente bem ao meditá-las! Nada esquecido na obra imensurável da Criação Infinita!

O lírio esbelto e mimoso, de pétalas multicores, cuja vida efêmera se esvai através de alguns dias, tem, todavia, uma finalidade, mais alta que o simples deleitar as retinas de nossos olhos. Deus o criou como parte integrante da extraordinária orquestra da vida. Sim, o lírio, essa erva de campo, que hoje se ostenta garrida e bela, para amarelecer e finar-se amanhã, faz jus, ainda assim, ao mesmo destino reservado a todas as formas da vida: a evolução.

Como a planta, e com mais razão, evolvem também os animais. *Considerai* — diz o Intérprete da Lei — *as aves, que não semeiam nem segam, contudo, Deus as alimenta.*

Os lírios, como as aves, estão contidos no pensamento da Divindade.

Deus veste as flores com mais pompa do que Salomão, o mais rico monarca que o mundo já viu, conseguiu fazê-lo. Deus alimenta as aves que, descuidadas e alegres, fendem os ares sem jamais se preocuparem com o dia de amanhã. Tudo está disposto, na maravilhosa obra da criação, de maneira a assegurar o bem inigualável de viver, e de viver com alegria, porfiando na conquista de um destino glorioso, reservado a todos os seres.

O indizível espetáculo das assombrosas produções com que a Natureza se engalana, ao lado da sapientíssima organização que tudo rege no cenário universal, fez aflorar aos lábios de Maeterlink esta magnífica exclamação: "Para a frente e para o alto! eis a legenda gravada em cada átomo do Universo".

Esta sentença do grande pensador encerra empolgante verdade: na criação tudo evolve, tudo marcha, do infinitamente pequeno para o infinitamente grande. Nada jaz no esquecimento. O Pai amantíssimo traz em seu pensamento cada partícula da sua ilimitada criação.

Deste conceito ressalta a ideia soberana da justiça. Imaginar Deus desacompanhado de indefectível justiça é heresia imperdoável.

Por isso, quando o expoente da Lei passou pelo mundo, anunciando o Reino Divino, predicava assim aos homens: *Buscai em primeiro lugar o Reino de Deus e a sua justiça: tudo o mais vos será dado de acréscimo* (*Mateus*, 6:33). Só podemos encontrar Deus através da justiça; fora dela jamais o descobriremos. Seu reino é o da justiça, justiça que em tudo se revela, que em tudo resplende, como a luz do primeiro dia da Gênese.

E que belo aspecto, que majestoso quadro é o do Universo, visto através do império da justiça! Nada de privilégios, nada de favoritismos. Nada esquecido, nem mesmo o verme que rasteja! Entre o grão de pó que volteia no ar e a estrela que refulge no azul do firmamento, uma relação qualquer existe. Os reinos da Natureza se entrelaçam num abraço fraterno de íntima solidariedade.

Mesmo em nosso meio, recanto mesquinho da imensidade, vemos, por exemplo, o coral reunindo modalidades várias, que se conjugam no tríplice reinado da planta, do minério e do animal. Existem, no terreno da microbiologia, certas variedades microbianas que os próprios bacteriologistas se sentem embaraçados para classificar, se pertencentes ao reino animal ou ao vegetal, pois são como que pontos de transição entre este e aquele.

Ó maravilhosa manifestação do poder divino! Confundes os sábios com teus prodígios, prodígios diante dos quais não sabemos que mais admirar — se a infinita diversidade da harmonia, se o esplendor da justiça que refulge, iluminando tão sublimes e inconcebíveis milagres!

No conjunto geral, todos têm o seu lugar. Daí o dizer, profundamente sábio, de Amado Nervo: "Tão essencial é, talvez, no ritmo do mundo, o canto do rouxinol como o pensamento de Newton".

Deus criou o rouxinol e criou Newton, criou as aves e criou os homens. Estes, como aquelas, são feituras de suas mãos. Portanto, é natural que sua solicitude se estenda sobre todos os seres, da monera humílima ao gênio mais refulgente. Todos, indistintamente, são objeto do amor divino. Animais, homens, anjos e deuses são criaturas de um só e único gerador da vida universal.

Aquele Deus que, no dizer de seu Verbo humanado, *derrama chuvas sobre bons e maus e dardeja os raios benfazejos de seu Sol sobre justos e injustos*, é o mesmo Deus de amor e de justiça que veste os lírios e alimenta as aves do céu.

Assim como não admitimos que haja seres criados especialmente para o desfrute de gozos infindos nos páramos celestiais, enquanto nós outros, filhos da carne e do sangue, lutamos com todas as fraquezas da matéria e mais as contingências desfavoráveis de um meio onde imperam o mal e a dor, assim também não concebemos como possam os seres inferiores da escala zoológica permanecer eternamente nesse estado de inferioridade.

Onde há vida, há movimento e crescimento. E as obras de Deus são vivas.

Queremos ver, e de fato vemos, com os nossos "olhos de ver", a Lei bendita da evolução promovendo e determinando o progresso de todas as criaturas, num encadeamento majestoso e extraordinário, que nos empolga a mente e conforta o coração.

A grandeza da fé espírita, que é a cristã, ressalta precisamente dessa solidariedade através da qual apresenta a infinita obra de Deus, congraçando, num magnífico e soberbo amplexo, todas as formas de vida.

Cremos em Deus! Cremos na sua justiça! *Sursum corda.* [Corações ao alto!] Digamos com C. Wagner: *E vós, mimosas flores que a cada primavera desabrochais, sede as mensageiras de reconfortante nova! Dizei aos lutadores abatidos que o êxito será feliz, que jamais terá fim o amor! Sede na sombra, perto de nós, as testemunhas das estrelas eternas! Levai às moradas e mesmo aos corações esse reflexo do azul do céu, prisioneiro das vossas corolas.*

Os dois espelhos

Um dos objetos cujo uso está mais vulgarizado na sociedade é, sem dúvida, o espelho. Sua invenção data do século XIII, quando então se usava forrar a parte posterior do vidro com lâminas de metal. Mais tarde, pelo século XVI, a prática havia mostrado que, estanhando-se as lâminas de vidro na face posterior, a parte anterior refletia perfeitamente a imagem que se colocava em frente.

Estava realizada a grande descoberta. Já se não fazia mais mister, como na Antiguidade, recorrer ao poder refletor dos discos de aço polido. O engenho humano havia resolvido o grande problema. O homem podia mirar-se à vontade, vendo sua imagem fielmente refletida na prancha de vidro emoldurada em elegantes caixilhos.

Desde então o fabrico de espelhos constituiu rendosa indústria, tal a generalização do seu emprego. Não há lar, por mais modesto, onde se não encontre esse utensílio havido como indispensável. Nos palácios mais suntuosos, como nos casebres mais humildes, lá está o espelho ostentado luxuosamente nas portas dos ricos guarda-casacas, ou pendentes das paredes em singelos quadrinhos forrados de papelão.

Ninguém lhe dispensa o uso: do mais pobre ao mais rico, do sábio ao insciente, do pária ao magnata. Ambos os sexos o consideram como rigorosamente necessário.

Sair à rua sem consultá-lo no amanho da gravata, no arranjo do cabelo, na disposição geral do fato, é falta imperdoável que a nossa elite é incapaz de praticar.

Quanto às moças, é mais fácil "passar o camelo pelo fundo da agulha", que a senhorinha do século defrontar com espelhos sem dar um toque no cabelo e no vestuário, sem correr um olhar de inspeção em seu porte e nas linhas gerais do talhe. O espelho é tido em tal estima pelas moças que, além de não dispensá-lo em todos os cômodos da casa, trazem-no consigo em bolsas ou carteiras elegantes, a fim de consultá-lo a cada instante, a todos os momentos.

No entanto, cumpre notar, há um outro espelho, que não é fruto do engenho humano, mas constitui a mais preciosa das faculdades com que Deus houve por bem, em seu amor, dotar a todos os seus filhos, a fim de que se refletisse neles a divina paternidade, assegurando-lhes, ao mesmo tempo, o meio seguro de marcharem triunfantes na conquista de um porvir glorioso: é a consciência.

Assim como o espelho reflete o nosso exterior, a consciência reflete o nosso interior. Vemos através dela a imagem perfeita de nossa alma, como no espelho a imagem real do nosso rosto. O espelho dá conta de nossa fisionomia, de nosso semblante, de nossa forma.

A consciência nos revela o espírito, o caráter, os sentimentos mais íntimos e recônditos.

Ambos — espelho e consciência — se prestam ao mesmo fim: compor as linhas da harmonia, reparar os senões, corrigir, embelezar — o espelho, ao corpo; a consciência, ao espírito. Ambos têm a mesma função: refletir com justiça, pondo, diante de nosso próprio critério, o aspecto, a figura exata do nosso físico e do nosso moral, a forma externa e a interna do nosso ser.

Ora, assim sendo, não será estranhável estimarmos tanto o espelho de vidro, frágil e quebradiço quanto a matéria que reflete, desdenhando a consciência, essa faculdade maravilhosa que reproduz a divina imagem a cuja semelhança fomos criados? Não será insânia curarmos, com tanto zelo, do corpo que perece, olvidando o espírito que permanece?

Se não saímos à rua com os cabelos em desalinho, com o fato amarfanhado, com os sapatos despolidos, como, então, ousamos expor aos olhos de nossos maiores, que de cima nos observam, a alma coberta de míseros andrajos e imundas farandolagens? Se consultamos o espelho no que respeita à beleza do corpo, por que não consultarmos a consciência no que concerne à beleza da alma? Valerá, acaso, aquele mais que esta? Se recorremos diariamente, a cada instante mesmo, ao concurso do espelho para adornar o nosso físico, por que não proceder assim, apelando para a consciência constantemente, a fim de tornar íntegro e belo o nosso caráter? Se obedecemos aos reflexos do espelho, corrigindo todas as falhas que ele acusa em nosso exterior, por que não fazer outro tanto atendendo à consciência, sempre que ela acuse, intimamente, as falhas do nosso interior?

Por que nos afligirmos com os reparos do corpo, desse corpo que dia a dia, a despeito de todo o nosso esforço em conservá-lo, declina e periclita, e não nos incomodarmos com o aperfeiçoamento do espírito, sede da inteligência e dos sentimentos? Trocaremos, então, o indumento do corpo pelo indumento da alma, atendendo pressurosos aos reclamos daquele e desprezando os clamores desta?

É admirável que o homem se mire tantas vezes no espelho de vidro e não se habitue a usar com a mesma assiduidade o espelho da alma — a consciência — essa faculdade que ele traz consigo, que faz parte integrante de si mesmo, de sua estrutura moral!

Não condenamos as moças porque desejam ser belas. Essa aspiração é natural, é intrínseca da espécie, constituindo incentivo para o seu aperfeiçoamento. Lamentável é esse estrabismo que leva a mocidade a só buscar o belo exterior, descuidando o belo interior. A beleza é como a saúde: vem de dentro para fora.

Reza a tradição que Maria, mãe de Jesus, era um peregrino tipo de beleza. Cremos piamente nessa tradição; cremos porque podemos ver, positivamente, por meio das virtudes excelsas que lhe exornam o caráter de mulher perfeita, o reflexo de uma beleza sem exemplo nos fastos da história feminina. Se no interior era tudo harmonia, era tudo doçura, encanto e bondade, como o exterior não havia de objetivar tais dotes e virtudes em rasgos e traços de beleza?

Sem deixarmos, portanto, de nos olhar por fora, olhemo-nos também por dentro. Façamos uso dos dois espelhos.

Pai nosso que estás nos Céus

Assim, pois, é que haveis de orar, disse o Mestre: *Pai nosso que estás nos Céus...*

Pai nosso, isto é, de todos os homens, da Humanidade inteira, abrangendo todas as raças, todas as nações, todos os povos. Pai dos bons e dos maus, dos justos e dos pecadores, sobre os quais derrama, sem exceção, as suas chuvas e faz incidir indistintamente os raios benéficos do seu sol que aquece, ilumina e vivifica.

Pai do judeu e do gentio, do fariseu e do publicano, dos circuncidados e dos incircuncisos, dos que creem e também dos que não creem. Pai dos ricos e dos pobres, dos sábios e dos ignorantes, dos reis e dos vassalos, dos nobres e dos párias, dos poderosos e dos humildes.

Da paternidade divina decorre como premissa inalienável a fraternidade humana.

Todos os homens são irmãos. As raças — branca, preta e amarela; a latina e a saxônia, todas se confundem, formando uma só: a raça humana.

Apagam-se as fronteiras que dividem os povos; as nacionalidades se irmanam, os idiomas se conjugam, os pavilhões mesclam suas cores; uma só família habita a Terra: a Humanidade!

Não há mais judeus nem gentios, fariseus nem publicanos, saduceus nem samaritanos: um só rebanho há, e um só pastor — Cristo Jesus.

Nobres e plebeus, ricos e pobres, sábios e inscientes, intelectuais e operários, cérebro e músculos, capital e trabalho já se entendem perfeitamente. Não há mais dissídios, nem contendas, nem lutas fratricidas. A sociedade não se compõe mais de classes ou castas que mutuamente se exploram e se hostilizam: é um todo homogêneo. As partes se ajustam e se completam, formando a grande harmonia na diversidade.

Tal prodígio se consumará como efeito natural da compreensão e assimilação em espírito e verdade da primeira sentença da oração dominical: *Pai nosso que estás nos Céus*, isto é, que pairas acima de todas as competições, zelos, ciúmes e rivalidades; que pairas acima de todas as querelas, disputas e contendas; que pairas acima de toda a eiva sectária ou partidária, de todos os interesses subalternos, de todas as paixões inconfessáveis que separam os homens, gerando entre eles antagonismos e odiosidades.

Pai nosso que estás nos céus! ouve a nossa prece e faze que todos sintamos em nossos corações que Tu és o nosso Pai, e nós somos irmãos; pois de tal depende, como Tu sabes e o teu Cristo no-lo revelou, a solução de todos os nossos problemas, a conquista de todo o nosso bem.

Frase maravilhosa

Tudo é possível àquele que crê — disse, com ênfase, o maior expoente da verdade na Terra: Jesus Cristo.

Fundadas razões teve o Mestre ao firmar tão sábia sentença. A natureza íntima do homem propende a crer. Tudo que a Humanidade tem produzido de bom e de grande, é obra da fé. Todas as descobertas, todos os inventos, todas as modalidades de progresso — esta ou aquela — representam conquistas da grande virtude.

Os povos mais fortes, mais capazes e que mais prodigiosos feitos têm realizado, são os que mais e melhor sabem crer. A Holanda é um país de área bastante acanhada. Sua população densa não se podia acomodar nas limitadas proporções do território pátrio. Que fizeram os holandeses? Disputaram terras ao mar. Entraram em conflito com o oceano, forçando suas bravias ondas a recuarem e cederem terreno. Semelhante proeza é um magnífico golpe de fé que enobrece e dignifica o povo que o concebeu e executou.

O Mestre Divino não exagera quando diz que a fé transporta montanhas.

De fato, onde maior audácia: arrasar montes ou conquistar território das profundezas oceânicas?

O Japão é vítima de terremotos violentíssimos que, por vezes, têm reduzido cidades inteiras a montões de escombros. Que faz o nipônico? Renega o solo onde nasceu, blasfema, revolta-se ou cai na apatia? Não. Reconstrói tudo, fazendo renascer das ruínas as mesmas cidades, refeitas, embelezadas tal como a Fênix da fábula ressurgindo das próprias cinzas.

Vemos na tenacidade do japonês que o homem foi criado para crer. Por isso, ele enfrenta os cataclismas, certo de que é à vida, e não à morte, que cabe a vitória no desfecho de todas as lutas.

Os caminhos de ferro, os barcos a vapor, os aeroplanos, as maravilhosas e utilíssimas invenções do grande e genial Edison, as descobertas científicas de toda a espécie, conducentes a conservar e dilatar a vida humana, melhorando, ao mesmo tempo, suas condições, são outros tantos milagres da fé.

Observemos um guindaste possante, manobrado por um menino, levantar moles cujo peso orça por algumas toneladas.

Que ideia faremos desse maquinismo? Dirão, talvez, é a força da inteligência suprindo vantajosamente a força dos músculos. Cumpre notar, entretanto, que a inteligência (como as demais faculdades do Espírito) age mediante o influxo de um poder que a põe em atividade. Esse poder é a fé.

Arquimedes, quando se propôs levantar o mundo, disse que o faria se lhe dessem uma alavanca e um ponto de apoio correspondente. O desafio do grande geômetra tinha por fim demonstrar o poder mecânico da alavanca no deslocamento de pesos. Não obstante, aquele poder depende de uma condição: o ponto de apoio. Todo o prodígio da alavanca resulta nulo sem o ponto de apoio. Assim também é a inteligência humana; sua magia só se verifica sob a dinâmica da fé. A fé é o esteio da vida. Disse Amado Nervo, com muita justeza, que a fé é tão necessária como a respiração.

A Natureza é um hino de fé. Tudo nos convida a crer, nada nos induz à descrença. As forças naturais são positivas. O homem que se harmoniza com elas age de acordo com a Natureza; mantém-se em atitude vitoriosa, sendo esse o segredo de seus triunfos. O cético é uma nota dissonante na orquestra da vida. É uma força negativa, estéril. O otimismo e o pessimismo são consequências inevitáveis da crença e da descrença.

A Natureza nos convida a crer. O mundo do infinitamente grande, como o do infinitamente pequeno — o macrocosmo e o microcosmo — são elementos geradores de fé. O majestoso e incomensurável panorama celeste onde milhões de sóis, de astros e de estrelas se agitam em revoluções ininterruptas na eternidade do tempo; aquele poder fantástico que traceja as órbitas para os gigantes do espaço infinito, e que é obedecido sem discrepância de uma linha; esse concerto indescritível de ação e reação, de atração e repulsão que equilibra as potências cósmicas, assegurando a estabilidade do Universo; tudo isso, enfim, que do alto dos céus nos deslumbra e arrebata, convida-nos a crer.

Se penetrarmos o ciclo do infinitamente pequeno, se devassarmos os mistérios de uma simples gota de água, outras tantas maravilhas não menos surpreendentes ali nos esperam para dizer-nos peremptória e positivamente: crê!

O telescópio e o microscópio geram mais fé que todos os dogmas e todas as liturgias das religiões.

Se tudo que existe, fora e dentro de nós, nos manda crer, por que havemos de descrer? Só a fatuidade do orgulho humano pode dar lugar ao ceticismo e à descrença.

Gravemos em nossa mente a inolvidável frase de Jesus: *Tudo é possível àquele que crê*. Apelemos para seu mágico encantamento e teremos o caminho da vida, aberto e franco às mais excelentes conquistas da inteligência.

Lobos vorazes

O Divino Pastor previne as suas ovelhas do perigo que as ameaça, dizendo-lhes: *Guardai-vos dos falsos profetas que vêm a vós com vestes de ovelhas, mas que por dentro são lobos vorazes. Pelos seus frutos os conhecereis* (*Mateus*, 7:15 e 16).

Geralmente, os profitentes de determinado credo imaginam que os falsos profetas são os representantes de outros credos. Assim, para os católicos romanos, os lobos vorazes são os pastores protestantes, são os expoentes da Doutrina Espírita. Para os protestantes, os lobos são os membros do clero romano e os espíritas em geral. E este falso conceito é também partilhado por alguns espíritas, os quais pretendem ver o perigo nos arraiais vizinhos.

Estão todos redondamente enganados. Os falsos profetas, os lobos vorazes estão dentro dos respectivos rebanhos que eles pretendem explorar, assumindo ali atitudes de mentores e guias, disputando posição de destaque. Daí precisamente o perigo para as ovelhas. Os lobos do Protestantismo estão lá com eles, rotulados com a mesma rubrica oficial daquela igreja, mostrando-se interessados por tudo que ali se passa. Da mesma sorte, os lobos do Catolicismo romano lá se encontram no seio daquela comunidade, usando os seus distintivos, as suas insígnias. Consoante o mesmo critério, os falsos profetas contra os quais nós, os espíritas, nos devemos precaver, não se acham em arraiais longínquos, não são os membros da clerezia de saia ou de sobrecasaca. Eles estão perto de nós, em nosso meio, no aprisco mesmo, disfarçados em ovelhas inocentes. Usam palavras melífluas, arvorando-se, ora em ardentes propagandistas e fogosos foliculários, ora em operadores de prodígios e milagres, ora ainda em profundos conhecedores de mistérios, possuidores de poderes invulgares, ora, finalmente, como dotados de dons excepcionais para curar enfermidades de toda a natureza.

Lobos há de toda a casta: malhados, fulvos e pretos. Da espécie de que tratamos agora, existem, desde os exploradores e charlatães ignorantes, que exercem suas traças entre os incautos ignaros, até os de alto coturno, que frequentam rodas literárias, portadores de títulos e credenciais, impando de vaidade, pretensos sábios.

Tanto estes, porém, como aqueles, se dão a conhecer pelos frutos, como sabiamente diz o Evangelho. Seguindo as pegadas desses lobos, verificamos desde logo que seus frutos são maus. Os de baixa estirpe, em geral, contentam-se com ilaquear a boa-fé dos incautos, colhendo em seguida os proventos que miram. Os de alta categoria visam a alvo mais elevado, pelo menos mais distante. Querem satisfazer suas pretensões vaidosas e seus apetites, como os primeiros, porém, com certo jeito e maestria, a fim de se não comprometerem. Para atingirem os fins, não trepidam em lançar, aqui, a cizânia; ali, a intriga; acolá, a confusão e a dúvida. Insultam, agridem, perseguem mesmo os que se não curvam às suas pretensões e duvidam das suas autoridades.

Tais são os frutos que produzem. Querem dirigir o rebanho à viva força; querem posto de comando; querem o bastão. Com tal propósito, farejam todas as agremiações organizadas, todos os redis onde há ovelhas a tosquiar. Não logrando seus intentos, saem murmurando e vociferando contra os núcleos onde não conseguiram pontificar. A passagem dessa alcateia deixa sempre vestígios. São víboras que empeçonhentam o ambiente, quando não podem inocular o veneno mortífero.

O cunho característico desses lobos é serem todos eles inimigos da cruz do Cristo, como dizia, com justeza, o Apóstolo dos gentios. Falam no Cristo, porém num Cristo forjado pelos seus caprichos e veleidades, que nada tem de comum com aquele Cristo que anuncia a cruz, que põe em realce a cruz e que, sobretudo, manda viver segundo Ele viveu, nos termos e no espírito da cruz, como símbolo do dever, da humildade, da renúncia e do sacrifício.

Os falsos profetas — grandes ou pequenos, ignaros ou eruditos, plebeus ou magnatas são, invariavelmente, epicuristas, devotos de Baco, adoradores de Príapo; uns, mais ou menos abertamente, outros, de modo hipócrita e velado, deixando, todavia, transparecer o que lhes vai no íntimo.

Guardai-vos, portanto, ó crentes de todas as igrejas, dos lobos vorazes. Lembrai-vos de que eles estão no meio de vós, agindo ao vosso lado; não vêm de fora, estão no interior de cada aprisco. Pelos frutos os conhecereis.

O Médico das almas

De caminho para Jerusalém, passava Jesus pela divisa entre a Samaria e a Galileia. Ao entrar numa aldeia, saíram-lhe ao encontro dez leprosos, que ficaram de longe e levantaram a voz, dizendo: Jesus, Mestre, tem compaixão de nós! Jesus, logo que os viu, disse-lhes: Ide, mostrai-vos aos sacerdotes. E em caminho ficaram curados. Um deles, vendo-se curado, voltou, dando glória a Deus em alta voz, e prostrou-se aos pés de Jesus, agradecendo-lhe; e este era samaritano. Perguntou Jesus: Não ficaram curados os dez? onde estão os outros nove? Não se achou quem voltasse para dar glória a Deus, sendo este estrangeiro? E disse ao homem: Levanta-te e vai; a tua fé te salvou (*Lucas*, 17:11 a 19).

Por que disse Jesus ao samaritano: a tua fé te salvou? Porque a fé nesse crente, em tudo dissemelhante da dos judeus, era despida de fanatismo, não se restringia aos moldes estreitos daquela fé convencional da escolástica religiosa.

A fé daquele samaritano era livre, isenta de peias dogmáticas, escoimada de todos os prejuízos sectários inerentes aos credos exclusivistas. Daí por que ele logrou sentir os eflúvios celestes banhando seu Espírito e despertando-lhe no coração os bons sentimentos, dentre os quais se distingue, como dos mais belos padrões de nobreza, a gratidão.

Jesus sarara os dez leprosos; mas o prodígio só impressionou profundamente ao samaritano, porque só ele recebeu o influxo do Céu, graças às condições do seu coração liberto do fanatismo que obceca a mente e embota as cordas do sentimento. Por isso, enquanto os nove judeus prosseguiram maquinalmente em demanda dos sacerdotes para cumprirem o preceito ritualístico de sua religião, o samaritano retrocedeu em busca do seu benfeitor, a cujos pés se prostrou, num gesto sublime de humildade e de profundo reconhecimento.

Sua alma possuía apreciável capacidade de sentir. O benefício recebido encontrou eco em seu coração suscetível de apreciar o bem e capaz de experimentar as emoções suaves e doces que o bem gera e acoroça.

Concluímos do exposto que o maior benefício que recebemos, através duma graça que nos é concedida, não está propriamente no objeto alcançado, mas no reconhecimento que o fato pode despertar. A gratidão é o elo indissolúvel que une o beneficiado ao benfeitor.

Assim, pois, quando o pecador tem capacidade moral para sentir o benefício que lhe é outorgado, fica por isso mesmo em comunhão com o Céu: e nisto consiste o sumo bem conquistado.

Jesus curava o corpo, visando a redimir o Espírito. Daí seu contentamento, verificando que, ao menos num, dentre os dez leprosos beneficiados, havia atingido o alvo visado em sua missão.

É bom que todos os doentes do corpo saibam disto, a fim de se não iludirem buscando a saúde da matéria e relegando a do Espírito. São as enfermidades deste que o Médico das almas, de preferência, veio curar.

A dracma perdida

Qual é a mulher que, tendo dez dracmas e perdendo uma, não acende a candeia, não varre a casa e não a procura diligentemente até achá-la?

Quando a tiver achado, reúne as amigas e vizinhas, dizendo: Regozijai-vos comigo, porque encontrei a dracma que havia perdido.

Assim, digo-vos, há grande júbilo entre os anjos de Deus por um pecador que se arrepende (Lucas, 15:8 a 10).

A parábola supra faz parte da tríade parabólica onde figura, a seu lado, a do Filho Pródigo e a da Ovelha Tresmalhada. Todas encerram o mesmo ensinamento, revelam o mesmo axioma inconteste que o Espiritismo vem rememorar: a unidade do destino. Essas parábolas nos fazem vislumbrar esta verdade, da mais subida importância: a Justiça de Deus é misericórdia e a sua misericórdia é justiça.

Ao homem é difícil apreender perfeitamente este asserto, dado o conceito errôneo que neste mundo se faz de justiça e de misericórdia. Tais predicados, para a maioria, são entre si incompatíveis; quando um deles atua, o outro permanece inerte. De fato, é assim que os homens procedem quando supõem fazer justiça, ou usar de misericórdia.

Em Deus, justiça e misericórdia se identificam, agem concomitantemente, ao mesmo tempo, sem nenhuma incompatibilidade, embebendo-se uma na outra. Para firmar esta asserção em nosso espírito, basta considerarmos que não pode haver conflito entre as virtudes. Todas as virtudes são modalidades duma só virtude, que é o amor. Elas se completam em seus aspectos multiformes. A divergência — e divergência irredutível — verifica-se entre as virtudes e o vício, o bem e o mal, a luz e as trevas.

A unidade do destino resulta da unidade entre a Justiça e a Misericórdia Divinas. O justo foi pecador, o pecador será justo. Daí porque há grande júbilo entre os anjos (justos) por um pecador que se arrepende.

Dito isto sobre a ideia central da parábola vertente, analisemo-la através dos pormenores de sua urdidura. Já dissemos que Jesus formulou três parábolas, colimando o mesmo objetivo. Todavia, estudando-as separadamente, vamos descobrir ensinos diversos que, a par da ideia central, comum nesta trilogia, aparecem como acessórios mui preciosos.

A personagem em destaque neste apólogo é a mulher, dona de casa. Ela perde uma dracma das dez que tinha em mãos. Incomoda-se, aflige-se seriamente com o sucedido, procurando sanar o mal de que se reconhece culpada. Rebusca diligentemente os escaninhos, remove os trastes que guarnecem os aposentos, até que encontra a moeda desaparecida. Rejubila-se com o resultado de suas pesquisas e, dando expansão à sua grande alegria, comunica o fato às vizinhas para que participem do seu justo contentamento.

Ora, por que Jesus usou dessa semelhança? Por que comparou o zelo divino na salvação das almas com o zelo da mulher na função de economia do lar? Naturalmente porque é essa a missão da mulher no seio da sociedade. Da maneira como se desempenha desse papel depende a tranquilidade e o bem-estar da família. Mais ainda: resulta do seu zelo no cumprimento dos deveres domésticos a estabilidade e a segurança social.

Saber gastar é tão importante como saber ganhar. Se são necessários certos requisitos e predicados para ganhar, outros, não menos importantes, são precisos para aplicar o que foi ganho. O desequilíbrio das finanças domésticas, fonte de desventuras e até do esfacelamento de muitos lares, tem origem, muitas vezes, no descaso ou na má aplicação dada pela mulher às receitas de que pode dispor.

Qual a mulher, pergunta Jesus, que, tendo dez dracmas e perdendo uma, não faz tudo que pode para encontrá-la? Essa interpelação dá lugar a considerar-se como anormal a mulher que não denota naturalmente aquele ardor e aquele zelo no desempenho de sua missão de mantenedora do equilíbrio financeiro do lar.

Exemplifiquem-se, portanto, neste ensinamento as mulheres e também os homens. A mulher, no sentido de se desobrigar com o devido escrúpulo e critério do elevado cargo que lhe compete na ordem social. O homem, no que respeita à consideração e ao merecimento em que deve ter o trabalho da mulher, trabalho esse tão, ou, quiçá, mais meritório que o seu, do qual tanto ele se ufana e tanto se orgulha.

Einstein e a Religião

Dizia Bacon: Pouca ciência conduz ao ateísmo; muita ciência conduz a Deus.

Os grandes benfeitores da Humanidade, os homens que se têm distinguido pela inteligência, produzindo algo de bom e de útil para a Humanidade, foram indivíduos possuídos de espírito religioso.

Não devemos entender, porém, que esses indivíduos se achassem filiados aos dogmas desta ou daquela facção religiosa. A consciência, o espírito ou instinto religioso existe muitas vezes, em alto grau, em profunda vibração, fora dos limites estreitos do sectarismo ou da ortodoxia.

Ainda agora acabamos de ler uma notícia interessante acerca da teoria religiosa de Einstein, o célebre e famoso físico e matemático. Segundo sua opinião, a religião se manifesta sob três aspectos distintos, a saber:
a) a religião do temor;
b) a religião da moral social;
c) a religião do senso cósmico.

A primeira e a segunda formas são passageiras. O *controle* da Ciência destrói a primeira, e substitui a segunda. Quanto, porém, à terceira, essa permanecerá para sempre porque, como concluíram os grandes gênios, dentre eles Lang — *o fundo do Universo é luminoso.*

A presente notícia que ora comentamos nos traz à memória as consoladoras e doces palavras de Jesus: *Crede em Deus, crede também em mim. Na casa do Pai há muitas moradas.*

O Mestre não delimitou a fé, nem a circunscreveu dentro dos âmbitos pequeninos das tricas e das sofistarias clericais. Ele faz um apelo à razão do homem, induzindo-o a lobrigar o Autor da Vida, o Arquiteto do Universo.

Nesse foco luminoso que resplende no âmago da Criação, e no expoente de suas maravilhas — é que Jesus convida o homem a crer.

E que crença pede Ele? A fé cega, imposta por autoridade? Não. A fé raciocinada, aquela que nasce dos fatos, que parte do que se vê para induzir ou deduzir o que se não vê. Por isso, o Mestre acrescenta: *Na casa do Pai há muitas moradas.*

— Sim — creia no Deus cuja existência e cuja obra se acham manifestas no panorama celeste, nos turbilhões de sóis, de mundos e estrelas que rolam na imensidade atestando a munificência da obra, a onipotência e onisciência do seu autor.

Partindo desse fato concreto, quanta dedução a inteligência do homem pode tirar! Transportando-nos nas asas do pensamento a essas regiões refulgentes, a essas *terras do Céu onde habita a justiça*, como não admirar a imensidade do poder e a excelência do amor divino? Para quem foram criadas essas moradas, senão para os filhos daquele Pai, em quem o Filho dileto nos aconselha a crer?

Eis aí a razão da fé raciocinada que, no dizer de Kardec — encara a razão face a face em todas as épocas da Humanidade.

Tal é a religião dos gênios. Tal é a fé proclamada pela Terceira Revelação.

Colóquio íntimo

Jesus — Tu me amas. Eu te amo. Não posso prescindir do teu amor, desse amor que significa tua presença em mim. Em tal importa o testemunho do quanto me queres. Sim, do quanto me queres, digo bem, pois Tu te dignas de entrar em contato comigo, apesar mesmo da imensurável distância em que me encontro da tua perfeição.

Tu me amaste primeiro. Eu ainda não te conhecia e tu já me amavas. Eu nada sabia de ti e Tu já te havias sacrificado por mim.

Um dia senti de leve, muito leve, a influência do teu amor. Minha alma começou desde logo a despertar e a perceber em si própria a alvorada de uma vida nova.

Só então compreendi que ninguém pode ser ingrato em todo o tempo, nem permanecer insensível à influência do teu amor.

Certamente por isso Tu disseste: *Quando Eu for levantado na cruz, atrairei todos a mim.* Eu senti em mim o poder irresistível dessa atração, tal como a limalha que corre célere para o ímã.

Perceber o teu amor é descobrir a fonte da vida eterna. Dizem que o amor é indefinível. João Evangelista confirma essa asserção, quando assim se exprime: "Deus é amor". Definiu o indefinível com o indefinível. Mas Tu, que és a Luz do mundo, asseveraste com a autoridade da tua palavra, sempre confirmada, que nada há oculto que não seja revelado. É assim que me revelaste o mistério do amor, através da tua comunhão comigo. O contato contigo esclarece perfeitamente o que seja aquele sentimento, de cujo cultivo depende a solução de todos os problemas da vida, por isso que encerra toda a Lei e toda a profecia.

Portanto, definirei o amor como a emoção que o Espírito encerrado no ergástulo da carne experimenta, quando em comunhão com o divino. De ti aprendi que é assim; e, como eu, todos os que já te conhecem.

Toda vez que Tu me permites receber o ósculo celeste, percebo em mim o teu amor.

A Lei veio por Moisés, mas a verdade e a graça vieram por ti. Vejo na sanção da Lei a dor, como efeito de causas por nós mesmos geradas. Vejo na graça a expressão do amor divino, atraindo o homem às regiões da luz.

Pela dor e pelo amor — pela Lei e pela graça — a redenção se opera e a morte é tragada na vitória.

Tu és o reflexo do amor de Deus, porque estás em íntima e perfeita comunhão com Ele. Sentir o teu amor é sentir o amor de Deus.

Não há dois amores: um só amor existe. Todavia, o amor se manifesta sob intensidades várias, como a Luz. Neste particular, é-me dado operar com o amor uma maravilha que a ti, a despeito de todo o poder que o Pai te concedeu no Céu e na Terra, não te é dado. O meu amor por ti cresce, aumenta continuamente, à medida que mais e melhor te conheço; mas Tu não podes fazer o mesmo, porque o amor, em ti, se ostenta em sua plenitude. Tu não me podes amar mais do que me amas; porém, eu te posso amar, e realmente te amo e amar-te-ei cada vez mais, até que o meu amor alcance a plenitude do teu.

E assim se vem cumprindo a tua profecia: *Quando Eu for levantado na cruz, atrairei todos a mim.*

O pão e o vinho

E Jesus partiu o pão e, distribuindo-o aos seus discípulos, disse: Tomai e comei, este é o meu corpo, que é dado por vós. E, tomando o cálice, acrescentou: Tomai e bebei, este é o meu sangue... Quem não comer a minha carne e não beber o meu sangue não tem parte comigo, não pode ser meu discípulo... Fazei isto em memória de mim...

A comunhão do crente com o Cristo não é uma comunhão platônica, que paira no terreno metafísico, vago, impreciso. É uma comunhão íntima, perfeita, integral.

A carne e o sangue de Jesus são a carne e o sangue do crente, isto é, a vida do Cristo é a vida do crente. Há entre o crente e o Cristo uma transfusão de vida, de ideal, de sentimento e de ação. A vida do Cristo há de ser a vida do crente; o sentimento do Cristo há de ser o sentimento do crente; o ideal do Cristo há de ser o ideal do crente; a ação do Cristo há de ser a ação do crente. Se não houver entre o Mestre e o discípulo esta identificação, os discípulos não terão parte com Ele, pois não comeram ainda a sua carne e não beberam o seu sangue. Serão aspirantes ao Cristianismo, mas não serão cristãos.

Decorre, outrossim, dessa comunhão integral — idêntica àquela que se verifica entre a videira e as ramas — uma consequência lógica e natural: os crentes que tiverem a vida do Cristo, transfundida em si próprios, viverão uma vida comum. Todos viverão a vida de cada um e cada um viverá a vida de todos. Tal o supremo ideal do Cristianismo.

Esta doutrina, cumpre notar, não se ostenta apenas no plano teórico de um espiritualismo etéreo, idealístico. Ela tem, antes, cunho de realidade positiva e eminentemente prática, como sói acontecer com todos os postulados cristãos.

Aparentemente, parece algo de bom e de prático aconselhar a comunhão de pensamento, a solidariedade espiritual, como pretendem os credos saturados de misticismo. Mas, parafraseando o Apóstolo Tiago, podemos perguntar: semelhante comunhão mitiga a fome e a sede dos famintos e dos sedentos? Semelhante gênero de simpatia veste os nus, assiste os enfermos em suas angústias, conforta os desesperados, enxuga o pranto dos aflitos? Tal espécie de solidariedade utópica defende os oprimidos, esclarece os ignorantes, combate a iniquidade, o vício, o crime, melhora, enfim, as condições da Humanidade?

É muito fácil pregar e mesmo praticar a comunhão de pensamento e outras tantas comunhões líricas, inspiradas no platonismo, mas não é essa, certamente, a comunhão ensinada, sentida e exemplificada por Jesus Cristo. A comunhão cristã é um fato, é uma realidade viva e palpitante; é uma identificação perfeita da vida coletiva com a vida de cada indivíduo e da vida de cada indivíduo com a vida coletiva. Não paira nas alturas alcandoradas do idealismo estéril: desce ao plano da vida humana, penetra a sociedade terrena, os lares, o seio da família, o âmago dos corações.

A comunhão cristã é do Espírito, da carne e do sangue. Jesus é o Verbo encarnado que habitou entre os homens: sentiu as suas dores, experimentou as suas angústias, sondou as suas chagas, pensou as suas feridas. Foi com fatos e não com pensamentos e palavras que Jesus estabeleceu sua comunhão com a Humanidade sofredora. Os mensageiros do Batista tiveram ocasião de testemunhar a maneira pela qual Jesus se revelava o Cristo de Deus. Sua doutrina é bem diferente da doutrina engalanada de certos credos, cuja eficiência não vai além da sonoridade de frases estudadas, proferidas mais com o fito de fascinar a mente popular do que de esclarecer a verdade e propugnar o advento da justiça na Terra. Jesus não deu joio aos homens, deu-lhes trigo: alimentou-os, não os enfeitiçou.

A comunhão do lirismo espiritualista, que deixa a carne e o sangue apodrecerem na dor e na angústia, não é aquela que Jesus determinou que se fizesse em sua memória e em substituição da Páscoa dos judeus. O crente em Cristo há de sentir a dor moral e física de seu irmão, qual se fora em si mesmo. A fraternidade cristã importa numa questão de fato: nunca será demais repeti-lo. *Vinde a mim, benditos de meu Pai, porque tive fome e me destes de comer; tive sede e me saciastes; estive nu e me vestistes; estive enfermo e prisioneiro e me visitastes. Apartai-vos de mim, réprobos, porque permanecestes impassíveis diante de minhas angústias e de minhas aflições. Tanto estes quanto aqueles dirão: Senhor, quando te vimos em necessidade e te acudimos, ou te deixamos de valer? Jesus retrucará: Todas as vezes que valestes, ou deixastes de valer, aos mais pequenos e humildes da Terra, foi a mim que o fizestes* (Mateus, 25:34 a 36 e 41 a 45). Eis aí a lei e os profetas, segundo o conceito cristão.

O Cristianismo não responde pelas adulterações que os homens, em seu egoísmo, pretendem introduzir na sua estrutura doutrinária.

Tal é a verdade que o Espírito Consolador veio restabelecer, a propósito do pão e do vinho que Jesus deu a comer e a beber aos seus apóstolos, como símbolos do seu corpo e do seu sangue, imolados à causa da redenção humana.

A natureza humana

Um erro psicológico de funestas consequências domina a ortodoxia oficial. Pretendem que o homem seja visceralmente mau, intrinsecamente perverso e, por natureza, corrupto.

Semelhante conceito é adotado, salvo raras exceções, por sociólogos, juristas, escritores, filósofos, cientistas e, o que é de admirar, pela clerezia de vários credos religiosos. Que os materialistas façam tal conceito do homem, compreende-se; mas que sejam acompanhados pelos crentes e até pelas autoridades das religiões deístas é inominável, inconcebível quase.

Como é possível que o homem, criado à imagem e semelhança de Deus, seja visceralmente mau? Como se compreende que o supremo Arquiteto haja produzido obras intrinsecamente imperfeitas e defeituosas? Semelhante despautério precisa ser combatido. Lavremos, em nome da fé que professamos, veemente protesto contra a tremenda heresia.

O homem é obra inacabada. Entre obra inacabada e obra defeituosa vai um abismo de distância. Os Espíritos trazem consigo os germens latentes do bem e do belo. A centelha divina, oculta embora, como o diamante no carvão, refulge em todos eles. O mal que no homem se verifica é *extrínseco* e não *intrínseco*. No seu íntimo cintila o divinal revérbero da face do Criador. Os defeitos, senões e falhas são frutos da ignorância, da fraqueza e do desequilíbrio de que a Humanidade ainda se ressente. Removidas tais causas, a decantada corrupção humana desaparecerá.

Deus não cria Espíritos como os escultores modelam estátuas. As obras de Deus são vivas, trazem em si mesmas as possibilidades de autodesenvolvimento. A vida implica movimento e crescimento. "Em cada átomo do Universo está inscrita esta legenda: para a frente e para o alto." Os atributos de Deus estão, dadas as devidas condições de relatividade, palpitando em cada criatura. Apelando-se para as faculdades profundas do Espírito, logra-se o despertar da célica natureza que nele dorme, atestando a origem donde proveio.

O problema do mal resolve-se pela educação, compreendendo-se por educação o apelo dirigido aos potenciais do espírito. Educar é salvar. Através do trabalho ingente da educação, consegue-se transformar as trevas em luz, o vício em virtude, a loucura em bom senso, a fraqueza em vigor. Tal é em que consiste a conversão do pecador.

Jesus foi o maior educador que o mundo conheceu e conhecerá. Remir ou libertar só se consegue educando. Jesus acreditava piamente na redenção do ímpio. O sacrifício do Gólgota é a prova deste asserto. Conhecedor da natureza humana em suas mais íntimas particularidades, Jesus sabia que o trabalho da redenção se resume em acordar a divindade oculta na psique humana.

Sua atuação se efetuou sempre nesse sentido. Jamais o encontramos abatendo o ânimo ou aviltando o caráter do pecador, fosse esse pecador um ladrão confesso, fosse uma adúltera apupada pela turbamulta. "*Os sãos não precisam de médicos, mas, sim, os doentes*"; tal o critério que adotava.

Invariavelmente agia sobre algo de puro e de incorruptível que existe no Espírito do homem.

Firmado em semelhante convicção, sentenciava com autoridade: *Sede perfeitos, como vosso Pai celestial é perfeito*. Esta sentença só podia ser proferida por quem não alimentava dúvidas sobre os destinos humanos. Interpelado sobre a vinda do Reino de Deus, retruca o Mestre: *O Reino de Deus não virá sob manifestações exteriores; porque o Reino de Deus está dentro de vós*. O apóstolo das gentes, inspirado em idêntico conceito a respeito do homem, proclama igualmente: *O templo de Deus, que sois vós, é santo. Ignorais, acaso, que sois santuários de Deus, e que o Espírito divino habita em vós?* (*I Coríntios*, 3:17).

O mal é uma contingência. Em realidade significa apenas ausência do bem, como as trevas representam somente ausência de luz. O mal e a ignorância são transes ou crises que o Espírito conjurará fatalmente, mediante o despertar de suas forças latentes. A prova cabal e insofismável de que a natureza íntima do homem é divina e, por conseguinte, incompatível com o mal, está na faculdade da consciência. Que é a consciência, na acepção moral, senão o "divino" cuja ação se faz sentir condenando o mal e aplaudindo o bem? Por que razão o homem jamais consegue iludir ou corromper a consciência própria? Ele pode, no uso do relativo livre-arbítrio que frui, desobedecer-lhe, agir em contrário aos seus ditames, porém nunca abafará seus protestos, nunca conseguirá fazê-la conivente de iniquidades e crimes. A consciência é o juiz íntegro cuja toga não se macula, e cuja sentença ouviremos sempre, quer queiramos, quer não, censurando nossa conduta irregular. Esse juiz, essa voz débil, mas insopitável, é a centelha divina que refulge através da escuridão de nossa animalidade, é o diamante que cintila a despeito da negrura espessa do rude invólucro que o circunda.

O maior bem que se pode fazer ao homem é educá-lo. Os educadores, cientes e conscientes de seu papel, são os verdadeiros benfeitores da Humanidade. Cooperar pela ressurreição do Espírito é proporcionar-lhe o sumo bem; nada mais valioso se lhe pode fazer. Tal a missão do Cristo de Deus neste mundo. Por esse ideal Ele se deu em holocausto no patíbulo da cruz.

A Humanidade precisava de um modelo, de uma obra acabada que refletisse em sua plenitude a majestade divina. Esse arquétipo nos foi dado no Filho de Deus. Os modelos devem ser imitados. Para isso se destinam. Assim compreendia Paulo de Tarso, consoante se infere desta sua asserção: *...tendo em vista o aperfeiçoamento dos santos* [crentes] *até que todos cheguemos à unidade da fé e do pleno conhecimento do Filho de Deus, a estado de homem feito, à* medida da estatura da plenitude *do Cristo* (*Efésios*, 4:12 a 13).

A larga parábola que temos a percorrer em demanda do Modelo é obra de educação, educação que se transforma em autoeducação.

Kant, o filósofo, assim compreende a educação: "Desenvolver no indivíduo toda a perfeição de que ele é suscetível: tal o fim da educação".

Pestalozzi, o pedagogista consumado, diz: "Educar é desenvolver progressivamente as faculdades espirituais do homem".

John Locke, grande preceptor, se expressa desta maneira sobre o assunto: "Educar é fazer Espíritos retos, dispostos a todo momento a não praticarem coisa alguma que não seja conforme à dignidade e à excelência de uma criatura sensata".

Lessing, autoridade não menos ilustre, compara a obra da educação à obra da revelação, e diz: "A educação determina e acelera o progresso e o aperfeiçoamento do homem".

Fröbel, o criador do "Kindergarten" (Jardim da Infância), afirmava que em toda criança existe a possibilidade de um grande homem.

Denis, o incomparável apóstolo do Espiritismo, proferiu esta frase lapidar: "A educação do Espírito é o senso da vida".

Diante do que aí fica, será preciso acrescentar que o objetivo da religião é educar o Espírito? "Se o sal tornar-se insípido, para que servirá?"

Como Jesus, os educadores, dignos de tal nome, creem firmemente na reabilitação dos maus. Os novos apóstolos do Cristianismo não virão dos seminários, mas do magistério bem compreendido e melhor sentido.

***

Perniciosas e desastrosas têm sido as consequências decorrentes do falso conceito generalizado sobre o caráter humano. Tal vesânia gerou o pessimismo que domina a sociedade.

O vírus que tudo polui e conspurca, é, a seu turno, outro efeito oriundo da mesma causa. Que pretendem os industriais da cinematografia exibindo películas dissolventes e até indecorosas? E os literatos e romancistas abarrotando as livrarias de obras frívolas, enervantes e imorais? E o empresário teatral com suas comédias corriqueiras, impudicas, eivadas de obscenidades? E os musicistas com seus *jazes*, *foxtrotes* e maxixes? E os costureiros e modistas com sua indumentária que peca pela falta de decência e decoro? Todos eles, convencidos de que a natureza humana é essencialmente corrupta, estão atuando através da corrupção. Visando a lucros, imaginam que o meio mais seguro de êxito seja aquele. No entanto, se o cinema se transformasse de escola do vício em escola da virtude deixaria de existir por isso? Respondemos pela negativa, sem titubear. Teria concorrência melhor e maior, como há leitores para os bons livros, como há apreciadores da arte pura.

A falsa ideia de que o êxito na cinematografia, nas artes, na indústria e no comércio só se alcança acoroçoando a maldade e a ignorância humana, é um estrabismo herético e execrável. A Teologia tem sustentado esse erro pernicioso, através dos séculos, pela palavra de seus corifeus, prejudicando seriamente a evolução da Humanidade. A Pedagogia, em seu glorioso advento, vai destroná-la, desembaraçando a mente humana dessa pedra de tropeço.

A verdade está com a Pedagogia. Com a Teologia, o caos, a confusão, as trevas. Com a Pedagogia está o otimismo sadio, alegre e forte.

Lázaro e o Rico

(**Vide** *Lucas*, **16:19 a 31**).

Consoante se infere do assunto a que se acha subordinada a parábola evangélica cujo título nos serve de epígrafe, parece que melhor lhe assentaria a denominação seguinte:

O Pobre e o Rico.

Por que teria Jesus dado um nome ao pobre, deixando de o fazer ao rico? Qual será a razão desta razão?

Segundo supomos, o caso passou-se assim. O Mestre achou de bom alvitre formular uma parábola sobre as duas categorias de provações, a riqueza e a pobreza. Voltou, então, seus olhos para a sociedade dos pobres, e encontrou ali um homem paciente e resignado, humilde e cheio de fé, que suportava galhardamente a dura prova que lhe fora destinada. Esse homem chamava-se Lázaro.

Disse, pois, o Senhor: Eis aqui uma das personagens para a parábola. Perscrutando, em seguida, o arraial dos ricos, verificou que eram todos, ou quase todos, igualmente egoístas e duros de coração. Diante disso concluiu o Mestre. Denominarei com o nome genérico esta outra figura do apólogo que idealizei — o rico — visto como é tão difícil encontrar exceções nesta classe como é difícil passar o camelo pelo fundo da agulha.

Ficou, por esse motivo, assim denominada a parábola: Lázaro e o Rico.

O rico vestia-se de púrpura e linho finíssimo. Vivia banqueteando-se esplendidamente. Lázaro, enfermo e paupérrimo, mendigava o pão de cada dia. Recostado aos portais do rico, esperava, em vão, que se lembrassem de lhe mitigar a fome. O rico, na embriaguez dos prazeres, não no via. Tinha a mente enevoada pelos vapores das libações alcoólicas, e o coração impassível, mergulhado no paul do sensualismo. Tão mesquinho era o seu estado de alma, que os próprios irracionais lhe levavam a palma em matéria de sentimentos. É assim que os cães, condoídos de Lázaro, vinham acariciá-lo, lambendo-lhe as feridas.

Eis que certo dia a morte bate às portas de ambos: morre Lázaro e morre também o rico. A morte, rigorosamente imparcial como é, não distingue os ricos dos pobres, tampouco aqueles que gozam daqueles que sofrem.

No entanto, a morte nada destrói: transforma apenas. Lázaro e o rico passaram para o Plano Espiritual. Ali, Lázaro é feliz, fruindo, no seio de Abraão a doce paz de uma consciência tranquila e a alegria do combatente que viveu a campanha e entra na posse dos louros da vitória.

E o rico, tendo falido na prova por que viera de passar, sente-se confuso e humilhado com a derrota. Ralado de remorsos, lembra-se do seu passado pecaminoso; e Lázaro — aquele que virtualmente fora sua vítima — aparece-lhe sereno e venturoso. Cena curiosa, então, se desenrola: não é mais Lázaro que mendiga do rico; é o rico que mendiga de Lázaro, dizendo: Pai Abraão, manda

Lázaro aplacar as minhas aflições; que ele venha suavizar, de algum modo, o fogo deste remorso que me consome. E a voz da Justiça retruca pela boca de Abraão: Meu amigo, as condições de Lázaro e a tua são opostas. Cada um colhe aquilo que semeia. Tu és um vencido, Lázaro é um vencedor. Como pretendes agora anular, num dado momento, os efeitos de uma causa que está contigo, que foi criada por ti no decorrer de uma existência toda? Entre o estado dos que triunfam e dos que sucumbem medeia um abismo, que não pode ser transposto como imaginas. A natureza não dá saltos; este axioma é verdadeiro tanto no plano físico quanto no espiritual. Tens que esgotar o cálice, tens que pagar até o último ceitil. As responsabilidades contraídas, na vida terrena, acompanham o Espírito onde quer que ele se encontre. Nada pode suspender o curso dessa lei.

Oh! pai Abraão, retruca o rico, cujos sentimentos começam a despertar, graças ao aguilhão da dor: Manda alguém avisar meus cinco irmãos acerca destas coisas, a fim de evitar que venham a cair nestes tormentos. E a voz da Justiça obtempera pela boca do Patriarca: Teus irmãos estão, como estiveste, em provas. Lá mesmo na Terra há quem os advirta sobre isso. Se eles não ouvem a esses, não ouvirão tampouco a um mensageiro celeste. Quando os homens se entregam à loucura dos prazeres sensuais, ficam animalizados e inacessíveis às vibrações que os anjos lhes transmitem. Como queres, pois, que um Espírito possa despertar teus irmãos, quando não lograram despertar-te? A justiça se cumprirá com eles como se está cumprindo contigo: a dor ensiná-los-á a compreender a responsabilidade em que todos se acham perante a soberana e indefectível Justiça de Deus. A dor os fará *saber* e *sentir* que aqueles a quem muito é dado — seja em bens espirituais, seja em bens temporais — muito será exigido; ensinará também que os homens são responsáveis, não só pelo mal que praticam, como pelo bem que, podendo, deixam de praticar.

E o rico conformou-se, compreendendo que — *dura lex, sed lex* [A lei é dura, mais é a lei].

Jesus, o Mestre

Jesus curou cegos de nascença, surdos-mudos, epilépticos, hidrópicos, doidos e lunáticos, paralíticos, reumáticos e leprosos; sarou, finalmente, enfermos de toda casta que a Ele recorreram em busca do maior bem temporal — a saúde. No entanto, jamais o Senhor pretendeu que o dissessem médico, ou clínico.

Jesus frequentava o templo e as sinagogas onde atendia aos sofredores e ensinava ao povo as verdades eternas, mas nunca se inculcou levita ou sacerdote.

Jesus predisse com pormenores e particularidades o cerco, a queda e a ruína de Jerusalém; como essa, fez várias outras profecias de alta relevância. Penetrava o íntimo dos homens, devassando-lhes os arcanos mais secretos, porém não consta que pretendesse as prerrogativas de vidente ou de profeta.

Jesus realizou maravilhas, tais como: alimentar mais de cinco mil pessoas com três pães e dois peixes; acalmar tempestade, impondo inconcebível autoridade às ondas revoltas do oceano. Ressuscitou a filha de Jairo, o filho da viúva de Naim e, também, Lázaro, sendo que este último já estava sepultado havia quatro dias. Transformou água em vinho nas bodas de Caná da Galileia, e muitos outros prodígios operou, não pretendendo, apesar disso, que o considerassem milagreiro ou taumaturgo.

Jesus aclarava as páginas escriturísticas, fazendo realçar, da letra que mata, o espírito que vivifica, mas não se apresentou como exegeta ou ministro da palavra.

O único título que Jesus reclamou para si, ainda que fizesse jus às mais excelentes denominações honoríficas que possamos imaginar, foi o de "mestre". Esse o título por Ele reivindicado, porque, realmente, Jesus é o Mestre excelso, o Educador incomparável.

Sua fé na obra da redenção humana, mediante o poder incoercível da educação, acordando as energias espirituais, é inabalável, é absoluta. Tão firme é a sua crença na regeneração dos pecadores, na renovação de nossa vida, que por esse ideal se ofereceu em holocausto.

Educar é remir. O Filho de Deus deu-se em sacrifício pela causa da liberdade humana. A cruz plantada no cimo do Calvário não representa somente a sublime tragédia do amor divino: representa também o símbolo, o atestado da fé viva e inabalável que Jesus tem na transformação dos corações, na conversão de nossas almas. "Quando eu for levantado no madeiro, atrairei todos a mim...", asseverou Ele. *Todos*, notemos bem; não uma parcela, mas a *totalidade*. Vemos por aí como é radical a sua confiança, a sua crença na reabilitação dos culpados, através da educação.

Sim, da educação, dizemos bem, porque só um título Jesus reclamou, chamando-o a si, e o fez sem rodeios, sem rebuços nem perífrases, antes com a máxima franqueza e toda a ênfase: o título de mestre. Dirigindo-se aos seus discípulos, advertiu-os desta maneira: *Um só é o vosso mestre, a saber — o Cristo. Portanto, a ninguém mais chameis mestre senão a mim* (Mateus, 23:8).

Jesus rejeitou o cetro, o trono, a realeza, alegando que o seu reino não é deste mundo. Dispensou, igualmente, a glória e as honras terrenas; um só brasão fez questão de ostentar: ser mestre, ser educador. É significativo!

Eu sou a luz do mundo, sou a verdade, sou o pão que desceu do Céu — proclamou o Senhor. Esparzir luzes, revelar a verdade, distribuir o pão do Espírito — tal a obra da educação, tal a missão do Redentor da Humanidade.

Que dúvida poderá restar a nós outros, neocristãos, sobre o rumo que deve tomar a nossa atividade, uma vez que o advento do Espiritismo é o do Consolador Prometido? Que outra forma poderemos dar ao nosso trabalho, que seja tão eficaz, tão profícua e benéfica à renovação social, como aquela que se prende à educação, no seu sentido lato e amplo?

Trabalhemos, pois, com ardor e entusiasmo pela causa da educação da Humanidade, começando pela infância e pela juventude desta terra de Santa Cruz.

A grande lição

De todos os prismas e aspectos sob os quais Jesus é visto e estudado, o de Mestre é, a nosso ver, aquele que de mais perto nos interessa e que melhor define sua missão junto da Humanidade.

De fato, Jesus se apresenta no cenário terreno como mestre. Por isso teve discípulos e ocupou-se em ensiná-los pela palavra e pelo exemplo. Segundo suas categóricas afirmativas, em tal se resumia e se condensava a suprema razão de sua passagem por este orbe.

Mas que teria Ele vindo ensinar aos homens? Que matéria, que disciplina seria aquela que justificou e determinou a encarnação do Verbo Divino?

A propósito de tão magno assunto, assim se exprime o padre Vieira:

"A Sabedoria Divina descendo do Céu à Terra a ser Mestre dos homens, a nova cadeira que instituiu nesta grande universidade do mundo e a ciência que professou foi só ensinar a ser santos, e nenhuma outra. A retórica, deixou-a aos Túlios e aos Demóstenes; a filosofia, aos Platões e aos Aristóteles; as matemáticas, aos Ptolomeus e aos Euclides; a médica, aos Apolos e aos Esculápios; a jurisprudência, aos Solões e aos Licurgos; e para si tomou só a ciência de ensinar o homem a ser bom e justo, honesto e amorável".

Diz bem o grande tribuno lusitano. Em realidade, Jesus veio ensinar aos homens a ciência do bem. Esta matéria, porém, como, aliás, todas as disciplinas, deve ser ensinada mediante determinado método, obedecendo às leis ou aos princípios pedagógicos que regem a arte e a ciência de educar.

Assim como a alfabetização é a primeira etapa de toda a instrução, da mesma forma a ciência do bem tem o seu ponto inicial, a sua primeira fase, sem cujo conhecimento não se pode prosseguir.

Esse primeiro passo chama-se *humildade*. É por isso que o Verbo Divino, ao baixar à Terra, deu, desde logo, com o seu nascimento no estábulo de Belém, o mais frisante exemplo daquela virtude.

Mais tarde, iniciando suas predicações com o Sermão da Montanha, o ensinamento preliminar transmitido foi o seguinte: *Bem-aventurados os humildes de espírito, porque deles é o Reino dos Céus.*

Seguindo as suas pegadas, vamos encontrá-lo admoestando seus discípulos, entre os quais havia surgido a ideia de supremacia, com as seguintes palavras:

Em verdade vos digo que, se não vos converterdes e não vos tornardes humildes como uma criança, não entrareis no Reino dos Céus... Sabeis que entre os gentios há príncipes e vassalos, e entre eles os grandes exercem autoridade sobre os pequenos. Não é assim entre vós: mas quem quiser tornar-se grande em vosso meio, será esse o que vos sirva; e quem quiser ser o primeiro, seja o servidor de todos, tal como o próprio Filho do Homem, que não veio para ser servido, mas para servir.

Logo após, ei-lo a destacar o mesmo ensino, através desta tocante exclamação: *Aprendei de mim que sou manso e humilde de coração. Só assim achareis descanso para as vossas almas* (Mateus, 11:29).

Percutindo na repisada tecla, encontramo-lo a urdir a Parábola do Fariseu e do Publicano, ambos orando no templo. O primeiro da seguinte maneira: *Meu Deus, graças te dou porque não sou como os demais homens, que são ladrões, injustos, adúlteros; nem mesmo como aquele publicano; jejuo duas vezes por semana e dou o dízimo de tudo quanto ganho. O publicano, porém, estando a alguma distância, não ousava nem mesmo levantar os olhos ao céu, mas batia no peito, dizendo: Ó Deus, sê propício a mim pecador. Digo-vos que este desceu justificado para sua casa, e não aquele; porque todo aquele que se exalta será humilhado, mas todo aquele que se humilha, será exaltado* (Lucas, 18:11 a 14).

Insistindo ainda no mesmo ensinamento, vemos o Mestre, nas vésperas de seu sacrifício, prosternado diante dos discípulos, na atitude de servo, lavando-lhes os pés e fazendo-lhes esta solene observação: *Compreendeis o que vos tenho feito? Vós me chamais Mestre e Senhor e dizeis bem, porque o sou. Se Eu, pois, sendo Senhor e Mestre, vos lavei os pés, também vós deveis lavar os pés uns dos outros; porque vos dei o exemplo, a fim de que, como Eu fiz, assim façais vós também* (João, 13:12 a 15).

Finalmente, chegando o momento supremo, a hora de ser crucificado, o Verbo Divino deixa-se cravar no madeiro infamante, entre ladrões, coroando, com esse ato, a série de exemplificações sobre a importante matéria que constituiu o pivô em torno do qual giram os magistrais ensinamentos que legou à Humanidade.

Entre a manjedoura e a cruz — alfa e ômega do Cristianismo — vemos refulgir, em caracteres indeléveis, a grande lição que ainda não aprendemos: *Humildade!*

O sumo bem

Distribuir o pão do Espírito é, incontestavelmente, a caridade por excelência, o bem excelso que nos é dado fazer à Humanidade.

Não existe outro meio de atendermos às grandes necessidades do homem. Não há fortuna bastante vultosa para acudir aos reclamos materiais de todos os indigentes, de todos os sofredores e miseráveis. Demais, o pão do corpo tem que ser distribuído todos os dias, continuamente, aos mesmos indivíduos. Só o pão do Espírito, uma vez ingerido, sacia para sempre. Só a água viva aplaca a sede por completo e se transforma em fonte interior, manando para a eternidade.

As necessidades do corpo são insaciáveis e complexas. São insaciáveis porque cotidianamente se apresentam sob os mesmos aspectos. São complexas porque são várias e múltiplas. O pão para a boca é de todos os dias. O vestuário e o calçado se rompem e consomem, reclamando reformas constantes. O teto, que serve de abrigo ao corpo, está sujeito à ação das intempéries, exigindo reparos de certo em certo tempo. As enfermidades são multiformes: surgem do interior e vêm também do exterior. A cura de uma, quando possível, não evita o aparecimento de outra. Se este está farto, aquele está nu. Esta criança goza saúde, aquela não tem ninho onde se refugie, nem afetos, nem conchegos. Esta mulher tem roupa e pão, mas é enfermiça e fraca. E, assim, ora o pão, ora o fato, ora o lar, ora o médico e o remédio — os reclamos do corpo jamais cessam e nunca se resolvem.

O pão do Espírito soluciona todos os problemas. Quanto mais o espalhamos, mais se aumenta em nosso celeiro. Esse pão não está sujeito às contingências do número; não tem peso, nem tem medida. Atira-se às multidões a mancheias; todos o apanham e dele se servem, segundo suas necessidades pessoais. É, ao mesmo tempo, alimento, vestuário, calçado, teto, lar, saúde, conforto, consolação, coragem, fortaleza. É tudo, porque é luz. Só a luz revela as causas dos nossos males. *Sublata causa, tollitur effectus.* Tudo preenche, porque é amor; só o amor encerra em si mesmo a plenitude das plenitudes.

O pão do Espírito é maravilhoso. Nunca se acaba nas mãos de quem o recebe; multiplica-se nas mãos de quem o espalha. Com cinco desses pães Jesus saciou mais de cinco mil famintos. E não precisava de tantos: bastava-lhe um somente. Tanto é assim, que restaram ainda doze alcofas de sobejos. Este prodígio é a alegoria do pão do céu, que Ele trouxe ao mundo para sanar todos os seus males e flagelos. Da distribuição de semelhante pão é que incumbiu a seus discípulos. Quando estes consideraram os milhares de estômagos vazios, assediando o Mestre no deserto, disseram-lhe: "Despede-os, Senhor; já vai o dia em declínio, e onde acharemos pães para tanta gente?" *Alimentai-os*, retrucou o Cristo de Deus. Eles, porém, não perceberam de que espécie de pão Jesus falara.

Por isso, está o mundo até hoje cheio de famintos, de nus, de enfermos, de órfãos, de viúvas, de indigentes e de miseráveis. Ainda não se deu conta do meio único de atender e assistir a todos esses carecentes. Não há mais hospitais, nem médicos, nem remédios para tantos enfermos. Não há asilos para tanta orfandade e para tantos desamparados. Não há pão para tantos famélicos, nem há tetos para tantos desabrigados, nem há fatos para tanta nudez, nem há consolação para tantos aflitos, precisamente porque escasseiam os distribuidores do pão espiritual, precisamente porque os despenseiros do Cristo ainda não compreenderam a ordem do Mestre e julgam que o emprego de outros processos possam conjurar os males do século.

Só o pão do Espírito soluciona efetivamente os problemas da vida, neste e noutro plano. Só o pão do Espírito pode acabar com as misérias do mundo, por isso que os males que afetam a matéria têm origem na alma.

Espalhando, portanto, o pão da terra, não esqueçamos o pão do céu. Este sintetiza o bem dos bens, o bem por excelência, o sumo bem que nos é dado fazer a outrem.

As milícias do Céu

Existem milícias no Céu como existem na Terra, embora visando a alvos diametralmente opostos.

Ordem, disciplina, aprendizagem, manobras, arregimentação, planos, estratégias, combates e pelejas porfiadas, batalhões aguerridos, estado maior, oficiais, soldados etc. — tudo como na Terra.

O centurião que procurou a Jesus para curar-lhe o fâmulo que se encontrava gravemente enfermo mostrou compreender perfeitamente a organização do exército sideral. Retrucando a Jesus que prometera atendê-lo indo a sua casa, disse: *Senhor, não é preciso que te incomodes tanto. Nem eu mesmo sou digno de te receber em minha casa. Dize somente uma palavra, e meu servo se curará. Eu também sou homem sujeito à autoridade, e tenho inferiores às minhas ordens, e digo a este: vem cá, e ele vem; faze isto, e ele faz* (Mateus, 8:8 e 9).

Pelos dizeres acima, vemos que o centurião compreendia perfeitamente aquilo que até hoje muitos ignoram, isto é, a maneira de Jesus agir através das milícias do Céu. A analogia que ele estabeleceu, como chefe de cem inferiores, entre seu comando e o comando de Jesus dirigindo os batalhões celestes, é das mais felizes para aclarar o modo de ação empregado pelo Redentor do mundo na obra da salvação.

Paulo confirma a ideia do centurião, como se verifica destas suas palavras: "Não são todos os anjos espíritos ministrantes enviados para exercer o seu ministério a favor dos que hão de herdar a salvação?".

A Kardec foi dada a seguinte mensagem com referência aos soldados da Luz:

"Os Espíritos do Senhor, que são as virtudes do Céu, qual imenso exército que se movimenta ao receber as ordens do seu comando, espalham-se por toda a superfície da da Terra e, semelhantes a estrelas cadentes, vêm iluminar os caminhos e abrir os olhos aos cegos.

Eu vos digo, em verdade, são chegados os tempos em que todas as coisas hão de ser restabelecidas no seu verdadeiro sentido, para dissipar as trevas, confundir os orgulhosos e glorificar os justos.

As grandes vozes do Céu ressoam como sons de trombetas, e os cânticos dos anjos se lhes associam. Nós vos convidamos, a vós homens, para o divino concerto. Tomai da lira, fazei uníssonas vossas vozes, e que, num hino sagrado, elas se estendam e repercutam de um extremo a outro do Universo.

Homens, irmãos a quem amamos, aqui estamos junto de vós. Amai-vos, também, uns aos outros e dizei do fundo do coração, fazendo as vontades do Pai, que está no Céu: Senhor! Senhor!... e podereis entrar no Reino dos Céus."

Há, portanto, exércitos divinos como há os humanos. A diferença é que aqueles combatem por amor, e estes, por egoísmo. O amor fecunda as almas prodigalizando a vida e vida em abundância. O egoísmo vai disseminando entre os homens o luto, a dor e a morte. No combate sustentado pelas milícias celestes não há vencidos: todos são vencedores.

Não se aniquila o adversário, não se humilha o prisioneiro: são este e aquele convertidos em aliados, compartilhando os louros da vitória. Combate original, porque é combate de amor. Enquanto os exércitos terrenos sustentam e multiplicam as causas de separação, fomentando rivalidades e ódios, os exércitos do Céu desfazem os dissídios, confraternizando as raças, irmanando os povos, conjugando os credos.

Milícias do Céu! Geradores da fé, portadores da esperança, mensageiros do amor! Prossegui na vossa divina tarefa, sob a chefia de Jesus, atuando nos corações, para que os homens se convertam e se confraternizem, proclamando uníssonos: Pai nosso que estás nos céus, seja feita a tua vontade aqui na Terra como já é feita nos planos de luz onde reina a justiça!

Nil novi sub sole*

> *Estando a festa já em meio, subiu Jesus ao templo e pôs-se a ensinar. E maravilhavam-se, então, todos, dizendo: Como sabes estas letras, sem teres estudado? Jesus retrucou: O ensino que vos dou não é meu, mas daquele que me enviou... Não falo por mim mesmo. Quem fala por si mesmo busca a sua própria glória; mas quem busca a glória de Deus esse é verdadeiro, não há nele dolo nem iniquidade... Quem crê em mim não é em mim que crê, mas naquele que me enviou. Eu não posso de mim mesmo fazer coisa alguma... Graças te dou a ti, Pai, Senhor do céu e da terra, porque escondeste estas coisas aos sábios e aos doutos e as revelaste aos pequeninos.*

Como é diferente o critério de Jesus do dos homens, em relação ao saber, aos conhecimentos adquiridos e aos feitos realizados!

O homem procura a fama, a notoriedade pessoal, a glória própria. Jesus, ao ser admirado pelo povo que o escutava; ao observar o efeito maravilhoso que o seu verbo produziu na mente e no coração das assembleias a quem se dirigia, exclama: "O ensino que ministro não é meu, mas daquele que me enviou".

Ao contrário dos homens, que se jactam dos louvores que recebem, enchendo-se de vaidades, o Divino Mestre tira de si qualquer mérito que lhe pretendam conceder,

---
* Nada de novo sob o Sol.

declarando com toda a sinceridade: *Eu não posso, de mim mesmo, fazer coisa alguma!*

Às expressões de admiração e surpresa, partidas dos seus ouvintes, em gestos espontâneos e incontidos, Ele retruca: *Quem crê em mim, não é em mim que crê, mas naquele que me enviou.*

Aos enfermos que, restabelecidos por Ele, se mostravam gratos, dizia invariavelmente: *A tua fé te curou.*

Sim, a tua fé, não Eu! Quanta sabedoria em toda essa sublime renúncia, em todo esse excelente altruísmo! Quanta sabedoria, insistimos, por isso que, ao lado da elevada moral que essa atitude revela, existe a consciência de um profundo saber.

Senão, vejamos. De que é que os homens tanto se ufanam? De suas descobertas? Mas aquilo que se descobre é precisamente o que já existe. Tudo o que é real e verdadeiro, tudo o que é positivo e indestrutível, sempre existiu, é eterno. Logo, de que se vangloriam os homens?

Newton (sábio de valor e que foi modesto) descobriu a lei da atração e da gravidade dos corpos, lei tão antiga como o próprio Universo, do qual a Terra é parcela ínfima.

Harvey descobriu que o sangue circula pelas redes venosas e arteriais. Não obstante, o sangue sempre circulou desde que há formas de vida organizadas no orbe terráqueo.

Pedro Álvares Cabral descobriu o Brasil, torrão que em todos os tempos fez parte de um dos continentes. Colombo descobriu a América, região que, a seu turno, jamais deixou de fazer parte deste planeta.

Koch descobriu o micróbio da tuberculose; Hansen, o da lepra; porém, tais bacilos coexistem com aquelas enfermidades. A lepra vem de eras imemoriais. Já no tempo de Moisés havia leprosos no mundo. Oxalá houvessem aqueles sábios descoberto, em vez do micróbio, a cura de tão terríveis mórbus.

Não pretendemos com estas considerações negar o merecimento a que fazem jus todos os que porfiam e lutam na esfera das evidências e das pesquisas científicas de qualquer natureza. O que apenas queremos é deixar patente a relatividade dos méritos em tais casos, ainda mesmo quando a descoberta seja fruto de esforços acurados.

O próprio vocábulo — descobrir — já está previamente declarado tratar-se de algo existente, apesar de ignorado. O homem devia antes mostrar-se desapontado, por haver enxergado tão tarde aquilo que é de todos os tempos. E quando se trata de descobertas de caráter fortuito como a de Cabral? E quando são obra de um momento, como a de Newton?

Não há nada de novo debaixo do Sol, diz a sabedoria de Salomão. O homem, com as novas que, por misericórdia, lhe vão sendo reveladas do Alto, faz como as galinhas. Estas, cada vez que põem um ovo, desandam em alarido, acompanhadas pelos galos e outros galináceos da capoeira. No entanto, o papel da galinha, em relação à postura de ovos, é relativamente secundário, por isso que ela não é criadora, mas simples incubadora do ovo, desde o início de sua formação até a postura. Depois, é ainda pela incubação exterior que a galinha se presta ao choco e consequente aparecimento do pinto. Tanto a formação do ovo como a sua evolução até o pinto são fenômenos que se sucedem e se encadeiam à revelia da galinha.

Da mesma sorte, tudo o que é real, tudo o que é verdadeiro, tudo o que é permanente, tudo o que é luz, tudo o que é sabedoria, tudo o que é belo, tudo o que é virtude, tudo o que é vida, vem de Deus, é eterno, coexiste com o supremo Arquiteto do Universo.

O homem não pode coisa alguma, se do Céu não lhe for dado, afirma com justeza João Batista.

O que de fato é do homem é aquilo que passa, que é instável e efêmero. O que, infelizmente, para o homem, é genuína produção sua, é a guerra com seus horrores; é a enfermidade com seu cortejo de angústias e gemidos; é a tirania, a iniquidade, o ódio, o ciúme, a cobiça, o vício, o crime e todas as demais expansões do egoísmo: isso tudo é dele, é obra sua, é seu engenho, sua criação. Pretenderá o homem envaidecer-se de tais feitos?

E a sua ciência? A sua ciência, após complicados circunlóquios, termina invariavelmente na força e na matéria, elementos estes que ele continua ignorando o que sejam. Quereis mais de sua ciência? Eis aqui: Que é a eletricidade? É movimento. Que é a luz? É movimento. Que é o som? É movimento. Com definições tais, a ciência do homem pretende haver resolvido todas as questões e todos os problemas da vida, mas continua negando a Deus, sob o pretexto de o não compreender!

Bendito seja o Senhor do Céu e da Terra, por haver ensinado esta lição aos simples e pequeninos, ocultando-a aos doutos e eruditos!

Quando deixará o homem esse personalismo vaidoso e estiolante? Quando desistirá de tirar *patentes de invenção* e requerer *privilégios*? Por que tanto cacarejar?

Ó Salomão! onde estás, que não vens proclamar ainda uma vez esta verdade: *Nil novi sub sole!*

Amor e amores

Os homens conhecem muitos amores: amor materno, amor filial, amor conjugal, amor fraterno, amor platônico, amor da pátria, amor divino etc.

E, talvez por isso mesmo, ignorem o que seja o amor propriamente dito. O amor sem complementos, desacompanhado de todas as adjetivações, essa força que preside à harmonia do Universo: o amor, *simplesmente amor*.

Da ignorância em que os homens vivem do único amor, origina-se a causa de todos os seus males e sofrimentos.

Os amores *apendiculados* não resolvem os problemas da vida, antes os complicam. Alguns chegam a ser nocivos e perigosos. Aquele que se denomina conjugal responde quase sempre pelos divórcios e pelas tragédias domésticas, não raras vezes sanguinolentas. É muito provável que sua *benéfica* influência explique a razão por que os cônjuges, neste mundo, raras vezes se entendem.

Esse mesmo tipo de amor, quando ainda nos pródromos da *conjugação*, costuma ter o seu epílogo nos necrotérios, por meio de dois crimes: assassínio e suicídio. Chama-se a isso — drama passional, ou delitos por amor! Blasfêmia!

Do amor fraterno resulta que os filhos dos mesmos pais, que juntos cresceram sob o mesmo teto, se desestimem e até mutuamente se hostilizem. Os que se querem constituem exceção.

O amor da pátria gera as dificuldades e os graves problemas internacionais, as crises econômicas, para cuja solução determina a queima de produtos indispensáveis à vida humana, tais como o trigo, o café, o petróleo etc.; esquecendo-se de que há carestia, fome e nudez em várias regiões do globo.

Faz mais ainda esse decantado amor: emprega a maior parte das arrecadações, extorquidas ao povo, na manutenção de exércitos parelhados com tudo quanto a arte de matar e destruir tem produzido de mais aperfeiçoado. E, de quando em vez, açula essas matilhas de lobos umas contra as outras em cruentas lutas, ensopando a terra de sangue e de lágrimas, quando ficou estabelecido pelo Senhor dos mundos que o solo fosse regado com o suor do rosto.

O dito *amor divino* (que dele o céu nos defenda) criou abismos de separação entre os membros da família humana. Não contente com isso, inventou a Inquisição, as Cruzadas e a noite de São Bartolomeu!

Decididamente, os tais amores (salvo as exceções que transcendem para o amor propriamente dito, pois tais modalidades constituem um meio para atingir aquela finalidade) são desastrosos.

Certamente, prevendo tudo isso é que o Divino Instrutor da Humanidade, depois de muito haver falado e exemplificado acerca do amor (sem complementos, nem apêndices), terminou dizendo aos seus discípulos: *Um novo mandamento vos dou: que vos ameis uns aos outros, como eu vos amei.*

A novidade do mandamento está no *modo* como Ele ama. Seu amor é diferente dos muitos amores já bem conhecidos, em todos os tempos, nesta sociedade.

Deus é amor. Portanto, o verdadeiro amor é uno com o verdadeiro Deus. O politeísmo, como o amor polimorfo, gera a confusão. Não podemos servir ao Deus uno, alimentando ideias exclusivistas e sentimentos sectários, por isso que todas as coisas e todos os seres são obras suas e refletem sempre, de uma ou de outra maneira, a divina presença.

O mesmo sucede no que respeita ao culto do amor. Este nobre sentimento em tudo palpita, pois, em essência, é a mesma vida universal que anima a infinita criação. Por isso, podemos senti-lo na estrela que refulge no azul do céu, no perfume da flor, na gota de orvalho que tremula na relva, no canto do passaredo, no sorriso da criança...

Tal é a moralidade daquele mandamento, a que Jesus chamou novo há vinte séculos, e que novo continua sendo hoje, porque ignorado e não praticado.

É tempo de aprendê-lo, cultivando o amor, até que adquiramos o hábito de amar; até que nos tornemos, como Jesus, filhos do AMOR.

A nossa loucura

É vezo dos adversários do Espiritismo, particularmente da clerezia com e sem batina, acoimar de loucos os profitentes daquele credo.

Não se encontra em qualquer tratado de Psiquiatria fundamento algum em que repouse semelhante aleive. Os especialistas na matéria sempre que se manifestam serenamente, quer nas obras que tratam do assunto, quer em artigos avulsos pela imprensa, apontam, como fatores principais da loucura, a sífilis, o alcoolismo e a toxicomania.

É possível que certos elementos interessados na difamação do Espiritismo consigam, de *encomenda*, alguma opinião de profissionais, favorecendo-lhes os intentos. Tais pareceres, porém, reclamados por interesses subalternos de momento, não têm valor científico nem idoneidade moral. Falecendo em documentos dessa natureza, aqueles requisitos não podem ser os mesmos levados a sério.

De outra sorte, é público e notório que há inúmeros casos de insânia em pessoas pertencentes a outros credos, e mesmo no seio de famílias adversárias, irreconciliáveis da Doutrina Espírita. Este fato, bastante eloquente e significativo, destrói por si só a falsa imputação a que nos vimos aludindo.

Contudo, o estribilho continua: o Espiritismo faz loucos; na casa onde entram os livros espíritas, entra o gérmen da loucura.

Diante dessa insistência, concluímos que algum motivo devia existir para corroborar o referido remoque. E, de acordo com o conselho evangélico — procurai e achareis —, chegamos a desvendar o mistério com grande satisfação para nós, vítimas da cruel e pertinaz insinuação. Quando se aclarou em nossa mente o enigma, quase bradamos como Arquimedes: Eureca! Eureca!

Vamos, portanto, revelar aos leitores a nossa descoberta.

Como é sabido, procura-se por natural instinto de curiosidade, muito próprio da psicologia humana, saber o móvel que determina a conduta de certas pessoas ou de certa classe de indivíduos cujo proceder destoa do *modus vivendi* da maioria. O móvel que determina os atos do homem, segundo o critério geral, é, invariavelmente, o interesse; interesse que pode ser direto ou indireto, presente ou remoto, de natureza material ou moral, mesquinho ou elevado, mas sempre interesse.

Ora, os detratores do Espiritismo tornaram-se detratores dessa Doutrina precisamente porque não conseguiram descobrir onde o interesse que move os espíritas através dessa atividade fecunda e constante a que eles se entregam. Indagando, perscrutando e investigando meticulosamente, por todos os meios, onde o interesse oculto dos espíritas, nada encontraram. Daí concluíram, aliás logicamente, por estar de acordo com os costumes do século, que só a loucura poderia explicar o ardor com que se debatem os adeptos do Espiritismo em prol dos ideais que essa Doutrina encarna.

O fenômeno não é novo. No início do Cristianismo, os primitivos discípulos da nova fé passaram também como insanos e como elementos perigosos à ordem social, motivo por que sofreram as mais cruéis e dolorosas perseguições.

E, realmente, os que tomam os espíritas como desequilibrados têm razão, segundo o critério da época. Senão vejamos.

Qual o móvel que agita os apóstolos do Espiritismo? Onde o interesse a que visam? Econômico não é, visto como seus evangelizadores agem por conta própria, não percebem emolumentos nem ordenados por via direta ou indireta, de quem quer que seja. Não fazem jus tampouco a títulos honoríficos quaisquer.

São, antes, ridicularizados pela atitude que assumem na sociedade. Recompensa futura, na outra vida, também não pode ser invocada como justificativa, porque a Doutrina Espírita reconhece e adota a lei da causalidade, isto é, a lei das causas e efeitos mediante a qual todo erro, falta ou crime cometido há de recair fatalmente sobre o seu autor. O espírita não crê nas indulgências plenárias ou parciais nem no perdão no sentido de anulação da culpa. Crê na graça divina como auxílio, como a colaboração dos fortes em favor dos fracos; dos que sabem em prol dos que ignoram.

Ora, do exposto se conclui claramente que os espíritas não lutam por motivo algum que se ligue ao interesse. Seus propagandistas não percebem côngruas nem dízimos; são comumente lesados em seus interesses particulares por questões de intolerância do meio em que vivem. Não fazem jus, como já vimos, a honras e distinções; são, antes, espezinhados e escarnecidos. Não pretendem alcançar favores e privilégios no Céu. Que podem ser, então, tais pessoas senão vítimas de uma loucura? Onde já se viu destoar assim do século em que vivem? Que significa agir fora da órbita traçada pelo egoísmo e proceder em desconformidade com a grande maioria? Loucura rematada, não há dúvida nenhuma.

Por isso, parodiando o Apóstolo da gentilidade, dizemos: Anunciamos uma doutrina que é loucura para os gregos (materialistas) e escândalo para os judeus (sectários).

O Cristo de Deus fez jus ao mesmo qualificativo.

Ligeiro cavaco

Vemos constantemente anúncios, na imprensa, do denominado — *Tiro de Guerra da União de Moços Católicos*. Perguntamos, então, a um deles:

— Como é isso, a Igreja está interessada em ensinar aos moços a arte de matar?

— É ordem do Governo. Trata-se do serviço militar.

— Sei disso. Mas nunca imaginei que à Igreja coubesse semelhante tarefa. Parece-me incompatível com os princípios religiosos de todos os credos, máxime com os do Cristianismo.

— Mas é obrigatório.

— Ainda assim não se justifica a atitude da Igreja a quem deve cumprir obedecer a Deus e não aos homens, ao governo do Céu e não ao governo da Terra. Séculos antes do Cristo, já foi proclamado do alto do Sinai: *Não matarás*.

— Não se trata de atacar ninguém: é uma medida preventiva, acautelando a defesa de nossa pátria.

— Assim dizem os governos de todos os países do mundo. Ora, se é verdade que todos tratam unicamente de se defender, não compreendo de que é que se vão defender. Onde está o inimigo? Onde o agressor, uma vez que todos se armam e se adestram na arte de matar visando apenas à defesa própria?

— Naturalmente as nações desconfiam umas das outras.

— Nesse caso, todas se armam com intuitos reservados, inconfessáveis, criminosos mesmo. Se nenhuma se armasse, estaria conjurado todo o perigo. Esta é a boa doutrina que compete à Igreja ensinar em seus templos, deixando a tarefa criminosa a cargo de outrem, uma vez que os homens se obstinam em confirmar estas considerações do imortal Guerra Junqueiro: O salto do tigre mede-se por alguns metros. O tiro dos canhões mede-se por quilômetros. O homem é a fera dilatada.

— É... mas o Estado decretou o serviço militar obrigatório.

— Está no seu papel o Estado. A Igreja é que se acha fora daquele que lhe foi destinado. Os governos empregam o direito brutal da força. A Igreja devia proclamar a força do direito. A autoridade dos governos funda-se na razão das baionetas e no argumento das balas. A autoridade da Igreja deve ser toda de ordem moral, baseada nas virtudes, dentre as quais sobressai o amor como síntese da lei e dos profetas, segundo ensina Jesus em seu Evangelho.

— Como pode a Igreja insurgir-se contra a lei do Estado?

— O que não sei é como pode insurgir-se contra a Lei de Deus, pretendendo ser a sua Igreja. Se ela prefere obedecer antes à lei do Estado que à de Deus, conclui-se que ela trocou o Reino dos Céus pelo do mundo, deixando, portanto, de ser a Igreja de Deus, fundada pelo seu Cristo.

— Eu não discuto estas coisas.

— Está certo: eu também não pretendo discutir. Isto não passa de ligeiro cavaco. Faço votos por que termine logo seu curso de guerra, saindo dessa escola como muitos saem das academias: sem haver aprendido.

Humildes de espírito

Jesus, no sermão da montanha — que bem se pode denominar a plataforma ou programa de sua obra de redenção — começou proferindo a seguinte sentença: *Bem-aventurados os humildes de espírito, porque deles é o Reino dos Céus* (*Mateus*, 5:3).

Por que humildes de espírito? Bem-aventurados os humildes não seria o bastante? Por que a redundância humildes de espírito? Qual o motivo dessa superabundância de palavras? Simplesmente porque há várias formas de humildade; porém, só a *de espírito* é que faz jus ao Reino dos Céus.

Há pessoas humildes de aspecto, de posição social, de haveres, de profissão, de trajes, de fisionomia, mas que o não são de *espírito*.

Outras há cujas palavras e gestos, ressumando lhaneza e doçura, afeto e humildade, mal escondem a soberba que domina seus corações. A verdadeira humildade, como aliás todas as virtudes, vem do íntimo. O exterior nem sempre traduz o interior.

Há grande número de maltrapilhos e de mendigos orgulhosos. Existem, outrossim, excepcionalmente embora, exemplos de humildade entre pessoas abastadas, que ocupam posição de destaque. Há também sábios humildes, que constituem honrosas exceções à regra geral que impera entre os letrados e eruditos. A ignorância petulante e enfatuada é coisa vulgar e corriqueira.

Até entre os chamados ministros do Cristo se encontram orgulhosos impenitentes, compenetrados da ideia de supremacia e convencidos de que só a eles cabem determinados privilégios de ordem e caráter divinos.

A moral cristã, em muita gente, não passa da esfera do entendimento, da região puramente mental; jamais atinge o círculo do sentimento, a zona do coração. É do coração, no entanto, que vêm o bem ou o mal, a virtude ou o vício.

O orgulho, sob seus aspectos multiformes, é a grande pedra de tropeço da Humanidade. É o pecado original, que os mortais trazem consigo, ao aportarem às plagas deste mundo. Daí a origem de todos os atritos, dissídios e odiosidades que mantêm os homens em atitude de mútuas hostilidades.

A virtude, como alguém já disse, exclui os cálculos: é espontânea, natural. Os humildes de posição, de saber, ou de haveres estão sujeitos às circunstâncias que os cercam na presente existência. Não há mérito nem virtude por isso, além do modo como suportam e se submetem às inevitáveis condições de precariedade em que se encontram.

A humildade de espírito, ao contrário, é fruto de uma conquista, de certo estado de elevação moral da alma. E, graças a essa virtude, o Espírito pode avançar com passo seguro na realização dos seus gloriosos destinos. O orgulho não só oblitera o entendimento, senão que impossibilita o Espírito de receber as inspirações e as graças emanadas do Alto.

Não é possível aprender sem possuir humildade de coração. Quem é humilde reconhece que ignora e está sempre pronto a assimilar os ensinamentos que o Céu outorga aos mortais, por este ou aquele processo.

A inibição mental é, as mais das vezes, consequência direta do orgulho. A senda da virtude, como o caminho da sabedoria, só podem ser perlustrados pelos humildes de espírito.

O orgulho é o entrave do espírito em todos os sentidos. É o legítimo obstáculo às reconciliações, ao perdão, à unidade na fé e na ciência. Consequentemente é o fator da discórdia, desde o simples arrefecimento de afeto até o ódio que separa, persegue e mata; é a eterna cizânia que mantém os homens separados, intranquilos, sobressaltados; é o dispersador de forças e de elementos prestáveis e úteis, que poderiam militar conjuntamente, com grande eficiência, em prol das boas causas; é, finalmente, o fermento que neutraliza as intenções e as aspirações elevadas de muitos, conservando-os na esterilidade.

Razão, pois, de sobra assiste ao Divino Instrutor da Humanidade, subordinando à humildade *de espírito* todas as bênçãos celestes, como também o acesso aos tabernáculos eternos.

Tentação

1ª FORMA: *Se és Filho de Deus, manda que estas pedras se tornem em pães, visto que tens fome.*

Resposta: *Não só de pão vive o homem, mas de toda a palavra que sai da boca de Deus* (*Lucas*, 4:3 e 4).

Moralidade: A fraqueza da carne é uma das portas abertas às tentações. Por ela o diabo penetra, agindo com grande êxito. Essa porta denomina-se luxúria ou incontinência, gulodice ou intemperança, e tudo o mais que se relaciona com as sensações físicas, cuja sede é a matéria.

É do domínio da carne sobre o espírito que se originam todos os vícios repugnantes, tais como o alcoolismo, a concupiscência, a gula, o tabagismo, a cocainomania.

O corpo, quando não dirigido pelo Espírito, destrói-se a si mesmo por meio das continuadas sensações e exaltações a que se submete. Daí o dizer profundamente sábio do Mestre: Aquele que muito quer gozar a vida, perdê-la-á; o que renunciar, porém, à vida, por amor de mim, ganhá-la-á.

Todas as moléstias têm origem nas fraquezas da carne, as quais levam o homem a transgredir constantemente as leis de higiene, leis naturais e, por isso mesmo, religiosas. A enfermidade é herança do pecado — reza o Evangelho.

A matéria não raciocina, não tem inteligência nem discernimento. É sede, apenas, de sensações. Do abuso dessas sensações nascem as exigências caprichosas da animalidade, as quais arrastam o homem ao pélago dos vícios e à voragem do crime.

Como sair de tal situação? como dominar a carne, fechando assim ao diabo uma das portas por onde tantas vezes consegue levar a cabo seus malévolos intentos?

Vence-se a carne não lhe concedendo tanta atenção, não atendendo aos seus arrastamentos e caprichos; fortificando, enfim, o Espírito com o pão do céu, que é a palavra de Deus, a verdade eterna revelada ao mundo pelo seu Verbo humanado — Jesus Cristo.

Não só de pão vive o homem, mas de toda a palavra que sai da boca de Deus, eis de que os homens se esquecem, embevecidos como geralmente andam com os cuidados do corpo. Os que só vivem da carne e para a carne ficam sujeitos às fraquezas da carne.

O remédio é a palavra de Deus — é o pão do Espírito, pois este, como o corpo, também tem fome e tem sede, necessidades estas que precisam ser satisfeitas. Fortalecer ao máximo o Espírito, dando ao corpo tão somente o necessário para sua conservação — eis a chave com que se cerra para sempre uma das portas por onde o diabo costuma penetrar. Assim procedendo, curaremos também da matéria. Graças à direção do Espírito, o corpo se embelezará, far-se-á forte, alcançando longevidade acentuada.

**

2ª FORMA: *Galgando o pináculo do templo, disse-lhe o diabo: Se és Filho de Deus, lança-te daqui abaixo; porque escrito está: Aos seus anjos ordenará a teu respeito, e eles te susterão em suas mãos, para não tropeçares em alguma pedra.*

Resposta: *Também escrito está: Não tentarás o Senhor teu Deus* (*Lucas*, 4:9 a 12).

Moralidade: O orgulho com suas modalidades — presunção, arrogância, vaidade, soberba — constitui a segunda porta por onde o diabo ingressa, arrastando o homem a quedas desastrosas.

O orgulho é um desafio que o homem faz à Divindade. Desse ato de insânia ele sai sempre vencido e desapontado.

Daí a justeza desta sentença evangélica: Aquele que se exalta será humilhado.

Nenhuma paixão exerce tão nefasta influência sobre o homem como o orgulho, cujas raízes estão mergulhadas nas profundezas do egoísmo. Por esta razão é difícil vencê-lo, como também porque assume aspectos multiformes e enganadores.

O orgulho não é peculiar somente à gentilidade. Ele invade a região da fé, penetra o coração do crente, chegando mesmo a alimentar-se da própria crença de suas vítimas.

E de quantas formas se reveste! Ora é a cólera rubra que cega o entendimento, que enfurece a ponto de nivelar o homem à fera bravia. Ora é a presunção arrogante que lhe oblitera a mente e calcina as fibras do coração. Ora é a confiança ilimitada em si mesmo, em pretensos dons e qualidades, na infalibilidade de seus juízos próprios, na superioridade excelsa de sua inteligência. Ora, ainda, na exagerada suscetibilidade de sentimentos, descobrindo por toda a parte desatenções, ofensas e desprezo à sua augusta personalidade. Ora, finalmente, na atitude de hostilidade ou desdém para com todos os empreendimentos e todos os feitos onde a atuação própria não foi exercida, onde seu juízo não foi emitido nem consultado.

E, assim, o orgulho envolve o homem numa trama perigosa e traiçoeira, chegando ao prodígio de fazer com que haja quem se orgulhe de ser bom, de possuir certas virtudes e até de ser humilde!

Se és Filho de Deus, lança-te do pináculo abaixo, pois os anjos te ampararão: eis o desafio dirigido a Deus, às suas leis sábias e imutáveis. É como se dissesse: Homem, és santo e bom; és poderoso e sábio; não deves temer os males, sejam quais forem.

Não te deves incomodar com coisa alguma; não é preciso providência, nem cautelas, nem prudência. Deixa o *vigiar* e *orar* para os fracos e pusilânimes; os anjos velarão por ti, impedindo que sejas vítima de mistificações, evitando, enfim, que qualquer dano possa alcançar-te. Arroja-te, sê ousado e intimorato; tens em ti mesmo todo o poder, todo o valor, toda a sabedoria! Assim fala o orgulho, desafiando as leis naturais e provocando a reação que se não faz demorar: a humilhação do orgulhoso.

Como nos livrarmos de inimigo que se mascara assim para nos vencer?

Guardando na mente e no coração a advertência do Mestre: *Não tentarás o Senhor teu Deus*, isto é, serás sempre humilde, reconhecendo tua ignorância e fraqueza, através do estudo constante que deves fazer de ti mesmo; agirás sempre com prudência e calma, prevenindo tudo que estiver ao teu alcance e jamais abusando dos dons e faculdades de teu Espírito; orarás e vigiarás constantemente, pois assim estarás estabelecendo tua comunhão com a fonte de todo o poder que é Deus, esse Deus a quem nunca desafiarás deixando-te possuir da louca pretensão de submetê-lo aos teus caprichos e veleidades. Dessa sorte, terás fechado outra porta por onde o diabo, a cada passo, penetra, invadindo teus domínios.

***

3ª FORMA: *De novo o diabo o levou a um monte muito alto, e mostrou-lhe todos os reinos do mundo e a glória deles, e disse-lhe: Tudo isto te darei, se, prostrado, me adorares.*

Resposta: *Vai-te Satã; pois está escrito: Ao Senhor teu Deus adorarás, e só a Ele darás culto* (Mateus, 4:8 a 10).

Moralidade: A cobiça, a ambição desmedida, o apego às riquezas e à fascinação do poder e das glórias mundanas são, em conjunto, a terceira porta aberta às investidas do diabo.

Ser idólatra não importa somente no feiticismo que consiste em render culto às imagens. A idolatria mais perniciosa é aquela que se verifica na avareza, no apego às temporalidades, na sede de poder e de gloríolas do século; e, finalmente, na adoração de si mesmo ou egolatria.

Indescritíveis e inumeráveis são os crimes perpetrados no mundo pela ambição aliada à cobiça. Crimes individuais e crimes coletivos. As guerras cruentas que ensoparam a Terra, por vezes, de sangue e de lágrimas, estendendo o negro véu da viuvez e da orfandade sobre milhares de mulheres e crianças, não têm outra origem, nem outra explicação além da cupidez de corações ávidos de ouro e de pruridos de hegemonia.

As barreiras alfandegárias que encarecem e dificultam a vida das nações; o despotismo dos governos imperialistas; as tiranias oligárquicas e ditatoriais; todos os vexames e sacrifícios que se têm imposto impiedosamente aos povos, são legítimos frutos dessa insaciável sede de domínio, de glórias e de supremacias, sede maldita que oblitera a razão e destrói as fibras do sentimento humano.

Por isso, dizia o apóstolo das gentes:

A raiz de todos os males é a cobiça.

E aconselhava: "Não vos fascineis com as grandezas: acomodai-vos às coisas humildes".

Satã entronizou o bezerro de ouro, e com esse manipanço vai enlouquecendo homens e nações. Do alto do monte das ambições o diabo tem precipitado indivíduos e povos, depois de lhes haver prometido o sempre cobiçado domínio da Terra. No que respeita ao passado, sabemos que a Babilônia, o Egito, a Grécia e a Roma dos Césares se despenharam no abismo. Quanto ao presente, vimos os Impérios Centrais, qual nova Cafarnaum, querendo galgar as nuvens, cair no pó.

Cumpre, portanto, fecharmos a terceira porta, atendendo ao conselho do Mestre: *Ao Senhor teu Deus adorarás, e só a Ele darás culto.*

Adorar a Deus e só a Ele prestar culto significa amar o próximo como a si mesmo e viver segundo a justiça. Esta é a realidade da vida. O diabo continua, hoje como ontem, iludindo o homem com falaciosas promessas. O mundo não é propriedade do diabo nem o será jamais dos ambiciosos. O homem é apenas usufrutuário da Terra por tempo incerto e limitado. O melhor uso que ele pode fazer de sua estada, nesta estância da vida, é iluminar o Espírito e fortalecer a vontade, fechando ao diabo as portas da fraqueza da carne, do orgulho e da cobiça.

Desse modo proclamará sua independência, adorando e servindo a Deus através do culto da justiça, do amor e da verdade.

Ressurreição

Vivemos no mundo da ilusão. A verdade não está naquilo que vemos, mas precisamente no que não vemos. Atrás do que cai sob o domínio de nossos olhos é que ela se oculta. Jogando com as faculdades do Espírito, e não com os sentidos, é que se surpreende a realidade das coisas.

Ainda hoje há muita gente que supõe a Terra fixa, porque não a vê mover-se. Outros há que imaginam as cores como propriedade dos corpos; e se lhes dissermos que as cores não existem, são aparências ou impressões particulares produzidas na retina pela luz, segundo a sua natureza própria ou segundo a maneira como é refletida pelos corpos, duvidarão da nossa integridade mental.

São conhecidos os fenômenos denominados — miragem — que se observam nos desertos arenosos da África, onde o viandante, por ilusão de ótica, vê nitidamente na atmosfera a imagem de objetos distantes, e até mesmo cidades, oásis, lagos etc. E assim somos enganados a cada instante pelos nossos sentidos a propósito daquilo que nos afeta como expressão de realidade, e não passa de ficções.

Dentre todas as ilusões que nos cercam, a maior e a de mais sérias consequências é a morte. Nada nos parece mais real e verdadeiro do que ela. É o epílogo fatal da vida, segundo o juízo geral. A própria ciência oficializada, longe de combater esse funesto erro, é a primeira a fortalecê-lo, apresentando pretensas documentações em seu abono. Não lhe aproveitam, neste particular, os exemplos do passado com respeito às muitas quimeras e fantasias sustentadas e difundidas como dogmas intangíveis pelo ensino escolástico da época.

E, por ser assim, a morte, no sentido em que é considerada, vem gozando foros de realidade inconteste, de fato inconfundível e inexorável, não passando, no entanto, da maior de todas as ilusões de que a Humanidade tem sido e continua sendo vítima.

Já disse alguém, com bastante justeza, que a pior mentira é a que mais se parece com a verdade. A morte está exatamente nesta condição; parecendo, segundo todos os aspectos, a última palavra no cenário da existência humana, não é mais que simples dissimulação da vida.

A vida — eis a realidade verdadeira. É ela que vence, é ela que triunfa sempre, sobrepondo-se a todas as metamorfoses, a todas as contingências a que se submete em sua maravilhosa trajetória pela senda da eternidade.

A vida não é o que vemos: o que vemos são apenas as suas manifestações através das formas organizadas. Quereis saber o que é a alma, dizia Santo Agostinho, olhai um corpo sem ela. O corpo com todos os seus órgãos; o corpo intacto, completo e perfeito não passa de cadáver se lhe escapa a alma, sede da vida. Sem que lhe falte coisa alguma do que se vê, falta-lhe tudo, porque lhe falta a vida que se não vê.

A semente nos oferece outro exemplo edificante. Divida-se em algumas frações uma semente em ótimas condições germinativas. Reunindo cuidadosamente essas partes, sem que das mesmas se perca a mais insignificante parcela, reconstitua-se a semente, e lance-se à terra: jamais germinará. Por quê? Porque ao fragmentá-la evolou-se aquilo que os nossos olhos não veem, e que é tudo: a vida.

A vida não é a forma organizada, por mais complexa que essa forma seja. Ora, como vemos a forma e não vemos a vida que a anima, tomamos, por isso, o efeito pela causa, concedendo à morte o império sobre a vida, quando, em verdade, é esta que fatalmente reina sobre aquela.

Difícil, no entanto, tem sido convencer o homem deste fato. A ilusão da morte dominou-o de tal maneira que ele se obstina em considerá-la como flagrante realidade.

Sendo a ressurreição, como é, um fenômeno natural que a cada instante se opera, no meio em que nos achamos, é ainda considerada como utopia pela ciência mundana, e como milagre pela fé dogmática.

A passagem do Homem-Deus pela Terra, assinalando o acontecimento mais extraordinário da História humana, teve por objeto, em síntese, revelar ao homem a imortalidade através de um testemunho positivo, palpável, categórico.

Jesus veio a este mundo exemplificar o poder da vida sobre a morte; morreu para que todos vissem como se morre; ressuscitou para que todos vissem como se ressuscita. O epílogo de sua existência terrena não foi a agonia do Calvário: foi a ascensão de Betânia. Da mesma sorte, o triunfo majestoso do seu ideal não se verificou no patíbulo da cruz, mas sim nas suas aparições a Madalena, aos dois peregrinos de Emaús e, finalmente, aos apóstolos no cenáculo de Jerusalém.

O Cristianismo é, por excelência, a religião da vida em oposição às religiões da morte. Deixai aos mortos o cuidado de enterrar seus mortos. "Deus não é Deus de mortos: para Ele todos vivem" — assim predicava o Mestre Divino. Não obstante, os seus discípulos, testemunhas oculares da imortalidade manifesta em seu Mestre, dificilmente se renderam à evidência dessa revelação, a maior certamente de todas que, em sua misericórdia, o céu tem outorgado à Terra.

Paulo, o insigne pioneiro da nova fé, convertido pelo Cristo redivivo, insistia continuamente sobre a imortalidade, fazendo girar em torno desse assunto todas as suas prédicas e epístolas.

Jesus ressuscitou: eis a nova alvissareira para a Humanidade. Eis a esperança — mais que a esperança — eis a fé; mais que a fé, eis a certeza, eis o fato positivo e palpável da continuidade da vida além do túmulo.

É necessário, acentuava o Converso de Damasco, que este corpo corruptível se revista de incorruptibilidade; que esta forma mortal se revista de imortalidade. Semeia-se em vileza, ressuscita-se em glória. O derradeiro inimigo a vencer é a morte. Quando, pois, este nosso corpo perecível e mortal se revestir de glória e de imortalidade, então diremos: tragada foi a morte na vitória! Onde está, ó morte, o teu poder?

São essas palavras de vida que as vozes do Céu hoje rememoram, anunciando e testemunhando mais uma vez a eterna verdade; nada morre, nada se extingue, nada se aniquila na Natureza. É a vida, e não a morte, que domina a criação, entoando o cântico sublime da imortalidade. É o Espírito que vence a morte, e não a morte que vence o Espírito.

A própria matéria não é destruída na mais pequenina parcela. Seu aniquilamento é aparente, é ilusório; as formas se desfazem para se organizarem em seguida sob aspectos novos e mais aperfeiçoados. A ressurreição é a aurora perenal que envolve o Universo; é o sol da vida, sol sem ocaso, pairando majestoso no levante sempiterno.

Hosanas a Jesus ressuscitado, imagem da vida eterna, testemunho vivo da imortalidade, símbolo da vitória do Espírito sobre as formas perecíveis!

Tu és, como bem o disseste, a ressurreição e a vida; o que crê em ti, ainda que esteja morto, viverá; e todo o que vive e crê em ti nunca morrerá!

Pai! Perdoa-lhes...

> Ninguém conhece o Filho senão o Pai; e ninguém conhece o Pai senão o Filho e aquele a quem o Filho o revelar
>
> (*Mateus*, 11:27).

Quando o sangue do Redentor, exigido pelo interesse das classes parasitárias, borrifou a face dos algozes postados ao pé da cruz, a alma do eterno vibrou flamejante de cólera no seio do Infinito.

Então o Deus que expulsou Adão e Eva do paraíso, privando-os das delícias do Éden por motivo de uma desobediência; o Deus que amaldiçoou o fratricida Caim, condenando-o à erraticidade; o Deus que mergulhou o mundo nas águas do dilúvio, exterminando a geração corrompida dos primeiros tempos; o Deus que mandou fogo abrasador sobre Sodoma e Gomorra para punir a licenciosidade dos seus habitantes; o Deus que sepultou na voragem o exército de Faraó, quando perseguia Israel foragido; o Deus que arrasou os campos do Egito, enviando sete terríveis pragas para dobrar a cerviz daquela orgulhosa nação; o Deus que aniquilara as hordas dos filisteus, quando em luta com os filhos do povo eleito; o Deus que imprimira direção à funda de Davi, abatendo o gigante Golias; o Deus que, milagrosamente, injetara novos vigores nos músculos flácidos de Sansão, para abater o templo gentio sobre os idólatras ali reunidos; o Deus forte e zeloso, cognominado — Senhor dos Exércitos, que punia os pecadores até a quinta geração com desusada severidade; o Deus cuja voz remedava o soturno ribombo do trovão e cuja presença era precedida de relâmpagos e coriscos que incendiaram as sarças do Sinai; o Deus onipotente, terrível em suas vinditas, ao ver o sangue do seu Unigênito, alçou a destra e ia ordenar ao anjo do extermínio que extinguisse para sempre a Humanidade perversa e má, assassina de seu filho, quando o olhar sereno de Jesus a Ele se alçou, partindo ao mesmo tempo dos seus augustos lábios, já lívidos e trêmulos pela aproximação da morte, a seguinte súplica: *Pai, perdoa-lhes, porque não sabem o que fazem* (*Lucas*, 23:34).

O Pai quedou-se. A destra, então alçada, pendeu inerte; e, desde esse momento, a onipotência de Deus, que até ali se ostentara pela força, começou a manifestar-se pelo amor.

Assim entenderam as velhas religiões. Para a Terceira Revelação, entretanto, Deus, desde toda a eternidade, é Amor.

Quem tem ouvidos para ouvir, ouça.

A suprema conquista

O homem que rasga as entranhas da terra em busca do minério oculto em seu seio;

que desce às profundezas oceânicas explorando seus pélagos e abismos mais recônditos;

que sulca os ares, elevando-se às alturas em voos mais ousados e destemidos que os do condor e da águia;

que penetra o mundo do infinitamente pequeno e do infinitamente grande — o microcosmo e o macrocosmo — devassando suas íntimas e secretas maravilhas;

que doma e submete as feras, desbravando sertões e selvas densas;

que afronta os elementos em fúria, lutando com os temporais, com os terremotos, com as lavas incandescentes que as crateras vulcânicas vomitam aos borbotões;

que porfia com a peste, que vence as endemias mais radicadas saneando regiões onde elas reinavam infrenes;

que se utiliza, em suas cidades e em seus lares, da eletricidade, esse fluido imponderável, incoercível, desconhecido e misterioso capaz de fulminar num dado instante aqueles que atinge;

que apanha o raio no ar e o conduz por um fio, neutralizando seu poder de destruição;

que apagou as distâncias, unindo os continentes através dos mares e do espaço, pondo em contato cotidiano raças, nações e povos do Norte e do Sul, do Oriente e do Ocidente, do Velho e do Novo Mundo;

que pisou as inóspitas regiões polares onde nenhum sinal de vida se encontra;

que realizou praticamente quase todas as fantasias e sonhos de Júlio Verne;

que já ergueu a ponta do véu que separa os dois planos — da matéria e do Espírito — perscrutando os arcanos celestes;

o homem que de todas essas façanhas se vangloria, que de todas essas proezas e feitos se desvanece e se orgulha, ignora ainda os segredos de sua mente e os mistérios de seu coração!

O homem que enfrenta o inimigo em campo raso, a peito descoberto, no meio de fuzilaria cerrada; que não recua diante das metralhadoras, dos canhões e dos petardos, não é capaz de suportar uma pequena ofensa, de ânimo sereno e coração tranquilo! Não é capaz de desarmar o agressor, transformando as agressividades em carícias!

O homem que é capaz de destruir cidades seculares em algumas horas; que é capaz de talar campos e searas em poucos momentos; que é capaz de dizimar multidões, estendendo o negro véu da orfandade sobre milhares de crianças, é incapaz de vencer vícios vulgares e rasteiros como os do jogo, do álcool, dos entorpecentes, do tabaco etc.!

O homem que sabe línguas, ciências, filosofias, política e artes várias não sabe ser bom e justo, tolerante e fraterno; não sabe, tampouco, resolver os problemas da pobreza, da enfermidade e da dor!

Finalmente, o homem que tanto tem conquistado e tanto tem conseguido ainda não se conquistou a si mesmo, ainda não conseguiu domar e vencer suas próprias paixões!

Educar

Na maneira de conduzir a obra da educação, está a chave do problema cuja solução o momento atual da Humanidade reclama.

Não há duas correntes de opinião quanto ao valor da educação. Todos a reconhecem e a proclamam como medida salvadora. Porém, há divergência no que respeita ao modo de educar. Existem dois processos de educação: um falso, que mascara a ignorância; outro, verdadeiro, que realmente conduz ao saber. Um que age de fora para dentro, outro que atua de dentro para fora. Um, artificial, ora maquiavelicamente empregado para confundir; outro, natural, cujo alvo é esclarecer, libertar e aperfeiçoar o homem.

O ensino por autoridade, impondo princípios e doutrinas, avilta o caráter e neutraliza as melhores possibilidades individuais. Cria a domesticidade e a escravatura espiritual, regime ignóbil onde se estiolam as mais nobres aspirações e onde se oficializam a hipocrisia, o vício e o crime.

O ensino por autoridade é a educação às avessas: oblitera a mente, ofusca a inteligência, ensombra a razão, atrofia a vontade, mecaniza e ancilosa a alma do educando.

O ensino que se funda no processo de despertar os poderes latentes do Espírito é o único que realmente encerra e resolve o problema da educação.

Baseando-se o ensino no apelo constante à razão e ao bom senso, gera-se a confiança própria, estimula-se a vontade, esclarece-se a mente — numa palavra — consegue-se que o educando faça a independência própria em todo o terreno, o que representa a verdadeira nobreza de caráter.

A educação, segundo o processo natural, conduz fatalmente o educando à liberdade, faz dele um homem que pensa, sente e age por conta própria. O educando, orientado como deve ser, não será um repositório de conhecimentos acumulados na memória; há de ser um poder aquisitivo capaz de se enfronhar prontamente em qualquer assunto ou matéria consoante requeiram as necessidades do momento. Nada o embaraçará, nenhuma pedra de tropeço o mobilizará no carreiro da vida. Não sendo um armazém de teorias e de regras estreitas hauridas de oitiva, é uma potência dinâmica capaz de penetrar todos os meandros do saber e de solucionar os mais intrincados problemas da vida, desde que a questão o afete e lhe desperte interesse.

A educação normal cria capacidades, enquanto a artificial gera títeres que vivem a repetir o que ouvem, sem consciência do que fazem. Tais indivíduos são sempre dependentes, imitadores vulgares, parasitas, estratificados.

A educação real organiza sociedades dignas, onde a Ciência, a Filosofia, a Moral e as Artes vicejam francamente sob atmosfera favorável; onde há campo vasto para todas as atividades do Espírito e onde todas as aspirações elevadas da alma encontram possibilidades de realização.

A falsa educação promove conglomerados amorfos de indivíduos incapazes, medíocres em tudo, verdadeiros rebanhos que se agitam monotonamente ao sinal do cajado que os tange segundo alheios caprichos.

A educação, tal como deve ser, prepara o indivíduo para a vida como realmente ela é: para os destinos altaneiros que Deus concebeu e tracejou para o Espírito. A educação falsa amolda o indivíduo ao sabor de outrem, prepara-o para certas escolas político-sociais ou para servir a determinadas organizações sectárias. Em quaisquer desses meios, a liberdade é um mito em que muito se fala para embair a boa-fé alheia, e onde a escravidão é um fato com todo o seu cortejo de ignomínias.

A submissão incondicional à autoridade, como base de ensino, é ultraje à dignidade humana contra o qual se revolta o nosso século. A geração nova, que ora desponta, jamais poderá tolerá-la, em que pese aos reacionários e ultramontanos de todos os matizes e calibres.

É tempo de se estabelecer a verdade neste particular de tão subida importância. É preciso salvar o mundo, apontando os meios conducentes à realização desse ideal de amor.

A missão do Espiritismo é educar para salvar. Enquanto este fato não penetrar a mente e o coração da maioria dos espíritas, a luz não estará no velador, e o Paracleto ver-se-á embaraçado na tarefa de reivindicar os direitos do divino Redentor, restaurando o Cristianismo de Jesus, desse Jesus que foi mestre, teve discípulos e proclamou a liberdade do homem mediante a educação racional do Espírito.

Educar: eis o rumo a seguir, o programa do momento.

Não julgueis

Acaba de vir às nossas mãos um bem lançado artigo a propósito da sentença que ora nos serve de epígrafe.

Alega-se no aludido artigo que os espíritas, quando no conselho de sentença, costumam absolver sistematicamente os réus.

Ignoramos se realmente tem sido essa a norma de conduta dos espíritas no Júri. Quanto a nós, declaramos que, todas as vezes que servimos como juiz de fato, absolvemos, e disso não estamos arrependidos, por isso que entendemos, em consciência, que tais réus deviam ser absolvidos.

No entanto, não pretendemos firmar a doutrina da absolvição incondicional. Casos há em que, para evitar mal maior, seria lícito votar de modo a conservar o acusado recluso, dadas as suas condições de perigo para a segurança social. Assim procedendo, não estaremos *julgando*, mas acautelando a coletividade da qual somos parte integrante.

Demais, que são os criminosos de toda a espécie senão anormais, desequilibrados, enfermos da alma, numa palavra? Faça-se, portanto, com eles o que se faz com os doentes de moléstias infectuosas: segreguemo-los da sociedade a fim de evitar as consequências do mal. Esta medida é razoável, é humana, não há mesmo outra a tomar, uma vez que se preste aos segregados a devida assistência reclamada pelas suas condições.

Não há direitos sem deveres. Se assiste à sociedade o direito de separar os doentes dos sãos, cumpre-lhe o dever inalienável de assisti-los convenientemente.

Não é o criminoso que se deve combater: é o crime em suas várias formas. A Medicina não combate o enfermo, mas a enfermidade, suas causas e origens. Enquanto a questão não for encarada sob este prisma, o crime continuará a proliferar, perturbando a ordem e a paz da sociedade.

Julgar? Quem somos nós para julgar nossos irmãos, se todos somos réus no tribunal de nossas consciências? Fazê-lo em nome da sociedade? Pois é a sociedade mesma, tal como está constituída, a responsável por grande número de crimes que em seu seio se cometem. As piores doenças são fruto do ambiente. Quando o meio é miasmático e deletério, as enfermidades se alastram, tornando-se endêmicas. Tal é a nossa sociedade. A recrudescência do crime é efeito da materialidade e da hipocrisia reinantes no século. A higiene social seria o melhor antídoto contra o vício e o crime.

O Código pelo qual se regem as nações, ditas civilizadas, precisa ser reformado: e sê-lo-á fatalmente. Inspirado no Direito Romano, o Código cogita exclusivamente da aplicação de penas, quando devera curar da higiene da alma.

É natural que se condene ao trabalho o homem afeito à ociosidade, empregando-se processos adequados ao caso, ainda que não deixemos de reconhecer que a mesma inércia e apatia sejam, a seu turno, formas de desequilíbrio psíquico. O homem normal ama o trabalho, não pode permanecer inativo. Como a ociosidade, todos os demais vícios são, no fundo, falhas de caráter, distúrbios de ordem moral. Para corrigi-los, duas medidas se impõem: educação individual e saneamento do ambiente.

Cadeira elétrica, forca e guilhotina não resolvem o problema em questão, como atestam as estatísticas de criminalidade dos países onde aquelas penas vigoram. Eliminar a vida física do criminoso não lhe modifica o caráter, não lhe altera numa linha sequer o nível moral. Não é ao corpo, é ao Espírito que cabe a responsabilidade pelos atos delituosos. Despertar-lhe a consciência, elevar o grau de sua sensibilidade moral, eis o único processo eficiente no tratamento de tais enfermidades. Este processo chama-se *educação*.

A sociedade viverá sempre às voltas com os delinquentes, enquanto não cumprir o dever que lhe assiste de educá-los. Até aqui, a sociedade, baseando-se no parecer de criminólogos materialistas, invoca apenas o direito de punir.

Por isso ela também vai *sendo punida*. Há de suportar as consequências do seu erro até que emende a mão. Aliás, já os prenúncios de uma reforma se vão fazendo sentir.

Resta ainda considerar que a única pena, que resulta benéfica na regeneração dos criminosos, é aquela que dimana naturalmente do próprio crime. Toda penalidade imposta de fora, com caráter de vindita, é contraproducente. Avilta o moral dos fracos e exacerba o ânimo dos fortes; produz, por conseguinte, hipócritas, cínicos e revoltados. Não regenera: corrompe. Só a educação, equilibrando os poderes do Espírito, produz resultado prático, eficiente e positivo.

O código materialista deve ceder lugar ao código espiritualista. Este não cogitará de julgar e menos ainda de aplicar esta ou aquela pena como castigo, mas tratará da educação moral, não dessa moral caricata, para uso externo, vazada em moldes ritualísticos, mas da moral evangélica, da moral positiva que se funda nas leis naturais que regem os destinos do Espírito.

O Espiritismo vem ensinar a Humanidade a reger-se, não mais pelo código romano, mas pelo código divino que reflete a indefectível justiça e a soberana vontade do Céu!

A paixão do Senhor

Paixão é um sentimento vivo e forte, é um movimento intenso da alma; é a ditadura do coração. Resume-se numa ideia que empolga o Espírito e que chega mesmo a absorvê-lo e fasciná-lo completamente, quando vem de há longo tempo acalentada. A paixão pode ser boa ou má, elevada ou mesquinha, determinando a ascensão ou a queda do Espírito que alimenta. Em qualquer dos casos, pode determinar lutas acerbas e acarretar sofrimentos e amarguras pungentes.

A afeição entre pessoas de sexos diferentes toma, frequentes vezes, o caráter de paixão. Em tais casos, os corações apaixonados vivem um para o outro. Verifica-se a conjugação de duas vidas numa só. As almas assim vinculadas se tornam, reciprocamente, capazes dos maiores sacrifícios, de gestos nobres e de rasgos do mais sublime heroísmo.

Ora, Jesus é um apaixonado. Sua paixão é a mais pura, a mais santa e a mais intensa das paixões que os anais da história humana registram. Já, por isso, fora, por ele próprio, comparada ao sentimento que domina os corações enamorados. Jesus é cognominado o esposo da comunhão de crentes ou Igreja, Igreja que representa o objeto de sua paixão.

Deste conceito se infere que a paixão do Senhor não se consubstancia na tragédia do Calvário. Sua crucificação não foi mais do que a consequência daquele sentimento profundamente vivo e forte, daquele ideal que o dominava e absorvia. A paixão do Cristo, portanto, está no seu *grande e entranhado amor à Humanidade*. Levado por esse amor incomensurável, Ele concebeu a ideia de prestar ao homem — objeto de sua paixão — um grande bem, o maior bem possível.

Ora, o sumo bem que lhe era e é dado fazer à Humanidade consiste em despertar os poderes latentes no homem, de modo a lhe tornar possível antever, através do conhecimento e, sobretudo, do sentimento da imortalidade, a glória dos destinos que lhe estão reservados, desafiando-lhe a conquista.

Para levar a efeito essa empresa ingente, que é obra de educação, fazia-se mister um sacrifício.

A alma enamorada não recua diante desse sacrifício, a despeito mesmo de sua imensidade no tempo e de sua profundeza na amargura. Enfrenta-o e a ele se entrega, como vítima consciente que se deixa imolar nas aras do amor.

Esse sacrifício, cujo alcance é superior às inteligências humanas, iniciado há vinte séculos, continua em seu curso angustioso. A paixão do Senhor mantém-se, hoje, viva e intensa como sempre, aspirando ao sumo bem do pecador, por meio da obra grandiosa de sua educação, no sentido lato deste termo.

O homem, na sua ignorância, obstina-se em rejeitar a generosa oferta, fruto do mais acendrado e puro afeto, embaraçando assim a realização do desejo acalentado pela alma mais apaixonada que foi dado ao mundo conhecer.

A luta prossegue, Jesus, o amor humanado, procurando aproximar-se do homem — objeto de sua paixão — e o homem, rebelde e ingrato, esquivando-se à sua aproximação. Jesus, por intermédio da justiça e da verdade, da luz e do bem, buscando o homem para enobrecê-lo, para fazê--lo grande e forte, poderoso e feliz, e o homem, apegado à iniquidade e à hipocrisia, às trevas e ao egoísmo, esquivando-se à sua influência e, com isso, torturando o coração do divino enamorado!

Tal é, em realidade, a paixão do Senhor.

Iniquidade? Não. Justiça!

Que vejo? Aqui, um marido exemplar suportando a esposa fútil, caprichosa e desamorável; ali, o reverso da medalha: uma esposa dócil, criteriosa, dedicada ao lar, sofrendo o convívio de um marido rude, desafeiçoado e libertino. Além, vejo pais solícitos e bons, sacrificando-se por filhos ingratos e maus, que os desdenham e menosprezam. Ao lado desse quadro pungente se me apresentam filhos meigos e respeitosos, cujos pais, velhacos e viciados, descuram completamente de sua educação e do seu futuro. Mais adiante, vejo o rico, astuto, espoliando o pobre de boa-fé; vejo o industrial poderoso, no uso de favores e regalias concedidas por leis iníquas, explorando os consumidores e o operariado que a tudo se submete, premido pelas necessidades imperiosas da vida; vejo o impostor triunfante ao lado da probidade humilhada; vejo a virtude abatida e o vício entronizado; vejo o algoz impune e a vítima desamparada; vejo a saúde e o vigor banqueteando-se no tremedal do mundanismo e a enfermidade gemendo no leito das agonias lentas, intermináveis; vejo o gênio fulgir como astro de primeira grandeza no azul do firmamento, e o imbecil confundindo-se com o pó das ruas por onde perambula; vejo o desperdício, o supérfluo, o luxo desmedido, o fausto arrogante e as pompas que deslumbram junto da carestia, da miséria, da fome e da nudez; vejo a beleza plástica, o aveludado de faces rosadas que se assemelham às pétalas das mais delicadas flores, ao lado de criaturas repelentes, cobertas de chagas e pústulas asquerosas ou portadoras de aleijões que horrorizam; vejo, finalmente, a lágrima desconsolada junto do riso impenitente, a dor e o prazer, um ao pé do outro, atestando, num híbrido conjunto, a expressão de uma... indefectível justiça que se cumpre, de uma esplêndida harmonia, surgindo desse caos como a aurora sorridente irrompendo de caliginosa noite de tormenta!

Sim, não há vítimas em meio de toda essa anomalia. Os olhos do corpo querem vê-las, quando os da alma estão fechados. Abertos estes, a mais perfeita equidade se revela à luz do entendimento. Como se hão de aplainar os caminhos senão, como disse o profeta, arrasando os outeiros e aterrando os vales?

Fechem-se os olhos da carne e abram-se os do Espírito; veremos, na vítima de hoje, o algoz de ontem; é o monte que se arrasa. Veremos mais, que o algoz de hoje será vítima de amanhã: é um vale que se abre, o qual, em tempo, será aterrado.

O homem é o senhor do futuro e o escravo do passado. Resgata-se agora a dívida de outrora. O *amanhã* nascerá do *hoje*, como o *hoje* nasceu do *ontem*. O presente é filho do passado e pai do futuro. Os sentidos veem o fragmento desligado do todo: é a ilusão, é a existência terrena.

Os olhos da razão e da sabedoria, ligando o pretérito ao presente, abrangem o conjunto: é a realidade, é a vida do Espírito na eternidade.

"Nascer, viver, morrer, renascer ainda e progredir sempre, tal é a Lei."

O lar

O lar é um pequeno Estado. O marido representa o Legislativo, a mulher o Executivo. Pairando acima desses dois poderes está o Judiciário exercendo-se por meio da consciência de ambos os cônjuges.

Quando esses poderes agem, cada um dentro de sua respectiva órbita de ação, o Estado prospera, reina paz e ordem entre o povo (filhos e domésticos) que, feliz, vai fruindo os proventos de um bom governo. O Estado torna-se respeitado, goza de ótimo conceito, sendo uma potência cotada na política internacional (a sociedade).

Qualquer negligência, no cumprimento do dever, por parte dos poderes constituídos; a mínima exorbitância de um ou de outro, invadindo as determinadas órbitas de ação que a cada um a lei prescreve, o governo periclita, o povo sofre, o Estado vê seu prestígio diminuído.

O lar é também semelhante ao corpo humano. O marido é a cabeça, a mulher o coração, filhos e domésticos, os demais membros e órgãos. O cérebro pensa, o coração sente. Tudo vai bem.

O cérebro indaga, investiga, sonda, perscruta. O coração ama, sofre, goza e perdoa. A vida é inteligência e é também sentimento, portanto, depende do cérebro e do coração. A má função de um ou de outro compromete a saúde do corpo, destruindo o encanto do lar e, consequentemente, a alegria de viver.

***

O lar não há de ser, para o homem, o que a lapa é para a fera, ou o covil é para a raposa. Para os animais a lapa e o covil são esconderijos onde se abrigam das perseguições e das intempéries; são, outrossim, o lugar onde de preferência devoram seus repastos. O lar representa para o homem alguma coisa mais elevada, mais digna, mais nobre. É também refúgio, não há dúvida. Porém, não é só para o corpo, mas, principalmente, para o espírito.

À mulher cumpre fazer do lar uma nesga do céu, entrevista da terra. Para o homem, o lar é o oásis na vasta amplidão de suas fadigas e de seus árduos labores. Ali é que ele retempera as forças consumidas na dura peleja travada no teatro das competições, à cata do pão nosso de cada dia. Se o lar deixar de ser para ele um ambiente salutar e confortador, um refrigério mesmo que suavize as asperezas das lutas cotidianas a que está sujeito, dificilmente o homem se conservará firme no seu posto, dificilmente cumprirá seu dever.

O sexo chamado forte tira sua energia do sexo denominado fraco. Deste paradoxo depende a estabilidade da família e a segurança social. Para que o homem não se gloriasse de seus feitos e de sua força, Deus apoiou as colunas dessa fortaleza na fraqueza da mulher. O homem é uma espécie de locomotiva. A locomotiva resfolega, deita pela chaminé penachos de fumo que se elevam a grandes alturas; silva com estrídulo e ufania; arrasta pesados comboios compostos de dezenas de carros, subindo rampas e descendo ladeiras; mas tudo isso sob a condição de parar de quando em vez e deitar água na caldeira. O lar é o depósito fornecedor do precioso líquido, sem o qual a caldeira explode, a locomotiva se despedaça, o comboio descarrila, consumando-se tremendo desastre.

Ao vermos a locomotiva garbosa e impávida, qual fogoso corcel galopando indômito, devorando o espaço, numa ânsia de apagar distâncias, mal suspeitamos que é o vapor d'água que está produzindo aquela maravilha. E o vapor da água ninguém vê senão através dos seus milagrosos efeitos.

Tal é a imagem da ação do homem e da ação da mulher na trama da vida.

Mulher! sois a rainha do lar. No lar, tudo depende de vós. Sem lar não há família, não há sociedade, não há pátria, não há paz, não há felicidade na Terra. E o lar é o vosso reino. Seja qual for a vossa condição de momento — esposa, mãe, filha ou irmã — voltai-vos para o lar: sois ali chamada para salvar o homem, redimindo o mundo. Não vos iludais: essa é a vossa missão.

***

Duas medidas simples e de fácil execução
salvariam o mundo

Decretar dois anos de serviço agrícola obrigatório para os moços, em substituição ao serviço militar; e dois anos de serviço doméstico, também obrigatório, para as moças.

As vantagens desses dois dispositivos, tão simples quão facilmente exequíveis, seriam de grande importância.

O homem tem tudo a lucrar entrando em contato com a terra. Aprenderia a amar a Deus e a respeitar a Natureza, observando de perto o milagre da multiplicação dos pães constantemente repetido. Veria quanto a terra é boa e pródiga para com aqueles que dela se aproximam sondando-lhe os maravilhosos arcanos. Afeiçoar-se-ia ao trabalho honesto que dá vigor ao corpo e integridade ao caráter. Compreenderia o mistério da vida humana na transubstanciação do pão em sangue que vitaliza, em músculo que movimenta, em nervo que sente e em cérebro que pensa. Compenetrar-se-ia da importância da existência terrena como oportunidade concedida ao espírito do homem para realizar sua evolução. Descobriria na ação do Sol, das chuvas, dos ventos e em todas as manifestações atmosféricas um conjunto de circunstâncias admiravelmente dispostas no sentido de proteger e beneficiar o homem. Instruir-se-ia, finalmente, no conhecimento de verdades excelentes, cujo sentimento só a experiência pode dar, através do grande livro da Natureza.

Quanto à mulher, o mesmo se verificaria. O homem no amanho da terra e a mulher no amanho do lar teriam, ambos, a preparação indispensável para triunfar na vida; alcançariam as virtudes que devem exornar seus caracteres. É no lar que a mulher vai compreender e sentir a ideia clara dos seus deveres e de sua missão como companheira do homem.

Se é certo que a terra nos dá o pão mediante o esforço do homem que a deve regar com o suor do seu rosto, não é menos certo que só após os cuidados da mulher esse pão se prestará ao fim providencial a que se destina. Os misteres domésticos contribuem para adoçar o caráter feminino, impedindo que ele se acidule ou se degenere. A ordem, a paciência, a nitidez e o espírito de observação são qualidades que a vida do lar desenvolve em alto grau. A economia é outra virtude que naturalmente cresce e viceja na mulher que administra o lar. Essa virtude é a chave que abrirá para ela as portas da independência, assegurando-lhe conforto e bem-estar, como, também, colocando-a ao abrigo dos imprevistos e vexames de qualquer espécie.

A arte é sempre acessível à mulher que ama o lar. Ela torna-se capaz de fazer de sua casa um pequeno paraíso, suprindo muitas vezes com seu gosto apurado e com o engenho de sua inteligência os largos recursos com que não possa contar. Finalmente, a mulher no lar, acumulando funções várias, educa seu espírito, cujos poderes se desenvolvem e se aperfeiçoam, tornando-a o que realmente ela deve ser: o anjo tutelar do homem.

O decreto das duas leis, acima expostas, daria mais resultado que todas as teorias e doutrinas que os sociólogos, filósofos e estadistas têm aduzido até aqui sobre o palpitante problema da melhoria e pacificação do mundo.

O caminho estreito

Pela Lei Natural, o meio de alcançar independência econômica se encontra nos seguintes requisitos: trabalho, economia, perseverança, esforço e inteligência.

Os homens do século, porém, acham que não é assim. Aquele programa se lhes afigura moroso e áspero. Procuram, por isso, os processos artificiais e falazes. Querem enricar de momento. Atiram-se aos expedientes, dão tacadas visando a carambolar por tabela. Todas as farsas, então, lhes parecem aconselháveis. Olham o fim sem se preocuparem com os meios. É preciso gozar, é mister saciar a fome e a sede de prazeres, de qualquer maneira. Para isso, aventuram-se em negócios arriscados, jogam cartadas decisivas. Tudo é lícito desde que colime aquele alvo, mesmo o emprego de métodos inconfessáveis.

Trabalho, economia, esforço, perseverança, restrição às expansões do egoísmo — são velharias, doutrinas caducas e passadismo que de há muito foram abolidas. Agora está em vigor a lei do menor esforço. Busca-se obter o mais com o mínimo dispêndio de energias, sem dispêndio algum, se possível. O jogo campeia infrene, da alta à baixa sociedade. Nunca se viu tantos antros engalanados, onde, sob denominações aristocratas, se explora aquele vício. O jogo acena com milhões para o dia seguinte, sem o concurso dos fatores — tempo, economia e trabalho. O ambiente torna-se cada vez mais favorável à corrupção. O dolo, a fraude, a mentira, o suborno e a opressão são manejados como elementos naturalíssimos na conquista dos ouropéis e das benesses indispensáveis aos prazeres sensuais. O cambista promete fortuna. Os corsários da política asseguram sinecuras. O sacerdote garante o céu. Tudo isso, já se vê, sem porfias, sem maçadas.

Pelo caminho estreito, apontado pelo Cristo de Deus, ninguém quer andar. Todas as vistas convergem para a estrada larga e cômoda. *Vida fácil* — eis o ideal dos homens e das mulheres da época. Lutar, renunciar, sofrer? Insânias de cérebros dementados. Brio, vergonha, dignidade? Parlapatices de moralistas de fancaria. Responsabilidades, escrúpulo, consciência? Essas coisas se resolvem de acordo com a polícia e as autoridades constituídas que, em geral, são boas camaradas.

No entanto, quanta ilusão! O que se mostrou fácil e cômodo, é difícil e penoso. Não há caminho mais longo do que esse que parece mais curto. Não há estrada mais árdua e pedregosa que aquela que, aos olhos do mundo, se afigura suave e tapetada de macias relvas. Só o dever vence. O lutador afeito às refregas duras é quem triunfa na vida: ninguém mais. O trabalho foi, é e continuará sendo a *abençoada* maldição divina. De Deus, que é amor, até o anátema é bom, é cheio de santidade e de sabedoria. O homem, pretendendo fugir à ação desse anátema, perambula, debate-se loucamente fascinado pelo sibilo da serpente enganadora, sem encontrar o porto desejado. O que lhe parece pouco, é muito. O que lhe ofertam gratuitamente, vai custar-lhe tudo que ele possui de mais valioso e de mais caro: vai custar-lhe o brio, a honra e a liberdade! Vai custar-lhe, finalmente, lágrimas, vexames, tribulações e humilhação.

Só o caminho estreito soluciona os problemas da Vida em todos os sentidos.

Instrução e educação

É preciso não confundir instrução com educação. A educação abrange a instrução, mas pode haver instrução desacompanhada de educação.

A instrução relaciona-se com o intelecto: a educação com o caráter. Instruir é ilustrar a mente com certa soma de conhecimentos sobre um ou vários ramos científicos. Educar é desenvolver os poderes do espírito, não só na aquisição do saber, como especialmente na formação e consolidação do caráter.

O intelectualismo não supre o cultivo dos sentimentos. "Não basta ter coração, é preciso ter bom coração", disse Hilário Ribeiro, o educador emérito cuja extraordinária competência pedagógica estava na altura da modéstia e da simplicidade que lhe exornam o formoso espírito.

Razão e coração devem marchar unidos na obra do aperfeiçoamento do espírito, pois em tal importa o senso da vida. Descurar a aprendizagem da virtude, deixando-se levar pelos deslumbramentos da inteligência é erro de funestas consequências.

Sobre este assunto, não há muito, o presidente dos Estados Unidos da América do Norte citou um julgado da "Suprema Corte de Justiça" de Massachusetts, no qual, entre outros princípios de grande importância, se enunciou o de que "o poder intelectual só e a formação científica, sem integridade de caráter, podem ser mais prejudiciais que a ignorância. A inteligência, superiormente instruída, aliada ao desprezo das virtudes fundamentais, constitui uma ameaça".

Convém acentuar aqui que a consciência religiosa corresponde, neste particular, ao fator principal na formação dos caracteres. Já de propósito usamos a expressão — consciência religiosa — em vez de religião, para que se não confundam ideias distintas entre si. Religiões há muitas, mas a consciência religiosa é uma só. Por essa designação entendemos o império interior da moral pura, universal e imutável conforme foi ensinada e exemplificada por Jesus Cristo. A consciência religiosa importa em um *modo de ser*, e não em um *modo de crer*.

É possível que nos objetem: mas a moral cristã é tão velha, e nada tem produzido de eficiente na reforma dos costumes. Retrucaremos: não pode ser velho aquilo que não foi usado. A moral cristã é, em sua pureza e em sua essência, desconhecida da Humanidade. Sua atuação ainda não se fez sentir ostensivamente. O que se tem espalhado como sendo o Cristianismo é a sua contrafação. Da sanção dessa moral é que está dependendo a felicidade humana sob todos os aspectos.

O intelectualismo, repetimos, não resolve os grandes problemas sociais que estão convulsionando o mundo. O fracasso da Liga das Nações é um exemplo frisante; e, como esse, muitos outros estão patentes para os que têm olhos de ver.

Bem judiciosas são as seguintes considerações de Vieira sobre o inestimável valor da educação sob seu aspecto moral:

"Em todas as ciências é certo que há muitos erros, dos quais nasce a diferença de opiniões; em todas as ciências há muitas ignorâncias, as quais confessam todos os maiores letrados que não compreendem nem alcançam. Pois se veio a Sabedoria divina ao mundo, por que não alumiou estes erros, por que não tirou estas ignorâncias? Porque errar ou acertar em todas as matérias, sabê-las ou não as saber, pouca coisa importa; o que só importa é saber salvar, o que só importa é acertar a ser bom: e isto é o que nos veio ensinar o Filho de Deus. Nem ensinou aos filósofos a composição dos continentes, nem aos geômetras a quadratura do círculo, nem aos mareantes a altura de Leste e Oeste, nem aos químicos o descobrimento da pedra filosofal, nem aos médicos as virtudes das ervas, das plantas e dos mesmos elementos; nem aos astrólogos e astrônomos o curso, a grandeza, o número e as influências dos astros: só nos ensinou a ser humildes, só nos ensinou a ser castos, só nos ensinou a fugir da avareza, só nos ensinou a perdoar as injúrias, só nos ensinou a sofrer perseguições pela causa da justiça, só nos ensinou a chorar e aborrecer o pecado e amar e exercitar a virtude; porque estas são as regras e as conclusões, estes os preceitos e os teoremas por onde se aprende a ser bom, a ser justo, que é a ciência que professou e veio ensinar o Filho de Deus".

***

É de semelhante espécie de ensino que precisam os homens de nossos dias. Todos os problemas do momento atual se resumem em uma questão de caráter: só pela educação podem ser solucionados.

Demasiada importância se liga às várias modalidades do saber, descurando-se o principal, que é a ciência do bem.

Os pais geralmente se preocupam com a carreira que os filhos deverão seguir, deixando-se impressionar pelo brilho e pelo resultado utilitário que de tais carreiras possam advir. No entanto, deixam de atentar para a questão fundamental da vida, que se resolve em criar e consolidar o caráter. Antes de tudo, e acima de tudo, os pais devem curar da educação moral dos filhos, relegando às inclinações e vocações de cada um a escolha da profissão, como acessório.

A crise que assoberba o mundo é a crise de caráter, responsável por todas as outras.

O momento reclama a ação de homens honestos, escrupulosos, possuídos do espírito de justiça e compenetrados das suas responsabilidades.

Temos vivido sob o despotismo da inteligência. Cumpre sacudir-lhe o jugo fascinador, proclamando o reinado do caráter, o império da consciência, da moral e dos sentimentos.

Jesus e o seu Natal

Os adeptos do Cristianismo, infelizmente, em sua maioria, são sectários. Este mal, porém, é dos homens, não é da doutrina. O Cristianismo é ainda falsamente interpretado e compreendido. Quando chegar a ser entendido e *sentido* tal como deve ser, todos — do Oriente como do Ocidente, do Norte como do Sul — confraternizarão em torno daquela cruz erguida há dois mil anos no topo do Calvário.

Jesus é uma realidade e, ao mesmo tempo, um símbolo. Ele é a verdade, é a justiça, é o amor. Onde predominarem estes elementos, ele aí estará, embora não hajam invocado seu nome. De outra sorte, onde medra e impera a hipocrisia, a iniquidade e o egoísmo sob suas multiformes modalidades, ele em tal meio não se encontrará, ainda que solicitado, louvado e endeusado pela boca dos homens.

Jesus não é, como se imagina comumente, criador de determinada escola, nem fundador de certa religião. Ele é o revelador da Lei, o expoente máximo, neste mundo, da Vontade divina. Sua missão não teve início em Belém e finalidade no Gólgota. Ele vem, desde que o mundo é mundo, inspirando a Humanidade, orientando e apascentando este rebanho, no desempenho do mandato que o Pai lhe confiara. Jesus é a luz do mundo. Assim como o Sol não ilumina só um hemisfério, mas distribui à Terra toda seus benefícios, assim o Pastor divino apascenta com igual carinho todas as ovelhas do seu redil.

Sobre as Índias, a China e o Japão; como sobre a Europa e a América, paira o Espírito de Jesus velando pela obra da redenção humana. Não importa que o desconheçam quanto à denominação. Ele inspirará, por intermédio deste ou daquele, a revelação divina, o Evangelho do amor. Assim tem feito, assim continuará fazendo até a consumação dos séculos. Aqui lhe darão este nome; ali, nome diverso, tomando muitas vezes o instrumento, de que Ele se serve, como sendo o próprio autor das doutrinas ministradas. Que importa? É Ele, sempre Ele, o mediador, o Ungido de Deus para intérprete de sua Lei e distribuidor de sua Graça.

Já o grande Paulo dizia: "Onde há o Espírito do Cristo, aí há liberdade". Jesus jamais constrangeu alguém a crer deste ou daquele modo. Tocava o íntimo do homem, procurando despertar o que ali havia de bom. Salvava pela educação, porque educar é despertar os poderes latentes do espírito, dirigindo-os à conquista desse ideal de perfeição que antevemos através do belo, do justo e do verdadeiro, e pelo qual tanto anseia nossa alma ainda cativa e obscura.

Jesus nasceu em Belém há cerca de vinte séculos. Mas esse nascimento, como tudo o mais que com Ele se relaciona, reveste-se de perpetuidade. O natal do Mestre é um fato que se repete todos os dias: foi de ontem, é de hoje, será de amanhã. Os que ainda não sentiram em seu íntimo a influência do espírito do Cristo ignoram, em verdade, que Ele nasceu. Só sabemos das coisas de Jesus por experiência própria. Só após Ele haver nascido em nosso coração é que chegaremos a entendê-lo, já em seus ensinos, já no que respeita à sua missão neste orbe.

***

Nasceu em Belém de Judá o Redentor do mundo, há perto de vinte séculos. Tal o acontecimento de maior relevância nos fastos da História humana. Tão importante que chegou a abalar as milícias celestiais cujo alvoroço se expandiu nesta álacre mensagem: Glória a Deus nas maiores alturas e paz na Terra aos homens a quem Ele quer bem!

Nascer é iniciar, é dar começo a uma existência em determinado meio. Eis o fato histórico considerado em seu aspecto genérico. Particularizemos, agora, o advento do Messias. Que influência está exercendo em nós o seu nascimento? Que relação existe entre o natal de Jesus e a nossa vida no momento atual? Que veio Jesus fazer à Terra na parte que nos toca? Eis a questão que nos interessa de perto e que vem determinar o grau de importância daquele natal. Se o nascimento do Redentor não é ainda uma realidade em nós mesmos, influindo positivamente em nosso caráter, que importância pode ter no que nos diz respeito?

As minas do Transvaal são as mais ricas do mundo; é um fato indiscutível, considerado em sua generalidade. Mas em que isso nos interessa? Que proveito tiramos? Se, porém, nos associarmos às empresas que exploram os filões de ouro e os diamantes, então o caso muda de figura, tornando-se para nós de importância capital. O Brasil é um país opulento pela uberdade de seu solo, pela sua flora, seus minérios e suas múltiplas fontes de riqueza. Não obstante, há muita gente pobre e até miserável no Brasil.

Para que as suas decantadas riquezas sejam uma realidade para cada brasileiro, é preciso que este se habilite, granjeando sua independência financeira pelo trabalho, pela inteligência, pela perseverança e pela economia. Caso contrário, todas as vantagens e prerrogativas de nossa terra serão como se não existissem.

Precisamente o mesmo fenômeno se dá com relação ao natal de Jesus. Nenhum proveito nos vem do fato histórico de seu nascimento. Todo o valor desse magno sucesso está nas suas relações conosco. Se existe essa relação, se aquele fato representa uma força viva atuando em nosso Espírito, então Jesus nasceu para nós e a nós se dirige a angélica mensagem: Glória a Deus nas maiores alturas, paz na Terra aos homens a quem Ele quer bem!

Se permanecermos alheios ao natal de Belém, quanto à sua eficiência em nossas almas, tudo o que fizermos para comemorar tão auspiciosa data histórica será vão e vazio, visto como Jesus nasceu para nos salvar do pecado, para nos remir da servidão, dos vícios e das paixões. Se nos conservamos na iniquidade do século e nos afazemos à escravidão, aquele natalício ainda não se realizou: nada temos, portanto, que comemorar.

Ao contrário das hospedarias de Belém, tratemos de arranjar lugar em nossos corações, para recebermos condignamente o Divino Hóspede que há dois mil anos bate às nossas portas.

***

25 de dezembro.

Aos homens de todos os credos, aos adeptos de todas as escolas, aos partidários de todas as doutrinas, aos filhos de todas as raças e nações, a data de hoje vem rememorar a Boa-Nova: Jesus nasceu!

Nasceu há dois mil anos quase, mas que importa o tempo se existem inúmeros corações onde o Senhor ainda não reina?

É preciso que o Redentor impere na Terra, firmando nela o reinado divino, isto é, que o Cristo habite em cada um de nós, conquistando completamente o coração humano. É mister que, como disse Paulo, Jesus entregue o reino ao Pai depois de haver destruído todo o domínio do mal, todo o poder das trevas.

Como neste particular muito resta a fazer, cumpre, portanto, que anunciemos esta nova, sempre palpitante, aos homens de todos os credos, aos adeptos de todas as escolas, aos partidários de todas as doutrinas, aos filhos de todas as raças e nações: nasceu o Redentor da Humanidade; aquele cujo verbo saturado de amor e cuja fé resplandecente de luz hão de vencer e triunfar, implantando na Terra o reinado da justiça.

Erguei a fronte, pois, ó vós que sofreis; enxugai o pranto, ó vós que chorais; tende bom ânimo, ó vós que desfaleceis vítimas das iniquidades do século; arrependei-vos, ó vós que viveis no pecado, Jesus nasceu! Soou a hora da justiça! Raiou a aurora da liberdade! Abriu-se o dique da divina graça!

Cristo nasceu? Onde? Quando?

A salvação não está numa finalidade a que se convencionou denominar céu ou paraíso: está, sim, na perpétua renovação da vida para a frente e para o alto. Avançar, como disse S. Paulo, de glória em glória, tal é, em síntese, o trabalho e o plano da redenção. Jesus é a força viva que, uma vez encarnada no homem, determina a sua constante transformação.

O Verbo se fez carne e habitou entre nós, cheio de graça e verdade, e vimos a sua glória como de unigênito do Pai. Mas a todos os que o receberam, aos que creem em seu nome, deu Ele o direito de se tornarem filhos de Deus; os quais não nasceram do sangue, nem da vontade da carne, nem da vontade do homem, mas sim de Deus (João, 1:4.).

A prerrogativa de unigênito do Pai, Jesus a torna extensiva a todos os que de boa vontade o receberem. E assim se opera o seu natalício no coração do pecador.

O menino que Maria enfaixou, deitando-o, em seguida, numa manjedoura, é a figura desse Jesus que é força, que é poder, que é vida e verdade, atuando no interior do homem.

Invoquemos, em abono de nossa asserção, o testemunho de algumas personagens que figuram na esfera cristã como astros de primeira grandeza.

Perguntemos a Paulo — onde e quando Jesus nasceu? Ele nos dirá: Foi na estrada de Damasco, quando eu, então intolerante e fanatizado por uma causa inglória, me vi envolvido na sua divina luz. Dali por diante — "já não sou eu mais quem vive, mas o Cristo é que vive em mim".

***

Indaguemos de Madalena, onde e quando nasceu Jesus. Ela nos informará: Jesus nasceu em Betânia, certa vez em que sua voz, ungida de pureza e santidade, despertou em mim a sensação de uma vida nova, com a qual, até então, jamais sonhara.

***

Ouçamos o depoimento de Pedro, sobre a natividade do Senhor, e ele assim se pronunciará: Jesus nasceu no átrio do paço de Pilatos, no momento em que o galo, cantando pela terceira vez, acordou minha consciência para a verdadeira vida. Daí por diante, nunca mais vacilei diante dos potentados do século, quando me era dado defender a Justiça e proclamar a verdade, pois a força e o poder do Cristo constituíram elementos integrantes de meu próprio ser.

***

Chamemos à baila João Evangelista e peçamos nos diga o que sabe acerca do natal do Messias, e ele nos dirá: Jesus nasceu no dia em que meu entendimento, iluminado pela sua divina graça, me fez saber que *Deus é amor.*

***

Dirijamo-nos a Zaqueu, o publicano, e eis o seu testemunho: Jesus nasceu em Jericó, numa esplêndida manhã de Sol, quando eu, ansioso por conhecê-lo, subi numa árvore, à beira do caminho por onde Ele passava, contentando-me com o ver de longe. Eis que Ele, amorável e bom, acena-me, dizendo: *Zaqueu, desce, importa que me hospede contigo.* Naquele dia entrou a salvação no meu lar.

✳✳✳

Interpelemos Tomé, o incrédulo: Quando e onde nasceu o Mestre? Ele, por certo, retrucará: Jesus nasceu em Jerusalém, naquele dia memorável e inesquecível em que me foi dado testificar que a morte não tinha poder sobre o Filho de Deus. Só então compreendi o sentido de suas palavras: "Eu sou o Caminho, a Verdade e a Vida".

✳✳✳

Apelemos, finalmente, para Dimas, o bom ladrão: Onde e quando Jesus nasceu? Ele nos informará: Jesus nasceu no topo do Calvário, precisamente quando a cegueira e a maldade humanas supunham aniquilá-lo para sempre; dali Ele me dirigiu um olhar repassado de piedade e de ternura, que me fez esquecer todas as misérias deste mundo e antegozar as delícias do paraíso. Desde logo, senti-o em mim e eu nele.

✳✳✳

Tal foi o testemunho do passado — tal é o testemunho do presente, dado por todos os corações que, deixando de ser quais hospedarias de Belém, onde não havia lugar para o nascimento de Jesus, se transformaram, pela humildade, naquela manjedoura, que o amor engenhoso da mais pura e santa de todas as mães converteu no berço do Redentor do mundo.

A psicose da época

Que é a verdade? Tal foi a pergunta que Pilatos fez a Jesus, e à qual o Senhor não deu resposta.

Quanta sabedoria nesse silêncio! Realmente, que se deve responder a quem formula semelhante pergunta? O indivíduo que a faz, lavra a sentença de sua falência mental. De fato, não pode haver maior atestado de insânia do que perder a noção da verdade.

Os psiquiatras empregam vários meios práticos para diagnosticar os casos de alienação. Não sei se eles se servem deste também. Se eu fosse profissional da especialidade, seria aquele o processo que de preferência usaria para aquilatar do estado mental dos meus clientes.

Não obstante, o estado atual deste século é precisamente aquele em que outrora se encontrava Pilatos. Os homens perderam a noção da verdade. Tantas vezes a menosprezaram, tantas vezes abafaram seu surto na esfera da razão, que acabaram por ignorar o que ela seja. Já não sabem discernir entre a luz e as trevas, o bem e o mal, a verdade e a impostura.

A razão humana acha-se obliterada como consequência natural do esforço que o homem vem empregando em fazê-la funcionar às avessas. As faculdades psíquicas, como os órgãos físicos, são suscetíveis de enfermar. A razão do século está seriamente enferma. Os motivos que determinaram esse estado patológico são os mesmos que ocasionaram a perturbação de Pilatos quando indagou de Jesus: Que é a verdade? Por que este homem se sentiu incapaz de perceber a verdade? Exatamente porque se habituou a sobrepor à verdade os seus interesses, as conveniências da posição que ocupava. Viveu sempre constrangendo a razão, abafando a voz da consciência e a luz que estas faculdades, no exercício de suas funções normais, procuravam fazer em seu Espírito.

Sucede com a razão o mesmo que acontece com qualquer órgão do nosso corpo cuja função natural fosse contrariada sistematicamente. Tal órgão acabará, certamente, degenerando-se. Assim têm feito os homens. Na expansão desbragada do egoísmo, a cujo império se acham submetidos, acabaram desnaturando a razão. Com isso, perderam a noção da verdade. Perdendo a noção da verdade, perderam consequentemente a noção da justiça, a noção do dever, a noção da liberdade. A vida do século não tem mais senso. Tudo está invertido. Todas as coisas são feitas ao contrário do que deveriam ser. Não há naturalidade, não há realidade na vida social: o mundo está mergulhado nas trevas e no caos!

Como sair de tão precária situação? Como vencer semelhante anomalia? Como sarar tão grave psicose? Escutando e meditando a palavra do Redentor, do Filho de Deus, do grande Mestre, do Médico que sara as chagas do corpo e da alma: Só a verdade vos libertará. *Bem-aventurados os que têm fome e sede de justiça, porque serão fartos* (*Mateus*, 5:6).

Sede perfeitos

Sede perfeitos como vosso Pai celestial é perfeito

(*Mateus*, 5:48).

Senhor! quão forte é esse teu imperativo! Pois, então, ser-nos-á dado almejar semelhante perfeição? Não indagas se podemos ou não podemos, se queremos ou não queremos, se a achamos viável ou inviável... ordenas: Sede perfeitos, como vosso Pai celestial é perfeito.

Dar-se-á, acaso, que desconheças nossa fraqueza e nossas condições de inferioridade? Tu, que és o guia e o pastor deste rebanho; que és o mestre dos ignaros pecadores; que deste provas inequívocas de conhecer o homem em todas as suas mais íntimas particularidades, certamente não te poderias enganar ao proferires aquela sentença, dando-lhe o relevo com que costumas assinalar os teus mais transcendentes ensinamentos.

Tu, que és a luz do mundo, que disseste com a força de uma convicção e de um valor que te são intrínsecos — *Eu sou o Caminho, a Verdade e a Vida* — frase que, no dizer de Wagner, significa — eu sou o caminho da verdadeira vida — Tu não podes errar, teu verbo não tem lacuna, tua palavra não tropeça.

Não obstante, Senhor, não posso conceber que a meu Espírito seja dado conquistar a perfeição suprema; e, contudo, Tu disseste: *Sede perfeitos, como vosso Pai celestial é perfeito!*

***

O Espírito do homem foi criado à imagem e semelhança de Deus. Por isso, sempre que lhe sondamos os arcanos profundos, vamos encontrá-lo almejando o melhor. O Espírito não se acomoda com o menos: quer, invariavelmente, o mais. O sofrível, o regular e o bom não lhe satisfazem às aspirações: ele deseja a perfeição. Essa sede do melhor é o incentivo que o concita à luta sem tréguas pela aquisição do bem e do belo, infinitos.

A sede insaciável de perfeição, que o Espírito experimenta, constitui a prova de sua origem divina. Deus está no homem. A mediocridade jamais o contentará, quando consciente de sua própria natureza. Ele anseia pela perfeição. E, na esfera em que se agita, sente e goza os prenúncios dessa perfeição, desse ideal que o atrai como ímã irresistível, norteando-lhe o rumo majestoso da vida.

O Espírito, em sua íntima natureza, é incompatível com o mal. Daí a luta com a consciência, o que vale dizer a luta consigo mesmo, luta que pôs na boca do grande Paulo de Tarso estas memoráveis palavras: "Que infeliz homem que eu sou! Aquilo que não quero, faço; aquilo que quero, isso não faço".

A felicidade que o Espírito anela só lhe pode advir da harmonia entre os seus sentimentos, vontade e ações. Sentir, querer, agir — em perfeita afinação, tal o segredo da felicidade.

Sempre que se verifica desacordo entre aquelas manifestações do Espírito, ele se sente angustiado. E donde provém a desafinação? Provém, precisamente, de ele sentir em si mesmo o reflexo da suprema bondade e da infinita beleza que ainda não possui.

A vida do Espírito transcorre através dessa porfia. Viver é lutar; vencer é gozar. A última vitória marca o início de uma nova campanha na conquista de outro ideal, algo mais nobre que o já conquistado.

E assim, sempre em novidades de vida, o Espírito marcha, impávido e radiante, de etapa em etapa, de estágio em estágio, ascendendo continuamente pela senda intérmina da perfectibilidade, em obediência ao sublime imperativo do maior expoente da verdade neste mundo: Sede perfeitos, como vosso Pai celestial é perfeito.

***

Tendes ouvido o que fora dito aos antigos: Amarás o teu próximo e aborrecerás o teu inimigo. Eu, porém, vos digo: Amai os vossos inimigos e orai pelos que vos perseguem, para que vos torneis filhos de vosso Pai que está nos Céus, porque ele faz nascer o seu Sol sobre maus e bons e vir chuvas sobre justos e injustos. Por que, se só amardes os que vos amam, que recompensa tendes? Não fazem os publicanos também o mesmo? E se saudardes somente os vossos irmãos, que fazeis de especial? não fazem os gentios também o mesmo? Sede, pois, perfeitos como vosso Pai celestial é perfeito (*Mateus*, 5:43 a 48).

Corresponder às simpatias que nos votam, retribuir o bem que nos é feito, amar os que nos dedicam amor, é humano. Mas Jesus jamais se conformou com o humano. De todos os seus ensinos e exemplos se conclui que Ele quer o divino. E o divino manda que se ame o inimigo, que se ore pelos perseguidores, que se retribua com o bem todo o mal recebido. Procedendo assim, tornar-nos-emos filhos de nosso Pai que está nos Céus, o qual derrama suas chuvas para fertilizar os campos dos justos e dos injustos e envia os raios benfazejos do seu Sol para aquecer, iluminar e vitalizar os bons e os maus.

Tal o vínculo da perfeição: amor incondicional, amor como estado imperturbável do Espírito. Somos filhos de Deus. Do nosso Pai celestial temos que haver uma herança, temos que apresentar certo traço de caráter que ateste nossa filiação. Esse cunho é o amor sem intermitências e sem restrições.

Sede perfeitos, com vosso Pai celestial é perfeito — eis o senso máximo da vida!

Honra ao mérito

Morreu o mendigo Lázaro e morreu também o rico que se vestia de púrpura e linho — diz Jesus em uma de suas admiráveis parábolas. Quanta filosofia vai nessa frase simples e singela! Morrem os mendigos cobertos de andrajos e morrem os ricos que envergam púrpura e linho finíssimo.

Nesse particular, a morte, pela perfeita imparcialidade com que age, faz jus ao nosso respeito.

Sim, ó Morte!, tu procedes com isenção completa de privilégios. Tu desconheces prerrogativas. Para ti não existem títulos, nem brasões. Nenhum respeito humano, nenhuma distinção logra suster teu braço no manejo do alfanje fatal que empunhas. Penetras a choupana do pobre, os cortiços da escumalha social, a mansarda infecta dos miseráveis, e invades, com o mesmo desdém, os elegantes vilinos, os solares opulentos, os palácios suntuosos! As escadarias de mármore da Carrara, os tapetes da Pérsia, as passadeiras aveludadas não conseguem embargar teus passos! Altiva e desdenhosa pisas a enxerga úmida e pútrida, como as mais finas tapeçarias do Oriente. Olhas com a mesma indiferença os candelabros, os lustres de cristal e prata cinzelada, como a fuligem que balouça em pingentes disformes dos telhados denegridos. Afastas os reposteiros e cortinas com a mesma sem-cerimônia com que o fazes às teias de aranha. Não te impressionas com a pobreza, nem com a riqueza. Não te faz mossa este ou aquele sexo, a velhice ou a juventude, a beleza ou a fealdade. Não te perturbas com a sabedoria nem com a ignorância; com a virtude, nem com o vício. Nenhuma posição, nenhum destaque, nenhum mister ou profissão exerce sobre ti a mínima influência. Não te importas, tampouco, com esta ou aquela emergência, esta ou aquela conjuntura especial ou particular. Cortas o fio da vida ao pária que, em aflições incontidas, se estorce e escabuja, só e abandonado, num desses catres de hospital, em horas caladas da noite; procedes da mesma forma com o enfermo ilustre e conspícuo que se vê rodeado das maiores sumidades médicas do século! A ti, não se te dá, ao ceifares uma existência, que a vítima tombe exânime sem haver alguém que a ampare na rudeza da queda, ou que ela repouse em mil braços amigos e afetuosos. Não queres saber se tua ação vai dilacerar corações e provocar torrentes de lágrimas, ou se vai passar despercebida: és invariavelmente a mesma diante de todos os acontecimentos.

Segundo teu critério, a sociedade não tem altos nem baixos, relevos nem depressões: nivelas com a máxima precisão todas as camadas humanas. Nada te impressiona, nada te abala, nada te comove: és impassível!

Não sei, ó Morte!, se te posso dizer justa, diante da crueldade com que frequentemente procedes. Chamam-te *Parca* e *Megera*. Alegorizam-te sob hedionda figura, ameaçadora e bárbara, de alfanje em punho, em busca de vítimas. És temida em toda parte. Só falar em ti, causa horror à mente e angústia ao coração. Contudo, ó Morte!, forçoso é confessar: tens um grande mérito, possuis uma virtude à qual rendemos homenagem: a imparcialidade.

Honra, pois, ó Morte!, à tua imparcialidade!

Fé, esperança e caridade

A esperança está para a fé como o Sol está para a Lua. Esta não tem luz própria: reflete aquela que recebe do Sol. Daí por que a Lua difunde raios pálidos, merencórios e isentos de calor, enquanto o Sol esparge raios intensos e fúlgidos que, além de iluminar, aquecem e vivificam.

O Sol mesmo é luz; a Lua não é, reflete a luz recebida. Assim a fé: é força comunicativa que, do coração de quem a tem, passa reflexamente para o coração de outrem, gerando neste a esperança.

Jesus tinha fé. Seus apóstolos e discípulos tinham esperança gerada pela fé exemplificada de seu Mestre. Os corações que de Jesus se aproximam e estabelecem com Ele certa comunhão iluminam-se com a luz patente do seu imaculado Espírito.

A Lua clareia os caminhos. O Sol alumia e fecunda a estrada da vida. A Lua é poética, faz cismar e sonhar. O Sol é energia: movimenta, vivifica, ativa e produz. A luz amortecida do satélite da Terra mostra os obstáculos; a luz brilhante e vívida do Sol distingue e remove os tropeços da senda do destino.

Assim, a esperança faz nascer no coração do homem as boas e nobres aspirações; só a fé, porém, as realiza. A esperança sugere, a fé concretiza. A esperança desperta nos corações o anseio de possuir luz própria; conduz, portanto, à fé. Quem alimenta esperança está, invariavelmente, sob o influxo da fé oriunda de alguém. A força da fé é eminentemente conquistadora. Quem admira os exemplos e os feitos edificantes põe-se desde logo em harmonia com o poder de quem os realizou. Este projeta naquele suas influências benfazejas: é o Sol fazendo a Lua refletir a sua luz, ou seja, a fé gerando a esperança.

Bem-vinda seja a esperança! Bendita seja a fé! Uma e outra espancam as trevas interiores. Que seria da alma encarcerada na carne se não houvesse fé, nem esperança!

Se é doce ter esperança, é valor e virilidade ter fé. Se a esperança gera o desejo, a fé gera o poder. Se a esperança suaviza o sofrimento, a fé neutraliza seus efeitos depressivos. Finalmente, se a esperança sustenta o homem nas lutas deste século, a fé assegura desde já a vitória da vida sobre a morte.

E a caridade? Da caridade nada podemos dizer, porque — caridade é amor — e o amor é o indizível, o incomparável; sente-se como a mesma vida: não se define.

O Reino de Deus

Tendo os fariseus perguntado a Jesus quando viria o Reino de Deus, Ele respondeu: O Reino de Deus não vem com mostras exteriores. Por isso ninguém poderá dizer: ei-lo aqui, ou ei-lo acolá, pois o Reino de Deus está dentro de vós.

Concluímos da resposta do Mestre que o Reino de Deus está em nós próprios. Não obstante, é Ele mesmo quem assim nos adverte: *Buscai em primeiro lugar o Reino de Deus e a sua justiça; tudo o mais vos será dado por acréscimo.* Como? Buscar aquilo que está em nós? E depender dessa pesquisa todo o nosso bem?

A explicação nos é dada pela seguinte parábola: O Reino de Deus é semelhante a um tesouro oculto no campo, que foi encontrado por um homem, o qual, movido de grande gozo, foi vender tudo que possuía e adquiriu aquele campo.

Agora podemos entender: o Reino de Deus está em nosso Espírito mesmo, porém oculto e ignorado. Possuir e ignorar que possui, equivale a não possuir. Ter e não saber que tem, é como se não tivesse. Daí a necessidade de procurá-lo. E, pelo dizer da semelhança, é de inestimável valor esse tesouro ou Reino de Deus. Tanto assim, que todo aquele que o descobre, coloca-o desde logo acima de tudo o mais. Este asserto é corroborado por outra parábola:

O Reino de Deus é semelhante a um negociante de pérolas que, encontrando uma de subido valor, foi vender tudo o que possuía e a comprou.

Já sabemos algo de importante sobre o caso. Mas que será, afinal, o Reino de Deus e que ideia devemos fazer desse tesouro oculto em nosso Espírito? O Reino de Deus é o conjunto de energias e faculdades que jazem latentes em nossa alma. É o reino da vida, da imortalidade e do poder, do qual só nos apercebemos depois que começamos a sentir em nós as vibrações da Vida Espiritual, cuja atividade se exerce através do amor e da justiça, empolgando nosso ser.

Que é, de fato, o reino da força que tudo vence, nos diz este outro apólogo: O Reino de Deus é semelhante a uma semente de mostarda, que um homem semeou no campo. Esta semente é, na verdade, a menor de todas; mas, depois de haver crescido, é a maior de todas as hortaliças, e se faz árvore, de sorte que as aves do céu fazem ninhos em seus ramos. Tal é como o Mestre revela a incomparável energia de ação e de expansão que se esconde no Reino de Deus. E que essa ação se verifica através do sentimento da justiça, sabemos por esta admoestação do Senhor: *Se a vossa justiça não for superior à dos escribas e fariseus, não possuireis o Reino de Deus.*

O roteiro, portanto, que conduz ao tesouro oculto é um só: o cumprimento do dever, a prática do bem, a conduta reta. *Nem todo o que me diz Senhor! Senhor! entrará no Reino de Deus, mas somente aqueles que fizerem a vontade de meu Pai. Naquele dia, muitos me dirão: Senhor, em teu nome nós profetizamos, expelimos demônios e obramos maravilhas. Mas Eu lhes direi abertamente: Não vos conheço; apartai-vos de mim, vós que vivestes na iniquidade* (*Mateus*, 7:21 a 23).

E o Rei, então, dirá: Vinde, benditos de meu Pai; possuí como herança o reino que vos está destinado desde a fundação do mundo. Pois tive fome e me destes de comer; tive sede e me destes de beber; era forasteiro, e me recolhestes; estava nu, e me vestistes; enfermo e preso, e me visitastes. Então, perguntarão os justos: Quando, Senhor, te vimos com tais necessidades e te assistimos? E o Rei retrucará: Em verdade vos digo que quantas vezes o fizeste a um dos meus irmãos mais pequenos, a mim o fizestes (Mateus, 25:34 a 40).

Sabemos, então, já, o que é o Reino de Deus, onde se oculta, e o que nos cumpre fazer para possuí-lo.

Crer e crer

> *Disse então Jesus aos judeus que nele creram: Se vós permanecerdes nas minhas palavras, verdadeiramente sereis meus discípulos*
>
> (João, 8:31).

Há crer e crer. Os demônios criam: criam, mas não praticavam; criam, mas não se convertiam. O templo cristão é uma escola. Aquele que se limita a admirar-lhe a fachada, contornando-o, ou permanecendo no vestíbulo, não sabe o que é essa escola, ignora e ignorará tudo o que ali é ensinado.

O Cristianismo é uma doutrina que precisa ser aprendida e sentida. Estuda-se a sua ética mais com o coração que com a inteligência. Aquele que não sente em si mesmo a influência da moral cristã, desconhece o que ela é, embora tenha perfeito conhecimento teórico de todos os seus preceitos e postulados. O coração regista emoções; nossos atos e nossa conduta geram as emoções. O Cristianismo é a verdadeira doutrina positiva, visto como é a doutrina da prova e da experiência pessoal.

Ninguém saberá o que significa — *amai os vossos inimigos, fazei bem aos que vos fazem mal* — enquanto não escoimar o seu interior de toda a odiosidade, de todo o sentimento de rancor. *Bem-aventurados os que choram, porque serão consolados (Mateus, 5:4).* — Quem pode saber o valor desta beatitude, senão aquele cujas lágrimas de arrependimento, ou de dor, o conduziram aos pés da cruz? *Vinde a mim, vós todos que vos sentis aflitos e sobrecarregados; Eu vos aliviarei (Mateus, 11:28).* Estas palavras não têm sentido para os epicuristas, para os felizes do século, para os ricos e para os poderosos da Terra. Mas os pobres, os pequeninos, os sofredores sabem perfeitamente, por experiência, quanto elas valem e o que significam. *Aquele que não abre mão de tudo quanto tem, não pode ser meu discípulo (Lucas, 14:33).* Semelhante expressão é loucura para o onzenário, para o banqueiro, para o homem de negócio, para todos os argentários do mundo. Porém, é um programa, para quem já descobriu outra espécie de riqueza: *a que o ladrão não rouba e a traça não rói (Lucas, 12:33).*

"Recebei o Espírito Santo." Que juízo poderão fazer desta dádiva os que ainda não a receberam? Definirão o caso de mil formas, porém, jamais conhecerão do fenômeno, enquanto não o experimentarem em si mesmos. Teólogos eminentes, ilustrados e eruditos têm escrito coisas sem nexo, quando se reportam ao assunto. Por quê? Porque conhecem o caso pela mente, mas o ignoram de coração. Daí o dizer de Paulo: "Só o homem espiritual entende o que é espiritual".

Jesus não foi teólogo, nem sacerdote. A Teologia, tal como a ensinam as religiões, tem confundido muitos crentes, tem dividido e subdividido o rebanho do Cristo, sem jamais levar consolo a um só coração.

Na fé em Jesus Cristo não há confusão. Sua doutrina é integral; e só podemos conhecê-la seguindo as pegadas do Senhor, que é a sua personificação. Jesus é um mestre cuja escola é Ele mesmo. Por isso, deixou de escrever, não legou livro algum à Humanidade que veio remir. O Cristianismo não se reduz a teorias: é luz, é verdade, é vida.

O homem é conversível. Jesus veio promover sua conversão, anunciando o Evangelho, antes que existisse qualquer livro ou manuscrito com essa designação. O Evangelho é uma mensagem, convidando os homens para o Reino de Deus. Para alcançá-lo, porém, é mister uma condição: converter-se. Converter significa mudar de vida, deixar o caminho velho, tomar rota nova, pois o homem tem vivido no reino da carne, da mentira e do egoísmo; e o Reino de Deus é precisamente o oposto, isto é, o reino do espírito, da verdade e do amor.

Cristãos verdadeiros, portanto, são somente aqueles que se reformam continuadamente. Este é o cunho que os distingue dos falsos crentes, dos cristãos de fancaria e de rotulagem.

Canonização da Terra e canonização do Céu

Certa vez os discípulos de Jesus vieram jubilosos ao seu encontro e lhe disseram: Senhor, os maus espíritos se nos sujeitam. Vimos Satanás tombar do alto como um relâmpago. O Mestre retrucou: Não vos alegreis tanto por isso; alegrai-vos, antes, porque os vossos nomes estão escritos no Céu (*Lucas*, 10:17 a 20).

Eis aí o que todos devemos ambicionar de preferência a tudo mais: termos os nossos nomes escritos no Livro da Vida. Essa escrituração não é deste mundo. Os homens, falhos e apaixonados como são, não podem fazê-la.

No entanto, o que vemos neste século é o desusado afã com que todos procuram fama, glória e notoriedades mundanas. Até mesmo as religiões, ao invés de encaminharem a Humanidade à vida real, combatendo suas vaidades, acoroçoam e fomentam essas vaidades, distribuindo títulos honoríficos e comendas aos ricos, canonizando os que julgam bons, quando da sua grei, conferindo insígnias aos párias. E assim vão prendendo os homens às coisas da Terra, enquanto *falam* das coisas do Céu!

Por isso, todos preferem ver seus nomes aureolados no século presente a tê-los gravados no Livro da Vida. Este está oculto aos olhos da sociedade, enquanto a fama e a glória se ostentam na atualidade.

Representantes, ministros e adeptos de Cristo contam-se aos milhões; porém, homens de caráter reto, tolerantes, de consciência pura, animados do espírito de justiça, capazes de renunciarem a tudo, inclusive à própria vida, em prol de seus semelhantes como fez Jesus de Nazaré, existem, acaso, no cenário terreno?

Há santos cuja memória refulge na história da Humanidade, apesar de não merecerem as honras do altar. Foram santos que se mantiveram fora das esferas ortodoxas de todos os tempos. As igrejas da Terra canonizam os seus santos, não tanto por serem santos, mas por serem "seus". Daí por que jamais se viu uma igreja santificar alguém de outra igreja. Se assim não fora, haveria altares para Marco Aurélio e para Sócrates.

Fechemos este artigo transladando para estas colunas a autodefesa que Sócrates pronunciou perante o tribunal que o condenou à morte:

"Jamais poderei ser acusado de faltar o respeito às leis religiosas, uma vez que assisto aos santos sacrifícios nos templos. Também não podeis classificar de crime a minha fé num espírito familiar, num país como este onde todos creem em muitas superstições, auspícios e agouros.

"Acusam-me de corromper os costumes da juventude; e, não obstante, Atenas inteira é testemunha de que meus ensinamentos se baseiam numa única máxima: Preferi a alma ao corpo e a virtude às riquezas. Acusam-me de faltar aos meus deveres de bom cidadão, por não tomar parte nas assembleias do povo. Perguntai aos que combateram em Potideia, Anfípolis e Délios, se servi à minha pátria.

"Interrogai os senadores e eles que vos digam se não me opus energicamente à execução dos dez capitães vencedores de Argino, vítimas da vossa injusta punição.

"Se me acusam de impiedoso, bom será que examineis a minha vida, as minhas ações e palavras, e assim vos convencereis de que creio na Divindade muito mais do que os meus acusadores. Porventura julgais orgulho o não implorar clemência aos que me julgam?

"Não é por vaidade que assim procedo, é apenas para manter os meus princípios, pois entendo que a justiça deve obedecer às leis e não às súplicas.

"De resto, a morte não é para mim um pesadelo; e na minha idade não pretendo evitá-la para não desmentir as lições que dei, a fim de a saberdes desprezar.

"Antes que me tivésseis condenado à morte, já a natureza o tinha feito; a verdade, porém, condenará os meus acusadores a grandes e profundos remorsos".

Por bem menos do que foi Sócrates muitos estão no altar. Sócrates é um daqueles cujo nome está escrito no Céu, porque, como disse judiciosamente o Mestre — *muitos virão do Oriente e do Ocidente e se assentarão à mesa dos profetas; e muitos filhos do reino serão expulsos* (Mateus, 8:11).

Os verdadeiros crentes, como os legítimos santificados, estão arrolados no Livro da Vida e não nos infólios dos templos de pedra.

A multiplicação dos pães

Disseram-lhe os discípulos: Este lugar é deserto e o dia já declina; despede, pois, a multidão, para que, indo às aldeias vizinhas, comprem alguma coisa para comer. Dai-lhes vós de comer, replicou Jesus. Retrucaram-lhe: Como, Senhor, se só temos aqui cinco pães e dois peixes? Disse-lhe Ele: Trazei-mos cá. E tendo mandado a multidão que se assentasse sobre a relva, tomou os cinco pães e os dois peixes e, erguendo os olhos ao céu, deu graças e, partindo os pães, entregou-os aos discípulos que, a seu turno, os distribuíam ao povo. E todos comeram e se fartaram; e do que restou levantaram doze cestos. Ora, os que comeram, foram cerca de cinco mil homens, além de mulheres e crianças (Mateus, 14:15 a 20).

Com cinco pães e dois peixes, diz o Evangelho, o Filho de Deus fartou uma multidão composta de mais de cinco mil pessoas. Como levou a cabo tamanha maravilha? Considerando o fenômeno sob seu aspecto físico, devemos lembrar que tudo o que vemos é formado do que não vemos. A matéria, debaixo de suas múltiplas formas, é "una" em essência. As infinitas modalidades que assume são efeitos de vibrações. A água, por exemplo, é o produto da combinação de dois gases em determinadas proporções. O hidrogênio e o oxigênio que a formam são corpos invisíveis. Em realidade a nossa ciência nada sabe quanto à natureza íntima da matéria. Os homens só a concebem já combinada, apresentando formas que afetam os sentidos, ou então mediante aparelhos adequados que lhe registram a presença. Fora dessas condições, a matéria escapa à nossa apreciação e à nossa análise.

Ora, Jesus, cujos conhecimentos estão muito além dos juízos e critérios humanos, por que não poderia realizar o maravilhoso feito acima descrito? Quem, como Ele, colaborou na formação do planeta em que habitamos, teria, acaso, dificuldade em multiplicar pães?

Dizem que Deus tirou a Terra do nada. Do "nada" nada se tira. Tirou-a, sim, da imensurável retorta onde os mundos se forjam; tirou-a, sim, do inesgotável reservatório da Natureza "onde nada se cria e nada se perde, mas tudo se transforma"; tirou-a, sim, da matéria "una", sempiterna, que, ao influxo de sua vontade soberana, se agita, vibra e palpita, assumindo estados vários, combinando-se e associando-se, numa série infinita de modalidades e configurações que mal nos é dado imaginar e conceber.

Dessa maneira tirou Jesus do "nada" os pães com que saciou milhares de pessoas. O impossível é uma sombra que recua, à medida que a luz vai penetrando o cérebro do homem.

***

Jesus, multiplicando o pouco que lhe foi dado, produziu o muito que a multidão reclamava. Tal é, em resumo, a missão do Redentor: saciar a fome da Humanidade. Todo pecador é um faminto. Para atender aos seus imperiosos reclamos, veio o Cristo a este mundo. *Eu sou o pão que desceu do Céu (João, 6:41).* Fome e sede, todos temos. Não há ninguém farto no meio em que vivemos.

Daí os dizeres de Amado Nervo:

"Bem sabes que temos fome: fome de pão, fome de luz, fome de paz, fome de amor... Este mundo é um mundo de famintos. A fome de pão, espalhafatosa, melodramática, é a que mais nos comove: porém, não é a mais digna de lástima. Que diremos da fome de amor? Que diremos daquele que quer tanto ser querido, e passa pela vida sem que alguém o queira? E a fome de conhecimentos? A fome do pobre Espírito que anela tudo saber e esbarra brutalmente contra o bloco de granito da esfinge? E a fome de paz que atormenta o peregrino inquieto, obrigando-o a sangrar os pés e o coração pelos caminhos?

"Todos temos fome; e, fato curioso, exceto a fome de pão, todas as demais modalidades da fome costumam ser escondidas cuidadosamente. Quanto mais doridas e profundas, tanto mais veladas e ocultas!".

No entanto, o divino despenseiro continua hoje, como outrora, distribuindo o pão que alimenta o Espírito e a linfa que refrigera os corações.

Eu sou o pão da vida; o que vem a mim, de modo algum terá fome; e o que crê em mim, nunca jamais terá sede. Eu sou o pão vivo que desci do Céu; se alguém comer deste pão, viverá eternamente. Quem come a minha carne e bebe o meu sangue permanece em mim e Eu nele. Assim como o Pai, que vive, me enviou, e Eu vivo pelo Pai; assim, quem de mim se alimenta também viverá por mim. Em verdade vos digo e repito: Quem come deste pão viverá eternamente (*João*, 6:35 a 58).

O Espírito requer alimento como o corpo. *Não só de pão vive o homem*. Suas aspirações, seus íntimos anseios constituem súplicas de faminto. E o mordomo celeste, abrindo as portas do celeiro divino, distribui a mancheias os alimentos da alma. *Bem-aventurados os que têm fome e sede... porque serão fartos* (*Mateus*, 5:6).

Para tanto, basta que lhe ofertemos com lealdade o pouco que temos: uma estilha de fé, um resquício de tolerância, um vislumbre de humildade, uma migalha de amor!

Apresentemos-lhe essas nonadas, dizendo: Senhor, é tudo que temos. Assim como Ele fez àqueles cinco pães e dois peixes, fará também com as parcas oferendas nossas; e o milagre se reproduzirá, e seremos todos saciados.

Homo homini lupus

Quando consideramos as guerras e perseguições religiosas da Idade Média, cujos longínquos vestígios, qual rescaldo de sinistro incêndio, ainda hoje se percebem nesses pruridos de sectarismo, ficamos perplexos.

Hostilidades, perseguições, luta cruenta, guerra de extermínio! por motivos de ordem religiosa! Que aberração!

Que juízo formam de religião os que deixam aninhar em seus corações sentimentos de odiosidade ou mesmo de mero desamor? Ignorarão, acaso, que o objetivo da religião seja precisamente combater a descaridade sob todos os aspectos em que a descaridade se apresente?

Léon Tolstói, o grande apóstolo russo, proferiu esta frase lapidar: "O homem racional não pode viver sem religião".

De fato, o homem tem absoluta necessidade de ser religioso, visto como o objetivo da religião é precisamente transformar o egoísmo em altruísmo. Os seres irracionais podem dispensar a religião, porque sua vida transcorre na esfera do instinto, em que o egoísmo é lei soberana. Mas a vida do homem é vida solidária, vida de relação de indivíduo para indivíduo.

O egoísmo, tolerado, então, entre os irracionais, torna-se a grande pedra de tropeço na vida humana. É forçoso removê-lo, ou, melhor, transformá-lo no sentimento oposto:

altruísmo. A tarefa é difícil, dada a influência que o egoísmo exerce sobre o homem como uma espécie de direito adquirido. Seja, porém, como for, o fato é que precisa ser vencido. Em tal importa o alvo da religião, o que vale dizer: em tal importa a solução de todos os problemas sociais.

Infelizmente, as seitas e credos ainda não atinaram com o ideal que a religião tem por escopo. Todas as igrejas militam, em tese, pela obra da confraternização, mas, na prática, levadas ainda por egoísmo, falseiam e desnaturam aquele auspicioso desiderato, fomentando rivalidades e dissídios, ao invés de eliminarem, pouco a pouco, as causas de separação.

A própria etimologia do vocábulo — religião — indica que o objetivo religioso é ligar os homens entre si, ligando-os consequentemente a Deus. É o que tacitamente preceitua o mandamento cardeal da Lei Divina, ratificado e esplendidamente exemplificado pelo maior expoente da verdade religiosa na Terra — Cristo Jesus. Esse mandamento reza o seguinte: *Amarás a Deus de todo o teu coração, de toda a tua alma, de todo o teu entendimento e de toda a tua força. E ao próximo amarás como a ti mesmo. Neste preceito se sintetizam toda a Lei e os profetas* (Mateus, 22:35 a 38).

Os grupos de crentes até hoje não se orientam pelo critério desse estatuto. Deixando o principal, apegam-se aos acessórios. Daí a ineficácia dos credos religiosos no sentido de tornar os homens justos e amoráveis, irmãos de seus irmãos.

Não há problema social algum, seja este ou aquele, cuja solução satisfatória possa ser alcançada senão por meio da educação religiosa compreendida em seu verdadeiro sentido e que se resume, como ficou dito, no combate a todas as multiformes modalidades do egoísmo e no culto sincero do amor sob seus aspectos mais excelentes.

O homem, sendo um ser racional, não pode viver sem religião. A vida em sociedade impõe a adoção e o cultivo do sentimento religioso segundo a acepção exposta, como uma necessidade inalienável. Se este mundo continua sendo o decantado "vale de lágrimas", é unicamente porque os homens, a despeito de racionais, têm vivido a vida dos seres inferiores que se guiam pelo instinto de conservação, instinto esse que no homem outra coisa não fica sendo senão puro egoísmo.

Quando as religiões se compenetrarão desta verdade? Quando os seus magnatas deixarão de ser cegos condutores de cegos? Quando, finalmente, o homem deixará de ser lobo do homem?

Pilatos e a Verdade

> Eu vim ao mundo para dar testemunho da verdade. Todo aquele que é da verdade, ouve a minha voz... Eu sou a verdade
>
> (João, 18:37).

O Cristo de Deus veio ao mundo dar testemunho da verdade, e o fez de tal maneira que pôde dizer com justeza: Eu sou a verdade.

Kysserling, filósofo alemão, assim se exprime a propósito daquela afirmativa do Mestre por excelência: "Jesus não precisava da luz de fora: Ele mesmo é a luz. Não investigou a verdade: Ele possui a verdade, ele mesmo é a verdade".

E diz bem o pensador germânico. Os terrícolas buscamos a verdade, procuramos, investigamos, porfiamos pela sua conquista. Esse é o nosso dever, o processo único, graças a cujo emprego alcançaremos nossa emancipação. Jesus, porém, é o revelador da verdade, é o seu expoente máximo na Terra, é a mesma verdade humanada.

Muita gente há que confunde verdade com erudição, com certa quantidade maior ou menor de conhecimentos desta ou daquela disciplina, aqui denominada científica. A verdade não é bem isso. Ela é alguma coisa distinta do intelectualismo, máxime desse intelectualismo estéril que se presta somente como objeto de adorno para satisfação de vaidades.

O homem pode ser um intelectual, um homem de letras, sem que, todavia, possua a verdade. Há indivíduos, reconhecidamente talentosos, que vivem inteiramente divorciados da verdade, já por conveniência e interesse, já mesmo por ignorância. Sim, por ignorância, repetimos, pois é possível o homem ser erudito, saber muita coisa, ocupar posição de destaque e, a despeito de tudo isso, achar-se nas condições de Pilatos quando dirigiu a Jesus esta pergunta: Mas, afinal, que é a verdade?

Vamos, pois, tentar dizer aos Pilatos de todos os tempos, o que é a verdade.

Verdade significa inteireza de caráter, firmeza de ação, segundo certo critério íntimo, harmonia perfeita entre a consciência e a conduta, lealdade e sinceridade consigo mesmo, isto é, com a luz interior do Espírito.

O homem veraz não é o que sabe muito: é o que não simula nem dissimula, deixando transparecer no exterior aquilo que vem do seu interior. O homem da verdade é aquele cujo falar é — sim, sim; não, não — como preceitua o Evangelho. O homem da verdade não usa de subterfúgio, nem de circunlóquios; não se mascara com qualquer espécie de disfarce.

A verdade é também força, energia moral, fortaleza de ânimo. Ela é incompatível com as atitudes dúbias, indecisas, pusilânimes. Em toda e qualquer conjuntura, conserva-se inabalável, inalterável. Nada a entibia: desconhece temores, é alheia às ameaças. Nunca duvida do seu êxito. Crê piamente na vitória de si mesma. A fé é sua aliada inseparável. Espera, confia, nunca desanima.

A verdade é também, por sua natureza, incorruptível. Não há razões de interesse que a demovam. Não conhece quaisquer valores além daquele que ela mesma representa e encerra. Nada a seduz senão o seu próprio império e a sua própria realeza. É inacessível ao suborno. Todos os mil artifícios da fraude, do embuste, dos falsos raciocínios, em que é fértil o egoísmo humano quando pretende mascarar a mentira, encontra, na verdade, pronta e enérgica repulsa.

Outro característico inconfundível da verdade é a ação. A verdade não fica inativa. Como potencial do espírito, ela permanece em constante atividade. Por mais que as multiformes modalidades do interesse a persigam e combatam, ela jamais se dá por vencida. Reage sempre, ainda que sem violência, mas com denodo e perseverança. Mil vezes repelida, mil vezes retornará ao seu posto, donde não há força capaz de desalojá-la. A verdade, finalmente, é a sentinela de Deus que, do nosso interior, nos adverte sempre até que a ela, um dia, nos rendamos, dizendo: Bendito seja aquele que vem em nome do Senhor.

Eis aí por que Jesus entendeu de bom alvitre não dar resposta a Pilatos. Este homem tinha, como têm todos os Pilatos, a verdade viva e palpitante no seu íntimo. Sentia-se em positivo e franco conflito com ela quanto à condenação da vítima inocente; condenação reclamada pela prepotência do século, apoiada na ignorância das massas populares. Encontrando-se, pois, em contato direto com a verdade — já pelo interior, já pelo exterior — Pilatos, contudo, não sabia onde ela se achava nem o que ela era! Sua conduta, em desacordo com seu foro íntimo — lavrando sentença de morte contra aquele cuja inocência publicamente confessara —

atesta em realidade que Pilatos não se achava em condições de perceber a verdade, de saber e sentir o que ela é, de aquilatar do seu valor e importância.

O que o preposto romano entendeu perfeitamente bem foi que o seu cargo, a sinecura de que esplendidamente vivia, estava em jogo. Diante da possibilidade de cair das graças de César e perder o posto que ocupava e as prerrogativas que fruía, o romano contenta-se com um platônico protesto acompanhado da célebre cerimônia do lavar as mãos, e assina, covardemente, a sentença de morte contra a própria Verdade.

Assim continuam procedendo os Pilatos de todos os calibres, nas múltiplas emergências da vida em que são chamados a se pronunciarem na escolha entre a verdade e o interesse.

O magno problema

Segundo as ideias expendidas pelo conspícuo evangelizador Stanley Jones, cuja passagem pelo Brasil deixou, qual astro no firmamento, uma esteira de luz, o magno problema de todos os tempos consiste em obedecer ao preceito do Cristo: *Quem quiser ser meu discípulo, negue-se a si mesmo, tome a sua cruz e siga-me* (*Mateus*, 16:24, *Marcos*, 8:34, *Lucas*, 9:23).

A renúncia pessoal constitui a condição indispensável para sermos cristãos. Sem a renúncia própria ninguém pode estar com o Cristo nem militar nas fileiras dos seus.

Esta verdade ainda não penetrou o coração dos crentes e, por conseguinte, o seio das suas comunidades. As hostilidades que reinam entre os diversos grupos de crentes atestam esta asserção.

O Espírito do Cristo é de colaboração: nunca de rivalidades. No entanto, a atitude predominante entre as igrejas é aquela de João insurgindo-se contra certa pessoa que expelia demônios em nome de Jesus, alegando que tal indivíduo não fazia parte do seu grupo. E o que consta no Evangelho é que Jesus discordara de semelhante zelo incompatível com a natureza da fé universal que vinha ensinar e exemplificar na Terra.

Donde vinha aquele estrabismo de João? Provinha de se não haver ainda conformado com a regra áurea firmada pelo Cristo: negue-se a si mesmo, tome a sua cruz e siga-me. João se preocupava com o engrandecimento da grei a que se filiara, esquecendo o objetivo do Cristo: dar-se a si mesmo pela causa da Humanidade.

A cruz é o símbolo da renúncia em sua mais alta finalidade. Na cruz, o Cristo de Deus consumou o seu maior ato de renúncia em prol dos pecadores. Deu-se em toda a sua plenitude: "Ninguém pode oferecer maior prova do seu amor do que dar a vida pelos seus amigos". Tal o preço da glória inconfundível que aureola a fronte do meigo e doce Nazareno.

Este fato continua esquecido das igrejas. Pensando cada uma em si mesma, na sua respectiva grandeza e expansão, todos se vão afastando do Cristo e, com isso, caindo na esterilidade. Sim, na esterilidade, dizemos bem, pois onde o poder delas? Que influência estão exercendo na sociedade, nos usos e costumes do século? Que o digam a conflagração europeia e a onda crescente do vício, do crime e da corrupção de caracteres.

Por que não têm esses credos poder sobre o mal? Pelo mesmo motivo por que os discípulos não lograram expulsar o espírito imundo que flagelava certo menino cujo pai recorreu ao prestígio de Jesus, dizendo: "Já supliquei aos teus discípulos e eles nada puderam contra o demônio que persegue meu filho". Os discípulos ainda não haviam tomado suas cruzes, daí a razão por que não puderam curá-lo.

Iludidos pelo personalismo que os dominava, Tiago e João vieram ter com o Senhor, propondo se reclamasse fogo do céu para consumir os samaritanos, pois estes negaram hospedagem ao Mestre. Assim procedem os homens até aos nossos dias, esses mesmos homens que se presumem cristãos: decidem à bala de canhão as questões que entre eles se suscitam. É sempre a mesma ideia: fogo do céu ou fogo das metralhadoras. Este último outra coisa não é senão a explosão, no exterior, do fogo que lavra no interior dos corações.

Qual o combustível que alimenta o fogo nos corações? As paixões inimigas da cruz, contrárias à renúncia própria.

Conta-nos *Lucas* que Jesus assim se manifestara a três moços que se prontificaram a acompanhá-lo:

Ao primeiro que se propusera segui-lo para onde quer que Ele fosse, o Mestre retrucou: *As raposas têm seus covis, e as aves têm seus ninhos, mas o Filho do Homem não tem onde reclinar a cabeça.*

Ao segundo, que, a seu turno, queria acompanhá-lo, solicitando, porém, permissão para enterrar primeiramente o pai, Jesus disse: *Deixa aos mortos o cuidado de enterrar seus mortos; tu, porém, anuncia o Reino de Deus.*

Ao terceiro, finalmente, que se dizia disposto a segui-lo, pedindo apenas ligeiro prazo para dispor dos seus bens e despedir-se da família, o Senhor retorquiu: *Quem empunha o arado e torna a olhar para trás, não é apto para o Reino de Deus"* (Lucas, 9:58 a 62).

Estes candidatos pretendiam seguir Jesus sem trazerem suas respectivas cruzes. Nenhum deles queria renunciar a tudo, inclusive a si próprio, pelo ideal de amor personificado no Cristo. Como, portanto, segui-lo?

A História da Humanidade tem sido a eterna luta de raça contra raça, nacionalidade contra nacionalidade, povo contra povo, igreja contra igreja, indivíduo contra indivíduo.

Este problema angustioso só tem uma solução, que é aquela apontada por Jesus a seus primitivos discípulos e da qual Ele deu o mais edificante exemplo: a renúncia de si mesmo pelo bem coletivo.

Só a cruz resolve satisfatoriamente os problemas capitais de nossa vida.

A Torre de Babel

Os descendentes de Noé tentaram, segundo rezam as Escrituras, erguer uma torre cujo ápice atingisse os páramos celestes.

Teriam, com isso, realizado arrojada empresa que lhes traria, certamente, notoriedade e glória. Demais, resolveriam, de vez, o problema do destino, penetrando os arcanos da imortalidade que, segundo supunham, estariam alojados pouco além das nuvens. Conquistado por esse processo o seio de Abraão, eles teriam burlado as leis reveladas pelos profetas, leis austeras que impunham sérias restrições à expansão do egoísmo e prescreviam severa norma de conduta.

Como nos parece hoje pueril semelhante pretensão! No entanto, essa fantasia ingênua predomina em nossos dias, variando, apenas, de aparência.

Os homens de nosso século supõem que lhes seja possível fraudar impunemente as leis que regem os destinos do Espírito, proclamando o império da matéria, dessa matéria que, aliás, eles ignoram o que seja.

A Ciência elevou a matéria ao apogeu de todas as glórias. Com ela, e por ela, pretende resolver todos os problemas da vida, satisfazer todas as aspirações do coração humano.

Erguem-se os arranha-céus, cada qual mais ousado na fúria de galgar as alturas; encurtam-se, suprimem-se, quase, as distâncias entre os continentes, pondo os povos em contato com a rapidez do pensamento; os prodígios e os milagres na Ciência, nas Artes, na Indústria e em tudo que concerne ao bem-estar material e aos prazeres que lisonjeiam os sentidos, se sucedem uns após outros, cada qual mais surpreendente.

Contudo, o homem sofre, sentindo em seu coração um vácuo imenso que todas essas coisas não preenchem. A Humanidade se agita inquieta, aflita, sem paz e sem felicidade no meio do gozo, nadando nas comodidades, nos prazeres e nos deleites que o intelectualismo materialista concebeu e gerou como sendo o alfa e o ômega da vida!

De outro lado, a fé, contaminada, desvirtuada por esse mau fermento que tudo deturpa neste século, longe de apontar ao homem o verdadeiro caminho que conduz à solução dos problemas da vida, procura afazer-se à materialidade que a todos empolga, prometendo o supremo bem mediante a prática de cerimônias banais, diluindo os derradeiros lampejos da crença na teatralidade de estéril simbolismo, fator poderoso de embotamento da razão e de todas as altas faculdades da alma.

Banida a educação moral como obra de salvação; proscrito o verdadeiro espiritualismo e proclamado o império da matéria em suas expansões grosseiras e animalizadas, o mundo atual se acha mergulhado na confusão e na anarquia, caminhando a passos largos para a colheita dos cardos e espinhos que de há muito vem semeando.

A necessidade do momento

Errar é dos homens. É errando que se aprende. Errar não é desdouro. Permanecer, porém, no erro, tornar-se contumaz nesta ou naquela falta, escravizar-se aos maus hábitos é, realmente, uma desonra para o homem.

Não é, portanto, o erro que nos degrada: é a submissão ao seu domínio. Deixar de reagir contra as imperfeições próprias é sinal evidente de fraqueza moral.

Ser tentado não é também desaire. Os que afeta nossa dignidade é cair na tentação. A tentação, nobremente vencida, contribui para a consolidação do caráter, porque desenvolve as energias anímicas. Certamente, por isso, o incomparável Mestre nos ensina, na oração dominical, a pedir a Deus que nos livre do mal, não nos deixando *cair* em tentações. O mal, como se vê, não está propriamente na tentação, mas na queda. Caso contrário, ter-nos-ia Ele ensinado a suplicar que a Providência nos eximisse de tentações.

Os nossos governos não alcançaram essa verdade comezinha. Jamais consentiram que o povo errasse. Monopolizaram a faculdade de errar. Fizeram do erro um privilégio seu. Erraram sempre, sonegando do povo todas as oportunidades de errar. Há nessa conduta uma desastrosa inversão da Lei Natural. Segundo essa lei, toda a causa gera um efeito que deve recair sobre quem a criou. No entanto, os governos erram, isto é, criam a causa, e o povo suporta invariavelmente as consequências.

Semelhante adulteração da lei de causalidade dá lugar a dois males muito graves: o povo não aprende, e, cansado de arcar com as consequências funestas de culpas que não cometeu, revolta-se ou se faz cético e pessimista; e os governos, deixando de ser atingidos pelos efeitos de seu mau proceder, não se corrigem, tornam-se impenitentes, relapsos, corruptos. É indispensável que "a cada um seja dado segundo suas obras".

Nesta hora sombria por que passa o mundo de nossos dias, os países que se encontram em situações menos embaraçosas e que vão suportando a crise, são justamente aqueles onde o povo age com certa liberdade, influindo positivamente nos negócios públicos. As mesmas dificuldades, do momento atual, são consequências da guerra fratricida que os governos desencadearam no Velho Mundo, agravadas agora por novos erros desses mesmos governos, sujeitando os vencidos a reparações arbitrárias e inexequíveis, ditadas pelo sentimento de ódio e de vingança.

É tempo de se conceder ao povo o direito de agir livremente na escolha dos seus dirigentes. Só assim ele se tornará realmente digno e grande. Só assim teremos bons governos.

As leis humanas devem inspirar-se nas Leis Divinas, que são leis naturais. O homem progride e melhora, agindo, porfiando, lutando. Cercear-lhe o passo, nesse terreno, é um crime. É preciso deixá-lo errar para que aprenda a acertar. Se Deus quisesse, teria criado o homem perfeito. Mas não o fez. Criou-o perfectível, facultando-lhe meios e oportunidades de aperfeiçoar-se. Em que se baseiam, pois, os governos que pretendem negar ao homem um direito que Deus lhe outorgou?

Deixem o povo errar. Matriculem-se também os adultos na *escola ativa* do civismo. Em tal importa a necessidade do momento.

Jesus e suas parábolas

Jesus, como sábio educador, costumava recorrer frequentemente às parábolas a fim de melhor interessar e impressionar os seus ouvintes.

Esse processo é eminentemente prático e pedagógico, pois supre as deficiências intelectuais do educando, sempre que se trata de assuntos transcendentes.

Demais, na época em que o Mestre Divino predicava, e mesmo muito tempo depois de sua partida, os ensinamentos eram conservados e revividos por meio de tradição. Ora, é muito mais fácil reter na mente a lição ministrada por um conto qualquer, em que há o enredo que auxilia as associações de ideias, do que quando ensinada de modo inteiramente abstrato.

As parábolas evangélicas, além disso, têm, com relação às transcendentes verdades que encerram, a propriedade e as vantagens dos tegumentos que envolvem os frutos. Essas camadas corticais servem para conservar doce e saborosa a polpa dos frutos, preservando-os das contingências exteriores a que se acham expostos. Se a Natureza não tivesse protegido dessa forma os frutos, o homem jamais chegaria a utilizar-se deles.

Assim também, se o sapientíssimo Instrutor e Guia da Humanidade não tivesse envolvido seus sublimes preceitos no manto parabólico, eles não teriam chegado até nós.

Para saborearmos os frutos, despojamo-los de seus respectivos envoltórios. Da mesma sorte, para lobrigarmos o espírito das parábolas, temos que despojá-lo da letra que a envolve.

É possível que os comodistas condenem o processo parabólico, alegando que dá lugar a confusões ou que dificulta a aprendizagem da verdade. A estes cumpre lembrar que nenhum fruto existe sem casca. E jamais se viu alguém pretender que o trabalho em descascá-lo não compense o proveito que dele tiramos, já como alimento, já como portador de vitaminas essenciais à saúde e à vida do corpo. Todos concordam perfeitamente com o pequeno esforço despendido em desembaraçar os frutos dos seus tegumentos.

Outros há, extravagantes, que comem qualquer fruta com casca, e querem convencer os outros de que é assim que se deve comê-la. Estes são os sectaristas que desprezam o espírito que vivifica e pregam a letra que mata. Ainda não experimentaram o legítimo paladar das parábolas do Senhor, cheias de doçura e aroma, visto como insistem em comer qualquer fruta com casca!

Os nossos caricaturistas

Deus, pondo a sua infinita inteligência a serviço do seu infinito amor, tem organizado tudo com tanta sabedoria que, não só os bons, mas também os maus, concorrem para a mesma finalidade: o bem comum, a felicidade de todos.

Não devemos só aos Espíritos elevados, aqueles a quem denominamos protetores, guias e anjos da guarda, o nosso progresso. Devemo-lo também aos "indesejáveis", isto é, aos que nos tentam, molestam e atribulam.

A psicologia da tentação funda-se nas falhas e senões do nosso caráter. Cada um de nós é, invariavelmente, tentado através das fraquezas próprias. Se pudéssemos conceber um homem perfeito, cujo caráter não se ressentisse de nenhuma eiva, tal indivíduo seria inacessível às tentações. Há pessoas de elevada moralidade e correção que, a nossos olhos, nenhum defeito deixam transparecer. Os "indesejáveis", porém, descobrem a brecha, e ei-los, então, em atividade, visando certeiramente ao alvo.

Os rinocerontes são quase invulneráveis aos projetis de arma de fogo, dada a resistência admirável da couraça que os reveste. Os caçadores desses paquidermes, conhecendo essa particularidade, buscam atingi-los alvejando o focinho, ponto vulnerável por onde a bala penetra e abate o valente quadrúpede.

Assim procedem os tentadores do Espaço quando querem fazer suas caçadas entre os terrícolas. Dizia Kardec que eles pressentem nossas fraquezas como as aves de rapina farejam, de longe, a carne em decomposição.

Vejamos, agora, onde a utilidade ou benefício dessas ciladas que nos armam, a cada passo, certos habitantes do Além, cuja aproximação tanto nos amofina e molesta.

Sendo incontestável que eles atuam sobre os nossos defeitos — condição essa imprescindível para o êxito de suas arremetidas —, resulta daí nos inteirarmos e convencermos de que somos realmente portadores de tais ou quais imperfeições. Para nos convencerem disso, os "indesejáveis" procedem como os caricaturistas, com a diferença de que estes exageram os senões físicos, enquanto eles exageram os senões morais ou psíquicos. A caricatura é uma arte como outra qualquer. A habilidade do caricaturista está em dar proeminência, pondo em destaque evidente certas desarmonias da nossa plástica, porém, de tal maneira que os demais nos possam reconhecer, de pronto, através daqueles ridículos relevos.

Da mesma sorte procedem os caricaturistas espirituais. Focalizando nossos senões, acirram nossas tendências pecaminosas, incitam e fomentam tudo que podem encontrar em nós de inconfessável e vil, dando às nossas paixões egoísticas desmesurada expansão. Eles sabem que não há rinoceronte sem focinho, nem Aquiles sem calcanhar. Quando nos apercebemos, já é tarde: caímos na tentação. Basta que olvidemos o conselho do Mestre — vigiai e orai — para que tal nos aconteça. Passada a tormenta, serenado o nosso ânimo e acalmada a fúria das paixões, ficamos confusos e envergonhados da figura que fizemos, vendo, refletida no espelho da consciência, a nossa caricatura moral!

E tantas vezes isso sucede, que acabamos por conhecer-nos a nós mesmos, condição essa essencial para a obra de nossa regeneração e aperfeiçoamento. Principiamos, então, a corrigir as desarmonias das linhas do caráter, a fim de não mais fornecermos motes para serem glosados pelos "indesejáveis" que, pretendendo tentar-nos e afligir-nos, acabam por nos prestar um dos mais relevantes serviços. Serviço esse, aliás, que não nos prestariam os nossos melhores amigos.

Oremos, pois, em favor dos nossos caricaturistas, e louvemos ao Senhor que tudo organizou e dispôs, visando ao nosso bem.

Cristianismo e justiça

Os símbolos valem pelo que representam. Falam através da linguagem muda das linhas, das formas e das alegorias.

Lucas, reportando-se às prédicas do Batista em sua missão de precursor de Jesus, cita a seguinte profecia de Isaías:

Voz do que clama no deserto:
Preparai o caminho do Senhor,
Endireitai as suas veredas;
Todo o vale será aterrado
E todo o monte e outeiro será arrasado;
Os caminhos tortos far-se-ão direitos
E os escabrosos planos
E todo homem verá, então, a salvação de Deus.

Essa profecia é uma bela imagem da Justiça, representada no panorama e na topografia das terras da Palestina. Os relevos, as depressões e demais anfractuosidades dos terrenos figuram as iniquidades, as opressões e tiranias de que este mundo tem sido teatro.

O aterro dos vales, o arrasamento dos montes, os cortes e recortes nas sinuosidades dos carreiros, transformando tudo em planícies e explanadas, simbolizam a obra da Justiça reduzindo as anomalias sociais, obra essa que o Emissário divino, Jesus Cristo, vinha realizar na Terra.

Os antigos costumavam representar a Justiça na figura de uma mulher com os olhos vendados, trazendo numa das mãos uma balança, e, na outra, uma espada.

A venda nos olhos significa a imparcialidade de que a Justiça se acha revestida: não faz exceção de pessoas, desconhece as individualidades.

A balança, instrumento de pesagem que registra todas as diferenças para mais ou para menos, cujo fiel oscila mediante a mais ligeira pressão exercida sobre quaisquer das conchas, simboliza a justeza com que age a Justiça, dando a cada um aquilo que de direito lhe pertence, registrando com admirável precisão todas as nuances e matizes do mérito ou do demérito individual.

A espada, a seu turno, alegoriza a equidade perfeita com que a Justiça se porta. Sua lâmina, ao contrário da do punhal que rasga e dilacera impiedosamente sem jamais ceder ou vergar, é dúctil e maleável sem que, contudo, deixe de ser retilínea.

Tal é como se imaginava outrora a Justiça, a divina Têmis: imparcial como aquele que, de venda nos olhos, julga o fato sem atentar para a pessoa que o praticou. Exata e precisa como a balança cuja sensibilidade mecânica acusa as mais insignificantes diferenças para mais ou para menos. Flexível como a espada que assume curvaturas várias consoante exijam as necessidades do golpe que desfere, voltando, invariavelmente, à posição reta.

— Imparcialidade, flexibilidade e exação — eis os predicados inseparáveis da Justiça. A ausência de qualquer um deles desvirtuará sua natureza. Se lhe faltar flexibilidade, será cruel. Se lhe faltar exação, será defectível e falha.

Só o vero Cristianismo nos oferece a expressão da Justiça indefectível, proclamando com o Evangelho: A cada um será dado segundo suas obras.

O objetivo do Espiritismo

É pelo Evangelho que cumpre anunciar o Espiritismo. A igreja espírita há de ser a igreja cristã em sua simplicidade primitiva, em sua pureza, em sua verdade, tal como a estabeleceu Jesus e entenderam os apóstolos.

Paulo, o doutor das gentes, discorrendo sobre a missão de Jesus na Terra, disse: "Ninguém pode pôr outro fundamento, além daquele que já está posto, a saber: Jesus Cristo". No entanto, continua o converso de Damasco, conquanto seja um só o fundamento, muitas são as edificações levantadas sobre ele; uns constroem obras de prata, outros, de ouro, outros, de pedras preciosas, outros, de madeira, de palha e até de feno. Tais obras, conclui ele, hão de ser provadas no fogo; aí, umas permanecerão, outras serão desfeitas.

Estas judiciosas considerações do iluminado apóstolo referem-se claramente às várias instituições que, através dos tempos, surgiram no cenário terreno, sob a égide do Cristianismo. Todas seriam erguidas sobre os mesmos alicerces, sobre as mesmas bases, porém, a despeito mesmo disso, nem todas permaneceriam, pois, no tempo da prova, na hora de serem submetidas ao fogo, as obras de madeira, de palha e de feno pereceriam.

A época da prova chegou: são os dias que vimos atravessando.

Ao Espiritismo cabe a gloriosa tarefa de restaurar o Cristianismo, levantando uma obra imperecível. Cumpre que uma edificação sólida e inabalável seja construída sobre o fundamento santo, sobre aquela base imutável, que há vinte séculos foi lançada sobre a rocha inamovível, contra a qual não prevaleceriam as portas do Hades.

A derrocada dos credos dogmáticos, dessas construções de palha e feno, acha-se patente para os que têm olhos de ver. A sociedade atual se debate num verdadeiro caos, após a terrível guerra mundial que ensopou a Terra de sangue e de lágrimas. As hordas bárbaras dos vândalos e dos hunos estão em atividade, pois outra coisa não são essa dissolução de costumes, essa corrupção de caracteres, essa selvageria e impudência com que se buscam prazeres e se ostentam vícios.

A fé convencional e os credos oficializados mostram-se impotentes para conter a onda invasora das paixões indômitas. Não resistiram à prova de fogo predita por Paulo. Um egoísmo feroz, brutal, nunca visto, campeia infrene, verificando-se o cumprimento das palavras de Daniel: "A abominação que causa desolação, atingindo até as coisas santas".

É tempo, portanto, de pensarmos seriamente no desempenho do mister que o Céu confia aos adeptos do Espiritismo: levantar, sobre os escombros dos templos desfeitos pelo fogo da prova, o templo vivo da fé, dessa fé que consola, regenera, purifica e salva.

Ergamos todos, cooperando cada um com o seu contingente, por mais modesto que seja, a igreja rediviva de

Jesus Cristo, a igreja sem dogmas, sem liturgia, sem casta sacerdotal; essa igreja que se levanta no interior do homem, que tem seu altar nos corações, que exerce influência incoercível nos hábitos e nos costumes, reformando e consolidando os caracteres; essa igreja poderosa, forte, contra cuja fortaleza não prevalecerão as potências do mal; essa igreja que é luz, que é amor, que é paz, que é bênção e consolação, porque é o Reino de Deus, dominando-nos o Espírito.

Causas e efeitos

Se o acaso e o sobrenatural existissem, não haveria ciência.

A Astronomia seria um mito. Como determinar o dia, a hora precisa de um eclipse parcial, ou total, do Sol, ou da Luz? Como prefixar o aparecimento de um cometa? De que maneira estudar a trajetória dos astros, acompanhando-os no seu incessante movimento, na sua ininterrupta atividade.

O astrônomo pode predizer os fenômenos que se relacionam com os astros porque a mecânica celeste é regida por leis exatas e positivas. Graças ao conhecimento dessas leis, os astrônomos estão habilitados a seguir a esteira luminosa dos planetas, dos sóis e dos cometas. Calculam com exatidão as suas rotações, a velocidade que desenvolvem, as milhas que percorrem num dado tempo etc.

Tudo isso, e muito mais ainda, nos é dado saber acerca das terras do céu precisamente porque, tanto no inifinitamente grande quanto no infinitamente pequeno, os fenômenos se regem por leis determinadas e certas, que podem ser analisadas e estudadas através das causas e efeitos.

Como a Astronomia, os demais ramos da Ciência constituem, cada qual em sua especialidade, formal desmentido às teorias do *acaso* e do *sobrenatural*. A Física e a Química jamais poderiam ser o que realmente são — ciências positivas — se tudo sucedesse por acaso, ao sabor dos caprichos moleculares, sem direção, sem finalidades, sem leis. Observações, experiências, pesquisas, indução, dedução e o mais que faz parte dos métodos científicos seriam expressões vazias de sentido, cogitações inúteis e falhas de senso.

Como poderemos ter certeza de que a água é composta de dois gases combinados em determinadas proporções? Facilmente: juntando 18,91 de oxigênio e 11,09 de hidrogênio. Tantas vezes quantas fizermos esta operação, tantas vezes teremos a confirmação do fato. As experiências são possíveis exatamente porque as leis vigoram com a precisão de sempre.

Pela Química-Agrícola, podemos conhecer as qualidades deste ou daquele terreno, determinando com acerto para que espécie de cultura eles se prestam: cereais, café, cana-de-açúcar, algodão etc. É possível ainda corrigir o defeito das terras, juntando-se-lhes estes ou aqueles sais, este ou aquele fertilizante, conforme a análise feita previamente haja indicado.

Mercê de tais conhecimentos, o homem vai removendo as dificuldades, vai vencendo os obstáculos e triunfando na vida, sob todos os aspectos. Graças à Lei, que se desdobra em causas e efeitos, tudo é possível. Sem ela, com o *acaso* e o *sobrenatural*, o mundo seria um caos, o trabalho e as porfias do homem uma insânia. O melhor partido a tomar deveria ser a expectativa imbecil do ocioso ignorante. Nada justificaria as tentativas e, menos ainda, o esforço, a luta e o sacrifício.

O *acaso* é um termo inexpressivo e vão. O *sobrenatural* é um vocábulo cujo verdadeiro significado é superstição ou ingenuidade. Para os basbaques, qualquer truque de prestidigitação é uma maravilha oriunda do *sobrenatural*. Para os supersticiosos, o aparecimento de um cometa, os eclipses, as estrelas cadentes, o fogo-fátuo, são coisas sobrenaturais; como sobrenatural também aceitam e adotam os maiores absurdos que lhes são impingidos.

A Luz do Consolador veio espancar as trevas. Apelando para o cérebro e para o coração do homem, ela vai conjugando, num esplêndido consórcio, a razão e a fé, a ciência e a religião, o físico e o moral.

O Juízo Final

Assim termina Jesus o sermão profético: *Quando vier o Filho do Homem em glória e poder, acompanhado dos santos anjos, julgará todas as nações. Separará os justos dos iníquos, como o pastor separa as ovelhas dos cabritos. À direita ficarão os escolhidos; à esquerda, os rejeitados. Aos primeiros, direi: — Vinde a mim benditos de meu Pai, possuí como herança o reino que vos está destinado desde a fundação do mundo. Pois achei-me faminto, sedento, nu, peregrino, enfermo e encarcerado, e vós me assististes. — Mas quando te vimos em tais condições e te prestamos apoio? — objetarão eles. Retrucarei, então: — Em verdade vos digo que todas as vezes que assististes os pequeninos da Terra, foi a mim mesmo que o fizestes.*

Voltando-me à sinistra, prosseguirei: — Apartai-vos de mim, réprobos, para o fogo eterno, aparelhado para o diabo e seus anjos, porque me vi faminto, sedento, nu, peregrino, enfermo e encarcerado, e jamais me valestes. — Nunca, Senhor, te vimos sob tais condições e te abandonamos — dirão eles.

Responderei abertamente: — Em verdade vos asseguro que sempre que voltastes as costas aos pequeninos da Terra, foi a mim mesmo que o fizestes.

Ao Consolador, personificado na Doutrina Espírita, coube a glória de interpretar a sublime parábola acima transcrita, com o gravar em seu estandarte a sapientíssima legenda: "Fora da caridade não há salvação".

O planeta em que habitamos, como o corpo em que se acha enclausurado nosso espírito, terá um fim. Os elementos de que se compõe se desagregarão um dia, como sói acontecer à nossa matéria, depois da morte. Eis, então, o momento da separação. Os que se acharem aptos acudirão ao "vinde a mim", seguindo o Mestre para novas terras onde habita a justiça, segundo o dizer de Pedro. Os reprovados apartar-se-ão do Cristo, buscando mundos inferiores, compatíveis com suas tendências e paixões, onde os espera o fogo eterno das provações, aparelhado para vencer caracteres rebeldes e obstinados no mal, até que se habilitem, como filhos de Deus, à herança paterna que para todos está destinada desde o início dos tempos.

Como se vê, a grande dificuldade está em vencermos o nosso egoísmo. Ele é a causa da nossa perdição. Para vencê-lo, precisamos cultivar o amor. O amor, que é a caridade compreendida em sua íntima essência, representa a escada de Jacó que nos há de conduzir aos páramos celestiais.

Jesus nada pede para si; não quer catedrais suntuosas, nem hosanas, nem homenagens, nem vanilóquios. Ele tem em si mesmo a glória e o poder. De nós, da Terra, nada precisa, nada deseja. Quer, apenas, que nos amemos uns aos outros, vivendo como irmãos, solidários com aqueles que ao nosso lado lutam e sofrem.

Tampouco lhe importarão os pormenores de nossa fé, as particularidades de nosso credo: um quesito unicamente ele formulará, dependendo de sua resposta, negativa ou afirmativa, nossa ventura ou nossa desdita. Esse quesito é o quesito do amor. Como vivemos? sob o império do egoísmo, ou sob o influxo do amor? Se o egoísmo nos domina, nossas obras serão fatalmente más, porque ele é a origem de todos os males. Se reina o amor em nossos corações, nossas obras serão naturalmente boas, porque o amor é a fonte de todo o bem. Não há, pois, necessidade de referências particulares e minúcias. Não nos iludamos: "Fora da caridade não há salvação" — tal é o lema do Consolador, encarregado de rememorar o que outrora ensinou o Filho de Deus.

Quem é meu próximo?

— Quem é meu próximo? — indagou de Jesus um rabino da sinagoga.

À guisa de resposta, o Mestre contou-lhe a seguinte parábola:

— Viajava certo homem de Jerusalém a Jericó. No trajeto foi assaltado por ladrões que o espoliaram e espancaram barbaramente, deixando-o semimorto à beira da estrada.

"Aconteceu transitar por ali um sacerdote que, vendo-o, passou de largo. Do mesmo modo também um levita, chegando ao lugar e deparando com o ferido, passou de largo...

"Um samaritano, porém, ao passar pela referida estrada, vendo o viajor, aproximou-se dele cheio de compaixão. Pensou-lhe as feridas, reanimou-o, e, levando-o consigo até a primeira hospedaria, ali o deixou entregue aos cuidados do estalajadeiro, pagando antecipadamente as diárias prováveis para seu completo restabelecimento.

"Qual destes três te parece haver sido o próximo daquele que caiu nas mãos dos salteadores?"

Retrucou o rabino da sinagoga: — Aquele que usou de misericórdia para com ele.

— Vai-te, e faze o mesmo — concluiu Jesus.

Do apólogo imaginado pelo Mestre, aprendemos que *ser próximo* quer dizer usar de misericórdia para com aqueles que sofrem ao nosso lado.

Quem se conserva, portanto, impassível diante do alheio infortúnio, como fizeram o sacerdote e o levita, não é próximo de ninguém. E quem não é próximo de ninguém, é herege, é ateu, está fora da Lei de Deus, embora se apresente revestido de todas as insígnias e distintivos peculiares ao credo mais reverenciado pelo mundo.

Nosso próximo, como o próprio termo designa, é aquele que está perto de nós; porém, perto pelo coração, pela solidariedade, pelo amor.

Neste caso, a distância não se mede por metros ou quilômetros, mas pelos graus de vibratilidade dos sentimentos. Podemos ter alguém ao nosso lado, sob o mesmo teto, sem que, contudo, possamos contar com sua cooperação nos sucessos de nossa vida. Tal pessoa, em verdade, não está perto de nós: está muito longe, visto como não se afeta com aquilo que nos diz respeito. De outra sorte, pode haver alguém que, encontrando-se em hemisfério oposto àquele em que nos achamos, esteja, contudo, ao nosso lado, muito perto de nós pela dedicação e pelo afeto que nos vota.

Ser próximo, por conseguinte, é ser solidário, ser fraterno, ser dedicado: é, em suma, amar o semelhante, compartilhando, tanto de suas alegrias como de suas desventuras: daquelas, para engrandecer seu gozo; destas, para amenizar-lhe a dor.

De tal conceito, ressalta a sabedoria incomparável deste lema genuinamente evangélico: "Fora da caridade não há salvação".

Cruzada contra a verdade

Está na ordem do dia o processo do professor Scopers, em Dayton, Estados Unidos. O aludido professor compareceu ao tribunal por ter ensinado aos alunos a doutrina da evolução, chamada vulgarmente — teoria de Darwin.

O caso, como é natural, provocou grande alvoroço no país dos dólares.

Arrastar-se à barra do tribunal um professor pelo simples fato de ensinar a doutrina da evolução é o cúmulo da tirania em plena América, e do Norte, onde se ostenta altaneira e majestosa a Estátua da Liberdade!

Onde, então, o crime de Scopers? Porventura, a doutrina da evolução não é uma verdade?

Como impedir, pela violência, sua divulgação, se ela se impõe com a força da evidência?

Alegam os acusadores de Scopers que a teoria evolucionista destrói o espírito religioso e desrespeita a *Bíblia*.

Em que se funda esse tal espírito religioso que a teoria evolucionista destrói? Funda-se certamente no dogmatismo estreito dos credos exclusivistas, terreno movediço e instável que jamais oferecerá segurança às edificações que sobre ele se levantam.

Desrespeito à *Bíblia*, por quê? Porque a *Bíblia* é a palavra de Deus, retrucarão. A palavra de Deus, disse sabiamente Jesus, é a *verdade*; ora, se a evolução é uma verdade inconteste, onde o desrespeito à *Bíblia* na divulgação dessa verdade?

Já é tempo de compreenderem que a palavra de Deus, sendo a verdade, como sentenciou o Verbo encarnado, não está adstrita exclusivamente às páginas da *Bíblia*. A Natureza é também uma *Bíblia* onde a palavra de Deus se faz ouvir em suas mais belas e variadas modulações.

Na Natureza tudo é vida, e a vida, sob qualquer modalidade, representa a manifestação dos atributos da Divindade. O Deus criador, o Deus vivo que Jesus revelou à Humanidade, não é o taumaturgo, nem o prestidigitador que fez o mundo em seis dias de 24 horas, como pretende a ortodoxia. O Deus vivo é a Inteligência Suprema do Universo que age através de leis sábias e imutáveis, leis que os homens primitivos ignoravam por completo, e que pouco a pouco vêm sendo compreendidas pelos investigadores e pelos estudiosos.

Darwin, constatando a trajetória ascendente do princípio anímico através da matéria — da monera ao homem — longe de destruir o espírito religioso, veio dar-lhe maior evidência e maior brilho. O que a teoria da evolução destrói são as concepções mitológicas a respeito da criação.

Ao majestoso edifício da fé pura e racional, cujas bases Jesus assentou sobre a rocha inamovível da verdade, as descobertas científicas (sempre que de fato o sejam) virão dar-lhe maior destaque e maior brilho.

Acontecimentos como o do processo Scopers são providenciais. É preciso que haja escândalo, diz o Evangelho. O alarde provocado por essa cruzada do fanatismo ianque produzirá, como já está produzindo, ótimo resultado em prol da causa da verdade. A doutrina evolucionista veio à tona. Muitos cientistas ofereceram ao professor perseguido seus valiosos testemunhos em apoio da Evolução; clérigos inteligentes, já emancipados das peias dogmáticas, vieram, a seu turno, trazer a Scopers seus protestos de solidariedade. E, assim, a teoria da evolução triunfará, como triunfou a da rotação da Terra, outrora malsinada e tida como diabólica.

O "sede vós perfeitos como vosso Pai celestial é perfeito" — fórmula sintética da doutrina evolucionista — vai sendo assimilada mediante a confirmação insofismável dos fatos, e entrando, por isso, no patrimônio científico da Humanidade.

A História se repete

A História se repete: semelhante sentença já goza dos foros de axioma, tal o acerto que encerra.

Remontando às eras longínquas do Cristianismo nascente, verificamos que se deram com aquele credo exatamente os mesmos acontecimentos que atualmente se passam com o Espiritismo.

Há tanta analogia entre o advento de uma e de outra doutrina, que não é preciso grande perspicácia nem maior acuidade de penetração para lobrigar-se claramente a trajetória ascendente de um só e idêntico ideal através daquelas duas denominações.

Ouçamos o testemunho da História mediante Renan, em sua obra *Origens do Cristianismo*, onde ele se valeu dos abalizados historiadores Josefo, Tácito, Suetônio e outros.

> O fato de os cristãos não reverenciarem os templos pagãos, dava ideia de que pretendiam destruí-los. Esses velhos santuários da religião romana (paganismo) eram extremamente queridos dos patriotas; insultá-los, era insultar Evandro, Numa, os antepassados do povo romano, os troféus das suas vitórias.
>
> Acusavam os cristãos de todos os defeitos; o seu culto passava por ser uma superstição sinistra, funesta ao império; mil histórias atrozes e vergonhosas circulavam a seu respeito, os

homens ilustrados acreditavam nelas e olhavam os que assim eram indicados à sua antipatia, como criaturas capazes de todos os crimes.

Os cristãos não conseguiram prosélitos senão nas classes humildes; as pessoas distintas evitavam referirem-se a eles, ou, quando a isso eram obrigadas, quase se desculpavam; mas entre o povo, os progressos eram extraordinários; dir-se-ia uma inundação que durante algum tempo estivesse contida por um dique, e que então fazia a sua irrupção. A igreja cristã em Roma constituía já um povo. A corte e a cidade começavam a falar dela; seus progressos constituíram, durante algum tempo, o assunto do dia. Os conservadores pensavam com terror nessa cloaca de imundícias que eles imaginavam nas espeluncas de Roma; falavam com cólera dessa espécie de ervas daninhas que se arrancam constantemente e que constantemente reaparecem.

Quanto à populaça, essa insultava e inventava toda a espécie de calúnias para as atribuir aos cristãos. O cristão chegava a ser, na opinião deles, o que foi por momentos o judeu na Idade Média, o emissário de todas as calamidades, homem que não pensa senão no mal, o envenenador, o roubador, o incendiário. Logo que se cometessem crimes, o mais ligeiro indício era o suficiente para um cristão ser preso e submetido a vexames e torturas. Muitas vezes, era bastante o simples nome de — cristão — para inspirar desconfiança e determinar ordem de prisão. Quando os viam afastarem-se das cerimônias e sacrifícios pagãos, injuriavam-nos. Romanos e judeus, de parceria, perseguiam os cristãos. Estes terrores e estes ódios estendiam-se da capital às províncias e provocavam as maiores injustiças...

Embora não houvesse um edito, em forma, interdizendo o Cristianismo, esta doutrina estava na realidade fora da lei; *hostis patriae, hostis publicus, hostis deorum atque hominum* — assim eram designados na lei os que punham em perigo a sociedade e contra os quais todo homem, segundo a expressão de Tertuliano, se tornava um soldado.

O nome do Cristo era já um crime. Como se dera aos juízes um grande arbítrio para apreciação de semelhante delito, a vida de todo fiel, a partir desse dia, ficou à discrição de magistrados de horrível dureza e cheios, contra os cristãos, de prejuízos ferozes.

É bastante. Pensamos que os trechos supracitados sejam suficientes para corroborar o que acima dissemos, isto é, que o Cristianismo, em sua época inicial, sofreu os mesmos ataques e as mesmas perseguições que hoje sofre o Espiritismo. A diferença que se nota, é apenas na forma e nos processos de perseguir, os quais obedecem às exigências dos tempos atuais. Mas o critério, a causa das hostilidades e, sobretudo, a atitude dos perseguidores, deste ou daquele matiz, são perfeitamente idênticas.

Depois disto, que admiração poderá causar-nos a compostura e as arremetidas dos Roxos, dos Leonídios, dos Xavieres e demais medalhões de casaca ou de batina?

O Espiritismo é diabólico, causa de loucura, é responsável por todas as calamidades do século!

Aos leões, os espíritas!

Essas e outras aleivosias semelhantes — é a História que se repete.

A cruz do Cristo

Quem quiser vir após mim, negue-se a si mesmo, tome sua cruz e siga-me.

Jesus nos chama com as nossas *respectivas cruzes*. Sem estas, não poderemos segui-lo.

O interesse próprio e a causa do Cristo são incompatíveis. Havemos de renunciar àquele, para nos acomodarmos a esta.

Renunciar, segundo o critério cristão, não importa na indiferença e na inércia, no abulismo e na apatia, mas sim na força moral capaz de colocar a justiça e a verdade acima de todos os interesses, de todas as cobiças, de todas as prerrogativas, até mesmo da própria vida.

Paulo reporta-se, numa de suas epístolas, aos inimigos da cruz do Cristo. Estes indivíduos talvez fossem admiradores do Cristo; mas do Cristo sem a cruz. Ser, porém, adversário da cruz, é ser adversário do Cristo.

Não há Cristianismo sem cruz, isto é, sem renúncia, sem dificuldades, sem sacrifícios. Religião cômoda e fácil, pronta a amoldar-se às veleidades e ao egoísmo humano, não é Cristianismo, embora se rotule com tal denominação.

Em matéria de moral evangélica, a questão não é de rotulagem, nem de aparências: é de fato. A cruz do Cristo, na vida humana, é um fato concreto e positivo em toda a força da expressão. A cada passo, a cada momento, a palavra da cruz se ergue em nosso íntimo, reclamando que a tomemos sobre os ombros. Ou carregamo-la, renunciando; ou a desprezamos, dando ganho de causa às razões do nosso egoísmo.

Assim está urdida a trama da nossa vida. Com a cruz ou sem a cruz, isto é, pela justiça e pela verdade, ou pelo interesse e pela hipocrisia do século. Não há que vacilar. "Seja o teu falar sim, sim; não, não."

Toda a autoridade vem da cruz. O Enviado de Deus não impôs aos homens a sua autoridade; conquistou-a na cruz. Quando eu for levantado, dizia Ele, atrairei todos a mim. O fulgor imperecível de sua glória vem da renúncia máxima, vem do seu sacrifício voluntário em prol dos pecadores. O seu poder não dimana de outra fonte também. É a consequência natural de sua máscula energia moral, capaz de triunfar sobre todos os obstáculos, renunciando a tudo pelo ideal acalentado.

A autoridade do homem, sua glória e seu poder não podem, a seu turno, ser conquistados de outra maneira. Jesus é o modelo, é o Verbo que serve de paradigma a todos os verbos. É só renunciando ao inferior que se logra o superior. A verdadeira glória, o verdadeiro poder, a verdadeira riqueza e a verdadeira sabedoria só se alcançam renunciando ao falso poder, à falsa glória, à falsa autoridade, à falsa riqueza e ao falso saber do século presente.

Sem a cruz não se vence na vida. Ela é a arma indispensável no combate cotidiano. Com ela, marchamos para a vitória, de fronte serena, de cabeça levantada. Sem ela, caminhamos para a derrota, cabisbaixos, humilhados, envilecidos.

Com a cruz do Cristo, finalmente, conquistamos a vida; sem ela, seremos tragados pela morte. *Quem quiser salvar a sua vida, perdê-la-á; e quem perder* [renunciar] *a sua vida por amor de mim e do Evangelho, salvá-la-á.*

Em espírito e verdade

Disse, então, Jesus à samaritana:

Mulher, acredita-me, a hora vem em que nem neste monte, nem em Jerusalém adorareis o Pai. Vós adorais o que não conheceis, nós adoramos o que conhecemos, pois a salvação vem dos judeus; mas, a hora vem, e agora é, em que os verdadeiros adoradores adorarão o Pai em espírito e verdade; porque estes são os que o Pai procura para seus adoradores. Deus é espírito e verdade... (João, 4:21 a 24).

Adorar a Deus em espírito e verdade é adorá-lo conforme a sua verdadeira natureza, isto é, adorá-lo no íntimo de nossos corações, no recôndito de nossas almas.

Adorar a Deus em espírito e verdade é cultivar a sinceridade e a pureza de sentimentos, requisitos indispensáveis à revelação de Deus em nós mesmos.

Adorar a Deus em espírito e verdade é viver segundo as grandes Leis Divinas, gravadas em caracteres indeléveis no âmago das nossas consciências, e que se traduzem em *amor* e *justiça*.

Adorar a Deus em espírito e verdade é colaborar, por pensamentos, palavras e obras, no estabelecimento do seu reino neste mundo; reino de fraternidade, de igualdade e de liberdade.

Adorar a Deus em espírito e verdade é tornar-se progressivamente melhor, opondo embargos às expansões do egoísmo, cultivando a mente e o coração.

Adorar a Deus em espírito e verdade é reconhecê-lo em todas as manifestações da vida, em todos os esplendores da sua infinita criação.

Adorar a Deus em espírito e verdade é sentir-se ligado à Fonte Geradora da vida, reconhecendo, ao mesmo tempo, que a vida que em nós palpita é a mesma que palpita em todos os indivíduos.

Adorar a Deus em espírito e verdade é servir à Humanidade, é querer o bem de todos os homens, é renunciar à sua personalidade em favor da coletividade.

Adorar a Deus em espírito e verdade é deixar de ser judeu ou samaritano, fariseu ou saduceu, para ser cristão com o Cristo, consoante estas palavras suas: "Em vos amardes uns aos outros, todos conhecerão que sois meus discípulos".

Finalmente, adorar a Deus em espírito e verdade é adorá-lo no templo vivo, que somos nós próprios; é escoimar o nosso coração de toda a impureza, transformando-o em custódia sagrada, onde se ostente, em realidade, sua augusta imagem, a cuja semelhança fomos criados.

Ouvindo Stanley Jones

— Há diametral distinção entre imperialismo religioso e evangelização: aquele pretende fazer prosélitos, pondo os interesses de um grupo como principal objetivo da propaganda; a evangelização partilha com outros um tesouro espiritual.

Evangelizar é dar, é repartir com o próximo a alegria, a paz, a vida que encontramos no Cristo.

O objetivo da evangelização é produzir caracteres semelhantes ao do Cristo, que vivam e se desenvolvam num ambiente em que mutuamente compartilhem a Vida Espiritual.

Se antepusermos as nossas organizações, a máquina eclesiástica, ou social, ao Cristo, faremos o mesmo que fez um chofer hindu: havendo precipitado a máquina num despenhadeiro, quando acabou de consertá-la, pôs-se de joelhos e rezou ao motor, rogando-lhe que andasse bem o resto da viagem.

As igrejas são um meio e não um fim; o fim é este: anunciar o Cristo aos homens. O Cristo, eis o Cristianismo.

O espírito cristão é abnegado: aquele que se nega a si mesmo é o que acha a vida. Assim, os ódios, os sentimentos de superioridade individual, social, racial, o egoísmo, são a antítese do Cristianismo.

Um dos óbices à marcha do Cristianismo está no espírito com que afirmamos — nós, nossa raça, nossa igreja são melhores que as dos outros. O Cristo não admitiu a superioridade do templo de Jerusalém sobre o dos samaritanos, nem a da doutrina judaica sobre a da gente de Sicar, no diálogo com a samaritana.

Que fazer para pôr as forças espirituais do Brasil em contato com a vida nacional? É preciso um novo Pentecoste, cujas condições são: pureza de coração e coragem espiritual. É preciso sair dos templos para vida.

Não estamos na época das teorias, mas dos fatos. A religião não escapa à exigência da época.

Jesus não nos veio livrar do inferno: veio tirar o inferno de dentro de nós. Tampouco veio buscar-nos para o céu: veio colocar o céu dentro de nós.

É preciso libertar do imperialismo a religião, pois o tempo não comporta mais imperialismo em qualquer terreno.

Já não podemos impor crenças: devemos convidar o povo a raciocinar conosco.

O Cristianismo ensina que Deus é Pai da Humanidade e que todos somos irmãos. Logo, temos os mesmos direitos. João pretendeu chamar fogo do céu para extinguir Samaria. Até hoje os homens querem resolver os problemas sociais por meio do fogo dos canhões e das metralhadoras. A lição que Jesus deu a João não tem interessado aos homens, inclusive àqueles que são crentes.

Jesus não impunha crenças, mesmo no que lhe respeitava mais de perto. É o que se deduz desta pergunta: "Quem dizem os homens que eu sou? E vós quem dizeis que eu sou?". Veio a revelação do Céu e disse: "Tu és o Cristo de Deus". Jesus não disse quem era: o Céu é que no-lo revelou.

Todos querem alcançar o poder do Cristo, mas ninguém procura conquistar esse poder, como Ele conquistou, isto é, pela cruz. Não há outro caminho para consegui-lo: só a cruz.

As raças, os povos e os grupos de indivíduos estão sempre disputando primazia. Por quê? Porque fogem da cruz, que só ela resolverá o problema humano, unindo e congraçando a todos. A cruz é o símbolo da renúncia. Quem não se renuncia a si mesmo não pode ser cristão.

João não queria que certa pessoa expelisse demônios em nome de Jesus, porque essa pessoa não fazia parte do seu grupo. Então seria, acaso, preferível que as vítimas do demônio permanecessem flageladas? É esta a atitude dos grupos de crentes que vivem hostilizando-se reciprocamente.

Se quisermos ser cristãos, precisamos imitar a Jesus: viver como Ele viveu, renunciando-se a si mesmo pelo bem de outrem.

O Cristianismo de muitos está apenas na mente, não chega ao coração. São cristãos teóricos, não o são de fato; e a época é de fatos e não de teorias.

O poder de Jesus não é obra do acaso. Ele pagou o preço. O homem deve fazer o mesmo. O modelo é para ser imitado.

Jesus tem vida eterna. O homem deve alcançá-la também. O esforço é a condição indispensável para conseguir o que almejamos. Isto é uma verdade que se verifica tanto no terreno físico e mental, quanto na esfera espiritual. Sem passar pela porta estreita, ninguém alcançará a vida eterna.

Inversões fatais

Os homens costumam inverter os ensinamentos de Jesus, advindo daí uma série de males que perturbam a paz do mundo. Até mesmo aqueles que se dizem cristãos vivem divorciados da moral evangélica, conforme se verifica pelos seguintes exemplos:

Jesus prescreve: *Buscai em primeiro lugar o Reino de Deus e a sua justiça; tudo o mais vos será dado por acréscimo.* Os homens, invertendo este preceito, fazem exatamente o contrário: buscam tudo o mais, e esperam que o Reino de Deus lhes seja dado por acréscimo à última hora.

Não faças a outrem o que não desejas que os outros te façam.

Faze aos outros o que desejas que os outros te façam.

Como costumam proceder os homens com relação aos dois magistrais preceitos acima transcritos?

É notório que agem em sentido diametralmente oposto: fazem aos outros o que não querem que os outros lhes façam; e deixam de fazer aos outros o que desejam que os outros lhes façam. Procedem, portanto, em desacordo com a justiça simbolizada no primeiro preceito, e em desacordo com a misericórdia estatuída no segundo.

Se procurarmos a causa das dúvidas suscitadas entre os indivíduos e as nações, desde as mais simples até as mais graves, duma ligeira desinteligência até as guerras sanguinolentas que têm ensopado a Terra de sangue e de lágrimas, havemos de encontrá-la na desobediência àqueles dois sábios mandamentos, os quais os homens invertem fazendo precisamente o contrário do que eles preconizam.

**

Ajuntai para vós tesouros no Céu, onde o ladrão não rouba, a traça não rói e a ferrugem não consome.

É sabido que os homens, menosprezando a recomendação supra, empregam o máximo de seus esforços, de sua inteligência e de todas as possibilidades a seu alcance em ajuntar tesouros na Terra, onde o ladrão rouba, a traça rói, a ferrugem consome e a morte arrebata.

**

"Amai os vossos inimigos, fazei o bem aos que vos fizeram mal; orai pelos que vos perseguem e caluniam. Não resistais ao mau; dai a capa a quem vos disputar a túnica."

Os homens aborrecem seus inimigos, retribuem o mal com outro mal maior, vingam-se das perseguições, resistem ao mau, empregando a violência, disputam e demandam quando se sentem prejudicados. Parece mesmo que se esmeram em contrariar acintosamente os conselhos que Jesus lhes legou quanto àqueles dispositivos.

**

Bem-aventurados sereis quando vos perseguirem por causa da justiça. Alegrai-vos e exultai quando, mentindo, disserem todo o mal de vós por minha causa.

Os homens lamentam, protestam e se revoltam quando sofrem a mais leve perseguição por causa da justiça. Murmuram, choram e blasfemam quando sabem que, mentindo, disseram mal deles, por causa da verdade.

***

Porfiai por entrar pela porta estreita, porque larga é a porta, e espaçosa a estrada que conduz à perdição; e estreito é o caminho que conduz à vida eterna.

Os homens fogem espavoridos do caminho estreito do dever, fogem das lutas e das porfias na formação do caráter, na obra do aperfeiçoamento próprio, para enveredarem pela estrada larga e cômoda da hipocrisia, das fraudes e das prevaricações. São partidários incondicionais da vida fácil, onde vicejam os vícios e as paixões bastardas; e são adversários da vida simples, modesta e laboriosa onde medra a virtude e onde se alcança a sabedoria.

Como estranhar, pois, que o homem se debata no meio de angústias e de aflições e verta lágrimas através de guerras, de pestes, fome e calamidades de toda a espécie, uma vez que ele inverte completamente os preceitos da moral evangélica; uma vez que ele age em tudo e por tudo em flagrante e afrontoso antagonismo com a Lei Divina, que é a Lei Natural revelada pelo Cristo de Deus?

Pátria

Pátria não é, não pode ser uma expressão geográfica como a compreendem os homens.

Tampouco é o falar o mesmo idioma, nem viver sob os mesmos hábitos, costumes e tradições.

Há homens que falam a mesma língua e jamais se chegam a entender. Outros há que, tendo hábitos e costumes perfeitamente idênticos, vivem a se devorar mutuamente. Tais indivíduos não têm pátria, apesar de nascidos na mesma região, sob o mesmo governo, debaixo das mesmas leis e ordenanças.

Pátria é um ambiente de paz, de fraterna solidariedade, de recíproca dedicação e de mútuo afeto que só existe entre aqueles cujos sentimentos, afinados no mesmo diapasão, e cuja moral, equilibrada no mesmo nível, aspiram a um ideal elevado donde resulta a felicidade coletiva.

Pátria é a atmosfera de amor, de verdade e de justiça formada pela união de corações ávidos das mesmas esperanças, sequiosos de idênticas aspirações. Sem esse isocronismo de ação, sem essa simultaneidade de sentimentos, sem essa elevação de vistas, haverá rebanho de homens, mas não pátria.

Onde os indivíduos se hostilizam e se devoram num fervilhar constante de paixões rasteiras que se entrechocam, não pode haver pátria, porque não há aspirações comuns.

O egoísmo é dissolvente. Só o altruísmo, gerando ideais nobres e elevados, é capaz de congraçar e unir. Essa identificação é a pátria. Os que vivem sob tal clima, que garante a saúde da alma, desejam ardentemente que todos partilhem dele, resultando daí que o verdadeiro sentimento de pátria é aquele que se expande e se generaliza pela Humanidade toda, transpondo fronteiras, irmanando os povos.

Quando Jesus se transfigurou no monte Tabor, e ali dialogou amistosamente com Moisés e Elias, Pedro, que assistira ao prodígio, sentiu-se possuído de tal bem-estar que, sem atentar no que dizia, fez ao Mestre a seguinte proposta:

— Senhor, acho bom ficarmos aqui; façamos três tabernáculos — um para ti, outro para Moisés, outro para Elias.

É que no topo daquele monte se estabelecera uma pátria. O apóstolo respirara ali, uma atmosfera de paz e de luz como jamais encontrara em qualquer outra parte do mundo.

Pátria é um ambiente que atrai, que prende, que fascina, tornando o homem capaz de todos os heroísmos e de todos os sacrifícios.

Jesus, lamentando o estado de dissolução que lavrava entre os judeus, disse, ao aproximar-se de sua grande capital: — Jerusalém, Jerusalém, quantas vezes eu quis ajuntar teus filhos como a galinha ajunta debaixo de suas asas os pintainhos, mas tu não quiseste.

Rejeitando a doutrina de amor anunciada e exemplificada pelo Cristo de Deus, os judeus ficaram sem pátria e, como eles, todos os homens que desconhecem a moral cristã e dela vivem divorciados.

A Arte

O mais profundo conhecedor da natureza humana; aquele para quem o coração do homem deixa de ser o abismo insondável e misterioso que é, transformando-se em livro aberto, disse já há dois mil anos: Nem só de pão viverá o homem.

A justeza desse conceito é um fato incontestável para honra da Humanidade. Felizes os que já experimentaram em si próprios a sua realidade. É sinal evidente de haverem galgado mais alguns degraus da simbólica escada de Jacó, cujas extremidades se apoiavam respectivamente, uma na Terra, outra no Céu.

O homem não *viverá* só de pão. Até mesmo no que se refere ao tempo, em que o verbo foi aplicado, há sabedoria. Muitos *vivem* só de pão, mas não *viverão*; dia virá em que sentirão necessidade de mais alguma coisa. Saberão, então, que o homem vive também da inteligência, vive também do sentimento.

Acima das sensações físicas que se verificam no domínio da animalidade, existem vibrações psíquicas no reino da espiritualidade. Os prazeres que decorrem desses dois campos de ação, onde nossa alma se agita, guardam entre si a diferença que existe entre o dia e a noite, a luz e as trevas.

Nosso Espírito, tanto como nosso corpo, tem necessidades que precisam ser satisfeitas. Daí a origem da arte.

A arte corresponde a uma inalienável aspiração de nossa alma, cuja divina natureza propende para o belo, para o justo, para o verdadeiro.

De fato, que é a arte, em sua genuína acepção, senão o esforço do Espírito prisioneiro da carne, em busca de uma perfeição que não existe neste mundo? *Sede perfeitos como o vosso Pai celestial é perfeito.*

A vida humana, desacompanhada da arte — o que vale dizer, sem ideal — perde o melhor de seus encantos, recuando consideravelmente para planos inferiores.

É tão necessário ao ritmo do Universo o pensamento de Newton, como o canto do rouxinol — disse um grande pensador contemporâneo.

Anunciando o Reino de Deus e afirmando que esse reino está no interior de nós próprios, que fez Jesus senão incitar a Humanidade à conquista do ideal, desse ideal que representa o senso mesmo da vida? E dando-se em sacrifício por esse ideal, que fez senão alcandorá-lo à mais alta esfera que nos é dado conceber?

Deus é o supremo Artista. A criação, com as indizíveis maravilhas que encerra, é, em sua expressão objetiva, a arte levada ao infinito. A verdade, a justiça e o amor são, a seu turno, revérberos da arte em sua expressão subjetiva.

Tanto no concreto como no abstrato, o belo pode ser sentido, pode ser admirado. A arte é a ciência do belo; por isso, a ciência do coração.

Cultivá-la, portanto, ao lado do trabalho honesto, é elevar o nível moral da vida; é educar a mente, é desenvolver a inteligência, é aprimorar os sentimentos.

Larfobia

"Larfobia" é uma nova moléstia ultimamente descoberta, originária, segundo se supõe, da atmosfera miasmática consequente à grande guerra, e que ataca as pessoas do sexo feminino, alterando completamente a natureza íntima da mulher.

Apareceu primeiramente no Velho Mundo, em certos países, sob aspecto mais ou menos epidêmico. Atualmente se generalizou, espalhando-se por toda a parte como verdadeira pandemia.

A mulher atacada do terrível mórbus — menina, moça ou matrona — apresenta-se enfastiada do lar, denotando pronunciada aversão pelos amanhos domésticos e por tudo que se refira à intimidade da família.

Ao contrário do que lhe é próprio em condições normais, ela se sente atraída à vida agitada e tumultuosa das ruas e dos meios bulhentos. Torna-se pouco a pouco indócil, impaciente, ríspida. Seu físico altera-se por completo. O caráter torna-se áspero, os sentimentos se embotam, o semblante faz-se carregado.

À medida que se vão acentuando os pendores pelo utilitarismo feroz e pelo mundanismo frívolo, a enferma vai perdendo a expressão angélica do rosto, a doçura do olhar e a bondade de coração, predicados esses que, em saúde, lhe são intrinsicamente peculiares. Uma certa varonilidade mórbida lhe vai invadindo o ser, até que a mulher sucumbe desnaturada, dando lugar a uma entidade que denominam virago, cuja classificação definitiva, porém, ainda não feita pelos sábios.

A "larfobia", como se vê, é moléstia grave que reclama sérios cuidados. O mínimo descuido pode ser fatal. De todos os estados patológicos a que a mulher está sujeita, dizem as autoridades na matéria que este, ora em estudo, é o mais perigoso e que maior número de vítimas tem feito.

A ciência profana mostra-se impotente diante da novel peste que, acarretando o êxodo dos lares, vem destruindo o encanto de viver e solapando as bases em que se apoia a sociedade.

Sabe-se, todavia, que Jesus de Nazaré — o médico que sarando o corpo curava também as almas — libertou certa mulher por nome de Madalena, vítima de um mal muito semelhante à "larfobia". Após a cura, essa mulher retornou ao lar abandonado, e ali ficou em paz. E tão cheio de suavidade era esse lar, que Jesus o procurava, quando queria repousar de suas penosas peregrinações.

As pedras verdes

Assim predica o Cristo de Deus no sermão da montanha: Não ajunteis para vós tesouros na Terra, onde a traça e a ferrugem os consomem, e onde os ladrões penetram e roubam; mas ajuntai para vós tesouros no céu, onde nem a traça nem a ferrugem os consomem, e onde os ladrões não penetram nem roubam; porque onde está o vosso tesouro, aí está também o vosso coração...

Que sublime advertência, e que sabedoria profunda em palavras tão simples e singelas!

Se os homens meditassem um pouco sobre o alcance de semelhante conselho, quantas decepções e quantas amarguras seriam evitadas!

Realmente, em que se fundam as nossas vaidades, a nossa presunção e o nosso orgulho? De outra sorte, porque tanta ambição e tanta cupidez! Acumulamos bens temporais que aqui deixamos, assim como ficam aqui também as posições, o poderio, a notoriedade e as gloríolas efêmeras por que tanto nos debatemos!

Que nos resta, no desfecho da existência, de todas as nossas porfias e lutas, de toda a tribulação e consumições a que nos entregamos? Tudo aquilo que constituiu objeto das nossas mais caras aspirações e dos nossos mais acurados esforços será roído pelo tempo, será fatalmente roubado pela morte que nos despojará de todas as temporalidades.

Deus escreve direito por linhas tortas — reza a sabedoria do rifão. O homem, correndo após quimeras e miragens, vai adquirindo, sem dar por isso, através de longa série de experiências, algum saber e alguma virtude. Estes bens, que não foram visados, são, entretanto, os únicos reais, que ficarão constituindo patrimônio inalienável do espírito.

É assim que a solicitude paternal de Deus repara e corrige a insensatez dos filhos pródigos, até que eles abram os olhos para a realidade da vida.

Os homens são vítimas daquela ilusão que empolgou Fernão Dias Paes Leme.

O célebre garimpeiro dedicou-se de corpo e alma à pesca das cobiçadas pedras verdes, vendo na posse das esmeraldas e turmalinas o alvo supremo, a alta finalidade do destino. O audaz sertanejo tudo sacrificou por elas — tempo, inteligência, vontade indômita, família, saúde e a própria vida.

Finalmente, verificou-se que as tais pedras eram bastardas!

Mas a luta heróica de Fernão Dias não foi perdida. Desbravou sertões, fundou por toda a parte povoações, contribuindo de tal sorte para a grandeza de São Paulo, como pioneiro dos bandeirantes cujos feitos ficaram assinalados na história do povo paulista.

O inolvidável caçador de esmeraldas é uma realidade e também um símbolo. Como ele, procede a grande maioria dos homens. Fazem das pedras verdes o seu tesouro, concentrando em sua posse os mais altos anelos dos seus corações. Porfias acirradas, noites de vigília, inquietações e sobressaltos, embates, contendas, lutas incruentas e também cruentas, renúncias, imolações e sacrifícios... para, finalmente, verificarem, um dia, que as suas pedras verdes também são falsas!

O sal da terra

Vós sois o sal da terra

(*Mateus*, 5:13).

Vós sois o sal da terra. Singular analogia. Que relação haverá entre o sal e os discípulos do Senhor? Que pretenderia o Mestre dizer com essas palavras?

Vejamos, segundo abalizada autoridade, o papel que o sal representa em nosso meio:

O sal é um mineral precioso, difusamente espalhado em nosso globo, segundo as necessidades previstas pela Natureza.

Nós o vemos em abundância, desde as camadas secas, cristalizadas em certas regiões, até a formidável quantidade que dele se encontra diluída nessa massa enorme d'água de que se compõem diversos lagos e todos os mares de nosso orbe. A influência que o sal exerce em nosso organismo, para lhe manter o equilíbrio fisiológico, é de capital importância, dependendo de seu indispensável concurso a manutenção de nosso bem-estar físico. Examinado sobre outro aspecto, a Química nos ensina que onde quer que o encontremos, seja na terra ou no mar, ele é sempre o mesmo: inalterado, inalterável. Dotado de qualidades essencialmente conservadoras, mantém-se incorruptível, preservando ainda os corpos que com ele entram em contato.

Eis aí precisamente o que quer Jesus que sejam seus discípulos: elementos preciosos, de grande utilidade na economia social, tipos de honestidade, incorruptíveis e preservadores da dissolução moral no meio em que se encontrarem. Ele quer, em suma, que seus discípulos se distingam na esfera espiritual pelos mesmos predicados por que se distingue o sal no plano físico.

O cunho característico do sal é a incorruptibilidade. Nada o altera, nada o contamina, jamais se corrompe. Sendo, por natureza, incorruptível, exterioriza a força dessa propriedade que lhe é essencial, preservando da corrupção os elementos que com ele entram em contato. Conservando-se imune, imuniza outros corpos. Sendo puro, impede que se contaminem os que recebem sua influência. Onde quer que se encontre, aquela qualidade particular, nele intrínseca, torna-se logo manifesta.

Não permanece um instante inativo: age sempre. Dá-se a conhecer como as árvores, pelos frutos que produz, isto é, pela ação que exerce. Não se oculta: é uma revelação permanente. Pelo exterior, pode confundir-se com outros minerais; mas, entrando-se em relação com ele, sua essência revela-se pronta e distintamente. Nunca assimila as impurezas de outrem; transmite invariavelmente seu poder purificador. Não se macula ainda que mergulhado na imundície. Sai ileso de todas as provas, vence em toda a linha. Tem uma função determinada, precisa, distinta, inconfundível. No exercício dessa função está todo o seu valor, toda a sua incomparável importância.

A realeza da lei

Eu não vim destruir a Lei, mas dar-lhe cumprimento

(*Mateus*, 5:17).

Observando-se, ainda que perfunctoriamente, a época atual, verificamos que o mundo atravessa uma crise de anarquia e confusão.

Por toda parte, em todo ramo de atividade humana, verifica-se o efeito de um estado anárquico e caótico. Parece que o espírito da indisciplina e da revolta invadiu tudo, empolgou todos.

Vemos nessa crise a consequência natural de um fenômeno de reação. Como é sabido — toda ação determina uma reação.

A rebeldia que ora se observa por toda a parte é efeito de uma reação contra o regímen de tirania, contra o imperialismo que até aqui prevaleceu, mantendo os povos na servidão, expoliados dos seus legítimos direitos. Se outrora era possível conservar a escravidão, sob suas múltiplas formas, mediante o emprego da força, hoje já não é mais viável, dadas as condições atuais da Humanidade.

Todos se rebelam contra a lei, ninguém quer a ela obedecer, precisamente porque os dirigentes, detentores do poder, abusaram da lei, desvirtuaram-lhe o objetivo, exercendo a opressão e o despotismo mascarados à sua sombra. O caos, pois, em que nos achamos é o resultado do abuso da lei.

Os extremos são perniciosos. A opressão gera a anarquia; esta, a seu turno, dará lugar à tirania, pois os extremos se tocam. *In medio virtus*. Precisamos buscar o equilíbrio. A lei deve e precisa ser respeitada. A lei estabelece o equilíbrio, porque se inspira na justiça. Tanto as coletividades quanto os indivíduos necessitam da força da lei, que é a força do direito, para realizarem seus destinos. A ordem é indispensável ao progresso. Este, sem o concurso daquela, degenera. Urge, portanto, estabelecer e consolidar o prestígio da lei: é o grande problema do momento. De sua pronta solução depende o bem e o sossego da Humanidade.

Se não se puser um paradeiro a esse espírito de rebeldia que lavra infrene qual incêndio devorador, ele acabará dissolvendo a sociedade, por isso que, sem lei, sem ordem e sem disciplina, não pode haver lar, nem família, nem sociedade.

Para consolidar-se a lei só há um meio: implantar o sentimento de justiça nos corações dos dirigentes e dos dirigidos. E semelhante resultado obteremos unicamente pela EDUCAÇÃO, em seu sentido amplo.

A indigência humana

Dizem que no mundo há pobres e ricos. A verdade, porém, é que só de pobres se compõe a Humanidade.

Ricos? Onde estão eles? Rico é aquele que de nada carece. Rico deve ser o que se acha provido abundantemente de tudo que faz a vida feliz, que proporciona alegria de viver. Rico é o que está satisfeito, experimentando pleno contentamento, completa satisfação. Rico, finalmente, é o que possui, não só o que lhe basta, porém muito mais, a superabundância de todos os bens.

Onde se encontra esse rico no meio em que vivemos? Há os que têm dinheiro, mas não têm saúde. Logo, carecem de saúde; e quem carece de alguma coisa não é rico.

Além dos pobres de saúde (que são todos os homens, visto como não há ninguém isento deste ou daquele achaque, desta ou daquela mazela física ou moral), há os pobres de paz, os pobres de inteligência, os pobres de ideais, os pobres de caráter, os pobres de vontade, os pobres de esperança e de fé, enfim, os pobres de amor que, dentre todos, são os mais desgraçados.

Onde, portanto, os ricos? Ricos de quê? de orgulho, de ambição, de cobiças e desejos? de ciúmes, rivalidades e inveja? Pois tudo isso é indício seguro de pobreza, de miséria moral. De tais ricos sim, o mundo está repleto.

Fato curioso: só os pobres de dinheiro fazem praça da sua pobreza. Os demais, quando não ignoram, ocultam a carestia em que vivem. E se alguém lhes chama a atenção para o caso, revoltam-se, pois se dizem ricos do que não possuem!

E os detentores de cabedais? Acaso as temporalidades serão, de fato, expressão de riqueza? Ouro, prata, fazendas, a quem pertencem? Como se denomina seu legítimo proprietário? Quem garante e mantém o direito de propriedade sobre os bens terrenos?

Na instabilidade e na insegurança de tal posse está outra forma de pobreza peculiar aos indevidamente chamados ricos.

Riqueza que a traça rói, que o ladrão rouba, que o tempo consome e que a morte a todos arrebata, não é riqueza, é miragem, é ilusão.

De que serve aos pobres de inteligência a posse ilusória do dinheiro? E aos pobres de sentimento? E aos que nem sequer possuem a si próprios?

Rico, realmente, só passou um pela Terra. Foi aquele que disse: *As aves têm seus ninhos, as raposas têm seus covis, mas o Filho do Homem não tem onde repousar a cabeça* (*Mateus*, 8:20).

Quanto ao mais, este mundo não passa de grande asilo, de vasto recolhimento de enfermos e de indigentes.

Misericórdia, Senhor, para todos os homens!

Brado de fé

Levanto minha fronte e vejo pairando, muito acima de mim, tantos homens que se distinguiram neste mundo... Uns, pelos fulgores da inteligência; outros, pela inteireza de caráter e extrema bondade de coração. São os gênios e os santos.

Elevo mais ainda o olhar do meu Espírito, e antevejo, numa hierarquia majestosa e sublime, os super-homens, seres angélicos, puros e amoráveis: anjos, arcanjos, deuses!

Depois, sinto-me levado a considerar o que se passa nos planos que estão em escala inferior ao meu. Vejo homens que estão muito abaixo de mim em moralidade e saber. Lobrigo ainda, devassando o incomensurável cenário da vida — seres inferiores, animais de toda a espécie, de variedades quase infinitas — do mísero verme, que se roja no pó, ao trêfego pássaro sulcando os ares; da fera bravia que ruge nas brenhas à mansa ovelhinha balando docemente à porta do aprisco!

Eis que, então, se apodera de mim o desejo ardente de me dirigir a esses seres todos, aos do alto e aos do baixo plano, dizendo-lhes:

Irmãos meus, que vos achais acima de mim, não vos invejo; admiro-vos! O estado superior em que vos achais é um incentivo para mim! Quero imitar-vos, quero esforçar-me;

serei diligente, operoso e perseverante, pois sei que assim, por esse caminho, galgarei, um dia, essa esfera luminosa em que habitais, tornando-me tal como ora vos vejo! O sentimento que me despertais é de emulação. Ao contemplar-vos, experimento um grande anseio de escalar as alturas, subindo a escada de Jacó por onde também vos elevastes! Sei que minha sorte vos interessa, e que o meu desejo é o vosso! Ajudai-me!

Irmãos meus, que vos encontrais abaixo de mim, não vos lamento, nem vos desprezo. Já fui o que ora sois. Na criação não há privilégios. Todos os seres têm capacidades e poderes para lutar e vencer, melhorar e progredir. "Em cada átomo do Universo, o supremo Artífice insculpiu a seguinte legenda: 'Para frente e para o alto'." Entre o verme e a estrela há um ponto de contato. Nenhum ente, por mais mesquinho que seja, está esquecido do seu Criador. Vós que sois aves, que não semeais nem ceifais, que não tendes despensas nem celeiros, não é verdade que Deus vos alimenta? Vós que sois lírios, que não sabeis fiar nem tecer, não é certo que a vossa indumentária é mais bela e custosa que as dos áulicos de Salomão? Todos vós fazeis parte da estupenda e maravilhosa orquestra da vida. "O canto do rouxinol é tão necessário ao concerto universal como o pensamento de Newton." Nada de revoltas, nada de desânimos. Eu me interesso pelo vosso bem, quero ardentemente o vosso progresso, pois sereis um dia o que eu sou na atualidade! Creio no vosso aperfeiçoamento e na vossa marcha ascensional, porque creio no Autor da Vida e confio na sua justiça!

O Unigênito

Não basta que Deus seja nosso pai: é preciso que sejamos seus filhos.

Ser pai é cuidar da felicidade dos filhos, prevenindo e prevendo tudo o que respeita ao futuro que os espera. Deus é nosso pai, porque soube *prever e prover* tudo que é necessário ao nosso bem, e o fez da melhor forma, empregando nisso o seu infinito poder e a sua infinita sabedoria.

Ser filho é corresponder à solicitude paterna, indo ao encontro dos desejos e dos esforços realizados pelo pai em seu favor. Ser filho é fazer refletir em si próprio os traços de caráter do genitor, de modo que por aí se reconheça de pronto sua origem e descendência. Ser filho, finalmente, é tornar-se legítimo herdeiro do nome, das qualidades e dos seus bens paternos.

Ora, sendo assim, podemos apresentar-nos, em consciência, como filhos de Deus?

Certamente que não. Deus é, em realidade, nosso pai, mas nós ainda não somos seus filhos.

Daí por que Jesus é, com justiça, cognominado o Unigênito do Pai. Sim, ele realmente é o único filho de Deus que passou, até aqui, pela Terra, porque é o único que encarnou e refletiu, com verdade, os atributos, os poderes e as qualidades havidas de tal paternidade.

Tão perfeitamente se caracterizou a divina descendência, em Cristo, que Ele pôde dizer com acerto: *Eu e o Pai somos um.*

Cumpre, agora, a nós outros, nos tornarmos filhos de Deus, consoante a seguinte promessa proclamada por João Evangelista: *A todos que o receberam, aos que creem em seu nome, deu Ele o direito de se tornarem filhos de Deus; os quais não nasceram do sangue, nem da vontade do homem, mas sim do próprio Deus* (João, 1:12 e 13).

Enquanto não satisfizermos a essa condição — crendo e praticando como ordena o Verbo Divino — Deus continuará sendo nosso pai, porém nós não seremos seus filhos.

E, em tal sentido, Jesus permanece como o Unigênito.

A semente e o fruto

Não é só a semente de trigo, milho ou cevada que nasce e frutifica: a semente do bem ou do mal que espalhamos germina também com toda a certeza e precisão.

Há sementes cuja germinação é rápida, como, por exemplo, a da couve. Outras há de germinação lenta, como a do carvalho.

Todas, porém, nascem, crescem e dão fruto em seu devido tempo.

O mesmo sucede com a sementeira do bem ou do mal. Algumas sementes nascem de pronto, outras são de germinação tardia.

A terra não retém nenhuma semente viva em seu seio: todas as que ali se lançam são restituídas com seus respectivos frutos. O mesmo fenômeno se verifica no terreno espiritual: o bem ou o mal, a verdade ou a impostura, o amor ou o desamor, a justiça ou a iniquidade — uma vez semeadas — nascerão fatalmente e darão frutos conforme suas respectivas espécies.

O coração do homem é uma leira. A sociedade é uma granja. A sementeira feita numa, noutra germinará um dia. Não importa quando; a frutificação se dará sem dúvida nenhuma.

Conta-se que foram encontradas em certa pirâmide do Egito umas sementes ali depositadas há três mil anos. Lançadas à terra nasceram e deram flores. Pois se a semente da erva, que hoje está florida e amanhã fenece e é lançada no fogo, assim se conserva por milênios, como hão de permanecer inermes, sem nenhuma consequência, as manifestações de nossos íntimos sentimentos, os produtos das profundas cogitações de nossa alma, os rebentos das mais vivas paixões de nosso Espírito?

A cada um será dado segundo suas obras.

Não se vindima nos espinheiros, nem se colem figos nos abrolhos. Aquilo que o homem semeia, isso mesmo colherá.

O futuro não é mais aquela coisa ensombrada, envolta nas trevas do mistério. O futuro será inevitavelmente a ceifa do presente, como o presente é a consequência do dia de ontem; como o dia de amanhã será a resultante do dia de hoje. Não há mais surpresas nem imprevistos. A luz do Consolador espancou as trevas que obscureciam o porvir. Só não veem os cegos de Espírito, como neste mundo só não enxerga a luz do Sol os cegos do corpo. Mas que importa o testemunho dos cegos no que respeita aos esplendores da Natureza que nos cerca? Queremos o testemunho dos videntes. Estes, e não aqueles, estão habilitados a atestar. Os que veem podem falar daquilo que veem. Os que não veem nenhum testemunho podem dar, visto serem cegos.

A cegueira é uma anomalia. O natural é que os olhos vejam. Os cegos devem, portanto, ser curados do seu mal. Jesus é a luz do mundo. Busquem-na, como fez Bartimeu, o cego de Jericó, e acabarão vendo.

Só com a luz do Espírito poderemos resolver os problemas da vida e conduzir-nos com firmeza na conquista desse futuro que não será mais uma vã esperança, mas gloriosa certeza. Quem caminha na dúvida, sem saber para onde vai, é cego, não vê o futuro. Quem avança na certeza, é porque vê; não vacila, não titubeia, marcha firme e resoluto na conquista do porvir, cuja imagem cheia de encanto e beleza distingue nitidamente nos horizontes da vida eterna.

Amar o próximo

Diz o mandamento: *Amai o próximo como a vós mesmos.*

Os homens, porém, em vez de amarem o próximo, amam as suas qualidades e virtudes, principalmente quando essas virtudes incidem beneficamente sobre eles.

Daí por que os homens acham difícil, impossível quase, amar os inimigos, os iníquos e maus.

É preciso que os homens entendam e assimilem bem o espírito do mandamento para que se não equivoquem amando as virtudes do próximo e não o próximo mesmo, como estatui o divino preceito.

É natural que o homem admire a virtude, o bem e o belo; porém, cumpre notar que tais expressões designam coisas abstratas, mesmo inexistentes se desacompanhadas do agente através do qual se manifestam.

Amemos, portanto, *o próximo, o indivíduo* em si, tal como se acha no momento em que o encontramos no caminho da vida. Amemos o doador mais que as suas dádivas, amemos o *próximo* e não somente a sua bondade.

Assim não teremos maiores dificuldades em amar os maus, por isso que, aborrecendo, embora, as suas maldades, amaremos *o próximo*, amaremos *o nosso irmão*, como nós, filho de Deus. Não é certo que nós nos queremos tais como somos, isto é, a despeito do que somos?

Consideremos que aquilo que nos aborrece e repugna não é o mau, é o mal que *está nele*, mas *não é ele*.

O Deus-Pai, revelado no Evangelho, abomina o pecado, mas ama o pecador.

Nada se sabe acerca da vítima dos salteadores de que nos fala Jesus em sua parábola. Seria ele bom, justo e amorável? Ou seria mau, iníquo e perverso?

Não se cogita das virtudes ou dos defeitos do indivíduo, mas unicamente do próprio indivíduo. O samaritano que lhe prestou assistência, condoído dos seus sofrimentos, foi o seu próximo, porque o amou, cumprindo no amor o supremo e excelso mandamento.

Façamos o mesmo.

ESTILHAS E LIMALHAS
Segunda parte

A palavra de Jesus

Como é bela, Jesus, a tua palavra! Como é encantadora e persuasiva, deliciosa e convincente!

Tua palavra, Senhor, consolida a razão e sensibiliza o coração: fala à mente e fala ao sentimento. Ela diz tudo, e tudo esclarece. Não há mistério que não revele, nem problema que não solucione. Não há refolhos, nem escaninhos ocultos nos meandros da alma que ela não penetre. Não há labirintos e dédalos misteriosos da consciência humana que ela não percorra deixando após uma esteira luminosa!

Tua palavra, Senhor, é a maior das maravilhas; tem encantos e magia que se não descrevem na linguagem dos homens. É bálsamo que mitiga as dores, é luz que aclara o entendimento, é força que reanima, é vida que rejuvenesce. É também poesia que encanta, música que arrebata, verdade que empolga, fé que redime!

Tua palavra, Jesus, modifica, corrige, transforma e converte. Atrai como o ímã, aquece como o Sol, refrigera como o orvalho, inebria como os perfumes, purifica como o fogo, diviniza como o amor.

À mágica influência de tua palavra, ó Cristo, converte-se a fraqueza de Simão, na coragem heróica de Pedro; a sordidez do publicano, na generosidade de Zaqueu; a volúpia de Madalena, no sublime e incomparável idealismo da arrependida; o fanatismo feroz de Saulo, no liberalismo e abnegação de Paulo! Ao encantamento da tua palavra, Jesus, serenam-se as tempestades, os coxos e os paralíticos se locomovem, os cegos veem, os surdos ouvem, os leprosos ficam limpos, os mortos ressuscitam e aos pobres se faz justiça!

E como não ser assim, Senhor, uma vez que a tua palavra é o mesmo *Verbo de Deus* que se faz ouvir neste mundo?

O trabalho

Não devemos deixar que a nossa existência transcorra através de uma luta acirrada, por vezes feroz, no terreno rigorosamente utilitário.

Não convém sermos exclusivamente *formigas*. Precisamos ter alguma coisa de *cigarras*. Com ambos estes insetos temos que aprender. Com a formiga, a perseverança, a ordem, o método no trabalho, enfrentando e vencendo a escabrosidade do carreiro a percorrer. Com a cigarra, o processo de amenizar a aspereza das provações e das vicissitudes inerentes às nossas condições atuais.

O trabalho não é castigo: é bênção. Deve, por isso mesmo, ser executado com prazer. E o meio de conseguirmos isso consiste em reduzir, o quanto possível, o cunho egoístico de que o mesmo se reveste em nosso meio.

O objeto do trabalho não está, como se imagina, unicamente no lucro, na compensação econômica que proporciona. Além desse aspecto, que corresponde ao utilitarismo, há um outro que nos não deve passar despercebido. Queremos referir-nos à sua finalidade essencial, ao seu motivo elevado, que é promover e acoroçoar nossa evolução. Tal é, em realidade, a razão superior do trabalho.

E, por ser assim, ninguém perde o trabalho que executa. Se falha, acaso, o resultado pecuniário, aquele outro nunca falha. A compensação divina do esforço ou da obra realizada é moeda que jamais o obreiro deixa de receber.

Portanto, quem trabalha, enriquece sempre: se não a bolsa, o cérebro e o coração.

Egoísmo

A usura é a nudez do egoísmo.
A avareza é o esqueleto do egoísmo.
A inveja é o miasma do egoísmo.
A hipocrisia é a mentira do egoísmo.
A esquivança é o covil do egoísmo.
A dissimulação é a covardia do egoísmo.
O jogo é a fascinação do egoísmo.
O roubo é a violência do egoísmo.
A bajulação é o recurso do egoísmo.
A iniquidade é a lei do egoísmo.
A discórdia é a expansão do egoísmo.
O ódio é a combustão do egoísmo.
A vingança é o desagravo do egoísmo.
A calúnia é a perfídia do egoísmo.
A intemperança é a avidez do egoísmo.
A vaidade é a parvoíce do egoísmo.
O ciúme é o travo do egoísmo.
A luxúria é a desfaçatez do egoísmo.
O fanatismo é o zelo do egoísmo.

A intolerância é a arbitrariedade do egoísmo.

A impiedade é a resistência do egoísmo.

O assassínio é a loucura do egoísmo.

O orgulho é a soberania do egoísmo.

Em suma: o pecado sob todas as formas, sob todos os aspectos, sob todas as modalidades, é fruto do egoísmo, porque o egoísmo assume, no mal, todas as formas, todos os aspectos, todas as modalidades.

A *manjedoura de Belém*

Vemos naquela manjedoura, onde outrora Maria deitou o menino Jesus, depois de enfaixá-lo cuidadosamente, um símbolo eloquente, cheio de encanto e de sabedoria.

Os símbolos valem pelas ideias que representam. Eles têm corpo e alma. Constituem esplêndidos aparelhamentos de ensino e de aprendizagem.

A manjedoura de Belém está neste caso. É um símbolo empolgante. Ela alegoriza o coração humano, onde deve realizar-se o nascimento do Mestre e Senhor da Humanidade.

Para recebê-lo, uma só condição se nos impõe: que o nosso coração adquira aquele cunho de humildade que caracteriza a manjedoura: é tudo. O mais virá pela influência de seu poder e da vitalidade fecundante que seu Espírito nos comunicará.

Religião e higiene

A religião (não nos referimos às seitas religiosas) e a higiene guardam entre si relações muito íntimas. Exercem funções idênticas, visto como o objetivo visado pela religião é o mesmo colimado pela higiene: prevenir. A missão de ambas consiste em evitar as enfermidades que podem afetar o homem considerado em seu duplo aspecto, físico e moral.

A religião é a higiene da alma. A higiene é a religião do corpo.

Na ignorância desta verdade científico-religiosa, a maioria dos crentes só se lembra da religião quando se vê sob o jugo angustioso da dor. Depois de haverem gerado e mantido a causa, pretendem que a religião anule os efeitos. Esquecem-se de que a religião não destrói a lei, assim como a higiene não ressuscita os mortos.

O caráter da religião, como o da higiene, é essencialmente profilático. Religião e higiene instruem, ensinando os meios de possuirmos e conservarmos a saúde do corpo e do Espírito, sem o que não pode existir alegria de viver.

Todas as regras de moral, prescritas pela religião, são preceitos de higiene, e todas as prescrições higiênicas são, a seu turno, mandamentos religiosos.

A verdade, em medicina, está na higiene. De outra sorte, "a enfermidade é herança do pecado", disse o único Médico que curava as doenças da Humanidade.

Procurar a saúde nas pílulas e a felicidade presente ou futura nos rituais importa num erro científico-religioso e numa superstição.

Mens sana, in corpore sano.

A Religião da Revelação

Quem nos há de dar provas convincentes da imortalidade, senão aqueles que já passaram pelo transe da morte? Quem nos há de falar com autoridade da vida do além, senão aqueles que lá se encontram? A fé personificada em Jesus Cristo é aquela que se baseia na revelação. *Bem-aventurado és Simão, porque não foi a carne nem o sangue quem, por ti, acaba de confessar que eu sou o Cristo, mas meu Pai que está no Céu. Tu és Pedro e sobre esta pedra* [a revelação de que Pedro fora o instrumento] *edificarei a minha igreja* (*Mateus*, 16:17 e 18).

Revelação quer dizer comunhão com o além, donde nos é transmitida alguma verdade que nos interessa saber. Daí o testemunho vivo da imortalidade, da vida futura que de lá nos acena em gestos magníficos de solidariedade fraternal.

Há mais júbilo no Céu, afirma o Evangelho, por um pecador que se regenera que por noventa e nove justos que não precisam de arrependimento. Isto atesta o fato, para nós importante, de que o Céu não está isolado da Terra, que os de lá acompanham com interesse a vida dos de cá; e tal interesse é tão acentuado e positivo que a vitória do pecador importa em alvoroço festivo na sociedade celeste dos que já triunfaram e fruem o justo prêmio de suas conquistas.

Céu e Terra, anjos e homens, santos e pecadores acham-se todos entrelaçados pelos liames sagrados do afeto, numa comunhão que nada pode quebrar. Tal é a religião da revelação contra a qual as potências do mal jamais prevalecerão. Tais são as chaves que nos abrem os pórticos dos tabernáculos eternos. Tal é a força que liga na Terra o que está ligado no Céu, e liga no Céu o que está ligado na Terra.

Bem-aventurada seja a consoladora religião da revelação que irmana todos os seres, vinculando-os num soberbo e majestoso amplexo de amor.

O emblema dos cristãos

Todos os credos e agremiações adotam distintivos para uso dos seus profitentes.

Jesus também imaginou e criou uma insígnia para os seus discípulos, de modo que eles se distinguissem inequivocamente dentre os demais, onde quer que se apresentassem.

Como tudo o que parte do Divino Mestre se caracteriza pela espiritualidade, aquela insígnia nada tem de material.

Ninguém poderá vê-la com os olhos do corpo, porque não tem forma, nem feitio algum; tampouco se ostentará por este ou aquele colorido ou matiz, apresentando combinações mais ou menos felizes de nuances que possam afetar agradavelmente a vista.

Não obstante, trata-se de sinal bem distinto, bem vivo e definido, que tem impressionado e continua impressionando toda gente, mesmo os adversários da fé, a qual semelhante distintivo simboliza com perfeita fidelidade.

Vejamos o que é, e como o Senhor o manufaturou.

Penetrando o sacrário augusto de sua alma santa, Jesus retirou dali uma parcela de certo sentimento. Fundiu-a em seguida no cadinho do seu coração, imprimindo-lhe certa dose de corporeidade para que tão preciosa joia, em contato com o homem, pudesse conservar-se incólume. Deu-lhe depois os revérberos do ouro em fusão, deixando-a por algum tempo mergulhada no cibório sagrado do seu Espírito divino. Após esta última demão, o Senhor contemplou demoradamente o emblema que havia forjado e achou-o consoante o seu desejo e de perfeito acordo com o ideal no mesmo encarnado.

Chamando então os discípulos, assinalou-os todos com aquele símbolo, que se multiplicava em suas mãos como outrora os pães e os peixes, à medida que se apresentavam os candidatos a recebê-lo.

E Jesus dizia-lhes: *Nisto, agora, conhecerão todos que sois meus discípulos: em vos amardes uns aos outros como eu vos amei* (João, 13:35).

A lei da vida

A vida se conserva e permanece com a condição de se difundir; não pode isolar-se ou concentrar-se em si mesma, pois isso importaria em seu aniquilamento.

O interior de nosso corpo expande-se continuamente para o exterior, através da porosidade do tecido cutâneo e, a seu turno, recebe as invasões de fora. Nossos pulmões exalam carbono e absorvem oxigênio. Nosso aparelho digestivo assimila os produtos da digestão e se desembaraça dos resíduos. Desse metabolismo, dessas trocas, depende a conservação da nossa vida orgânica. Cesse, ou apenas se embarace qualquer dessas modalidades de permutas, e teremos a enfermidade sob seus multiformes aspectos e, finalmente, a morte.

As leis biológicas, como todas as da Natureza, são inalienáveis. Elas abrangem o físico e o espiritual. Não há, rigorosamente falando, uma separação entre esses dois planos; antes, o que se verifica é que ambos se confinam. Assim é que na esfera moral prevalece o mesmo princípio biológico de expansão, ao qual se dá o nome de solidariedade.

A vida do Espírito, como a do corpo, não pode permanecer isolada; precisa expandir-se. A matéria é una em essência, como uno é o Espírito também. Por isso, as partes tendendo para o Todo, de onde procedem, sentem-se naturalmente ligadas entre si. Daí a perpetuidade da vida, ou seja, a imortalidade.

E que se infere dessa atração recíproca das partes entre si, dessa dependência mútua em que se encontram?

Concluímos que a lei biológica no plano moral é o amor, é a solidariedade das partes com o Todo e das mesmas entre si. Cada vez, portanto, que o homem, levado pelas ilusórias sugestões do egoísmo, se opõe à lei do amor, ele suporta o aguilhão da dor como efeito de sua insânia, por isso que embaraçou o curso da lei fundamental da vida.

Eis aí por que as Escrituras estabelecem, como soberano mandamento, o amor a Deus e ao próximo.

A palavra

Depois do exemplo é, sem dúvida, a palavra falada ou escrita a grande alavanca dos ideais.

A palavra parece pouco, parece nada, um sopro que passa: e é tudo. Tiranias radicadas, erros seculares são destronados pela ação incoercível da palavra.

Sob sua mágica influência raia a luz no seio das trevas, irrompe a liberdade no reino da opressão, vence o altruísmo o império do egoísmo.

A palavra ilumina, convence, edifica, converte. Ela penetra o recesso das consciências, sonda o abismo dos corações.

Não há poder que a detenha, não há força que a neutralize: basta que seja a expressão da verdade.

Não são as balas que vencem o despotismo: é a palavra. Ela é como a fé: remove montanhas. A queda da Bastilha, símbolo augusto da liberdade dos povos, é um dos seus feitos gloriosos. À sua prodigiosa magia a Humanidade se agita e se convulsiona. A boca dos canhões, vomitando fogo, não apavora tanto os redutos da iniquidade quanto a boca do homem proclamando a verdade.

O livro, a imprensa, a tribuna: eis o arsenal, o material bélico indispensável às grandes conquistas libertadoras. Tais as armas que conduzem à vitória da justiça.

Feche-se o livro, entrave-se o prelo, deite-se abaixo a tribuna: o mundo mergulhará no abismo. A palavra é o dom por excelência. No reino animal, só ao homem foi dado exprimir-se pela prolação do verbo. O Verbo é Divino. *O Verbo se fez carne e habitou entre os homens. No começo tudo era vão e vazio, e o Verbo, então, disse: Faça-se a luz, e a luz foi feita*

O pensamento é força, é poder, é energia: a palavra é o seu veículo. Nada se faz no plano em que vivemos sem a sua valiosa e indispensável atuação.

Empreguemos, portanto, a palavra para o fim nobre a que se destina: revelar o nosso sentimento, exprimir os anelos e anseios de nossa alma. Nunca a aviltemos como meio de simulação e dissimulação. Conjuguemos nosso verbo pelo paradigma do Verbo deificado.

Honremos a palavra, divinizando-a em nossos corações. Que ela seja em todas as emergências de nossa vida a expressão fiel e sincera do que realmente existe em nosso interior. Rendamos-lhe culto, espalhando livros a mancheias, coadjuvando a imprensa, vivificando a tribuna. Só assim cumpriremos o dever, que a todos nós assiste, de espancar as trevas, de combater o vício, o crime, as moléstias e todos os demais flagelos da Humanidade.

Bendita seja a palavra. Jesus a definiu como "a verdade que sai da boca de Deus".

O valor das obras

Quando me reporto à importância das obras na esfera da fé, não me refiro ao vulto maior ou menor dessas obras, mas à boa vontade, à diligência e ao esforço que todo crente sincero deve empregar em prol do aperfeiçoamento próprio e da melhoria de suas condições e da de seus semelhantes.

O valor das obras não está nas suas grandes proporções, mas na pureza de intenção com que são executadas e no esforço empregado para sua consecução. A viúva pobre fez mais deitando no gazofilácio do templo uma moedinha de cobre do que os ricos que ali despejavam punhados de ouro. O óbolo da viúva representa um valor maior, porque é a expressão do sumo esforço; era tudo que ela possuía. Dando tudo, não podia dar mais. Segundo o critério da soberana justiça, o que tem valia não é o mais que se vê, que se exterioriza, mas é o mais que se não vê, que permanece oculto nos meandros inescrutáveis do coração.

A sinceridade com que agimos, os motivos menos egoístas que determinam nosso proceder, tais são os elementos que estabelecem o valor maior ou menor dos nossos feitos. Há muita gente, cujas obras o mundo ignora, de alto merecimento aos olhos de Deus. Outros há, aos quais o século rende loas, cujo mérito pesa pouco, quase nada na balança da justiça indefectível do Senhor.

Nossos atos são como os metais. Não é a quantidade, mas a qualidade que estabelece sua valia. Não é o volume, nem o peso, é o quilate que dá a excelência e a superioridade. Quanto mais puro é o ouro, *mais pesa*, porque maior é o seu valor. A gema sem liga, o diamante sem jaça, são preciosidades de subido preço, precisamente por não ter liga nem jaça, isto é, pela pureza intrínseca de suas constituições.

A luz do mundo

Eu sou a luz do mundo; quem me segue não andará em trevas; pelo contrário, terá o lume da vida

(João, **8:12**).

A função da luz é alumiar. Alumiar é revelar o que se achava oculto. Sem ela, todas as coisas seriam, como se não existissem. Para que as realidades se tornem patentes é indispensável o concurso da luz.

"No princípio tudo era vão e vazio, então disse Deus: Faça-se a luz." Desde que a luz foi feita começou a revelar-se a criação em todas as suas modalidades. A criação é eterna, coexiste com Deus. No entanto, só nos apercebemos dela mediante a revelação da luz. A luz, pois, é a reveladora das realidades da vida física.

Do mesmo modo, há uma luz que nos revela as maravilhas da Vida Espiritual. Essa luz é o Cristo, o Ungido de Deus. Todas as belezas do Plano Espiritual são ignoradas antes de nos serem reveladas por Jesus. Ele é o revelador por excelência da Vida Espiritual. "A Lei veio por Moisés, a verdade e a graça vieram por Jesus."

Sem Ele tudo é vão e vazio. Com Ele os encantos da espiritualidade surgem do infinito como surgiu a criação no cenário terreno após o *fiat lux* do *Gênesis*.

Existem maravilhas internas tão positivas e reais como a natureza que nos cerca pelo exterior. O verdadeiro mundo das maravilhas está no interior. Basta que em nosso íntimo se acenda o lume da vida para que tais maravilhas nos sejam reveladas.

O Espírito precisa do lume da vida para se conduzir, do mesmo modo que o homem está na dependência da luz do dia para locomover-se livremente. Caminhar nas trevas é expor-se a toda a sorte de perigos. A causa de todas as insânias e erros que se cometem está na ausência dessa luz de que muitos se acham privados. O vício, o crime, a hipocrisia e a iniquidade só medram nas trevas. A enfermidade, a dor e as decepções amargas são, a seu turno, consequências das quedas a que estão sujeitos os que caminham às escuras. O lume da vida tudo aclara, tudo resolve satisfatoriamente. Libertando o homem dos flagelos que o perseguem, proporciona-lhe ao mesmo tempo a contemplação e o gozo indizível das mais surpreendentes maravilhas.

Os problemas dos nossos destinos já estão resolvidos. O lume da vida no-los revela clara e positivamente. Nada há novo debaixo do Sol. A criação é eterna, como eterna é a lei que rege os destinos da alma imortal. Jesus é o modelo, é o protótipo que nos foi dado para ser imitado. Nele os destinos estão cumpridos. Ele é de cima, nós somos de baixo. Ele é a luz do mundo; quem o segue não andará em trevas: pelo contrário, terá o *lume da vida*.

Tudo é bom

O frio é bom, o calor é bom. A chuva é boa, o Sol é bom. O vendaval é bom, a calmaria é boa. O prazer é bom, a dor é boa. O convívio é bom, a solidão é boa. O riso é bom, a lágrima é boa. Os cabedais são bons, a pobreza é boa. Mandar é bom, obedecer é bom. O vigor é bom, a fraqueza é boa. O trabalho é bom, o descanso é bom. A paz é boa, a luta é boa também. O dia é bom, a noite é boa. O amigo é bom, o inimigo é, a seu turno, bom. O Céu é bom, a Terra é boa.

Em suma: tudo é bom, uma vez Cristo reine no coração.

Sempre que nos sentimos incomodados e aflitos por qualquer influência externa, cumpre lembrar desde logo que tal estado de perturbação não vem de fora, mas de nosso interior.

Quando nosso íntimo está iluminado pela graça divina, da qual Jesus é o portador, segundo diz João Evangelista, tudo, para nós, será naturalmente bom, nada nos afetará maleficamente.

A Lei

A Lei Divina funda-se na mais perfeita justiça. É a mesma para todos, não admite privilégios.

Cumpre, porém, considerar que a Lei é viva, consciente e inteligente. Não é uma força cega, implacável como o ferro em brasa que calcina tudo em que toca, ou como o gume duma navalha afiada que corta fundo por onde passa.

Sendo a Lei a mesma para todos em essência, assume todavia modalidades várias segundo o estado em que se encontra aquele sobre o qual incide.

Sendo inflexível quanto ao princípio de soberana justiça em que se apoia, é dúctil quanto aos matizes variados que toma conforme as condições especiais em que nos colocamos ao receber sua atuação.

Os privilégios que podemos gozar hão de partir de nós para a Lei, nunca da Lei para nós. A cada um será dado segundo suas obras. Somos os arquitetos dos nossos destinos. Está em nós a causa de nossa ventura como de nossa desdita.

Nihil

A concepção materialista da vida humana é uma coisa semelhante aos últimos momentos dos condenados à pena de morte.

A guilhotina está devidamente lubrificada para funcionar sem embaraços; a forca está armada; a cadeira elétrica está preparada com todos os requisitos da engenharia moderna; o pelotão de gendarmes está escolhido, e as armas competentemente embaladas. Os carrascos, estes ou aqueles, estão a postos, consoante o gênero da execução adotado pela *justiça que mata*. O condenado não pode, nem tem para onde fugir. Suas horas estão contadas. Ele está avisado de tudo. Concede-se-lhe, pois, por misericórdia, a graça de comer o que melhor lhe saiba ao paladar; de beber o que mais lhe apeteça; de receber consolações de um sacerdote que acha legal e natural a pena que lhe foi imposta. Depois... segue-se a execução, e está tudo acabado!

Tal a concepção materialista da vida!

Nascer, viver, amar, sofrer, lutar, morrer — tudo em um momento dado; e, depois, desaparecer no abismo do nada!

Que mesquinha, que estreita, que miserável visão da vida e do Universo!

Será crível que o homem seja esse condenado a quem se concedem alguns anos de vida cheia de aspirações de um bem indizível, cheia de esperanças fagueiras em um porvir esplêndido, para, em seguida, ser aniquilado e reduzido a nada? Será essa a finalidade do Universo? desse Universo repleto de encantos e de maravilhas?

Será esse o desfecho fatal de todas as lutas, de todos os grandes e nobres sentimentos, de todas as renúncias, de todos os heroísmos, de todos os sacrifícios, como de todas as maldades e de todas as perfídias?

Que triste mentalidade a do materialismo! Que aridez! Que escuridão! Que doutrina estéril, seca e esmarrida é a doutrina do *Nihil*!

Haverá quem a professe de coração? Ou será tal fantasia mero fumo de vaidades dos que querem passar por espíritos fortes e sabidos?

Cristianização do mundo

O mundo precisa ser cristianizado, no lídimo sentido desta expressão. Em tal importa a solução de todos os seus problemas.

O Cristianismo é a doutrina da moralização dos hábitos e dos costumes. Encerra, em essência, a ética social sob seus aspectos mais excelentes. Não é uma seita, nem um partido. É o código de moral que abrange o direito de todos, estabelecendo, ao mesmo tempo, a responsabilidade de cada indivíduo segundo as condições em que se encontra e a influência que exerce no seio da coletividade.

O Cristianismo não cogita de formar castas, nem pretende incrementar fações que vegetem como excrescências sociais. Seu objetivo é o bem da Humanidade sem nenhuma exceção, alvo este que se alcança mediante a obediência às leis naturais que regem os destinos humanos.

Tudo o que moraliza, tudo o que dignifica, tudo o que eleva, tudo o que enobrece, tudo o que beneficia, tudo o que espiritualiza é obra de cristianização.

Certa vez o Batista enviou emissários a Jesus para perguntar: "És tu aquele messias esperado?". Como resposta, o Senhor realizou, em presença deles, muitas curas de obsidiados, de leprosos e de portadores de várias enfermidades, acrescentando, em seguida: "Ide contar a João o que vistes e ouvistes: os cegos veem, os coxos andam, os leprosos ficam limpos, os mortos ressuscitados, e aos pobres anuncia-se-lhes o Evangelho".

Como se vê, o Cristianismo é a doutrina que se interessa diretamente pelo bem coletivo, pelas necessidades do povo.

É digno de nota o fato de figurar na lista das maravilhas operadas pelo Cristo de Deus — o *anunciar-se* o Evangelho aos pobres. A maravilha não está no anúncio, mas no modo de o fazer. Segundo o critério de Jesus, anunciar o Evangelho aos pobres não importa em ministrar-lhes teorias mais ou menos complicadas: importa em resolver os problemas de ordem material e moral que os afetam; importa em defendê-los das tiranias organizadas, quaisquer que elas sejam; importa em colocá-los a coberto das explorações dos grandes e dos poderosos; importa, em suma, em fazer-lhes justiça e defender-lhes os direitos postergados.

Não temas

Nada temos de que nos arrecear diante dos fatos que se vão desenrolando. Vai tudo bem, inclusive o conúbio do clero com os próceres de todas as situações políticas e, talvez, a próxima perseguição aos acatólicos, principalmente aos espíritas. Estes precisam sofrer pela causa da justiça. Será a hora da seleção. E tal seleção é indispensável que se faça pelos meios naturais.

"Aquele que me negar diante dos homens, eu o negarei diante de meu Pai que está nos Céus; e aquele que me confessar à face do século, eu o confessarei diante da Divina Onipotência." Suceda, portanto, o que suceder; desmoronem os montes, desencadeiem temporais, conflagrem-se os elementos: a verdade permanecerá incólume; e contra a Igreja do Cristo não prevalecerão as potências do Hades.

Não temas pequeno rebanho: é do agrado do Pai dar-vos o reino (Lucas, 12:32).

Não se turbe o vosso coração; crede em Deus, crede também em mim. (João, 14:1).

Sursum corda! e avante na campanha contra o mal, contra a ignorância, contra o vício e a corrupção dos costumes; pois na obra do despertar das consciências e da consolidação dos caracteres está o verdadeiro ensino religioso de que os homens carecem.

Nada temos que temer senão a nós mesmos. Só nós mesmos nos podemos comprometer nesta situação delicada por que passa o orbe em que habitamos.

Que as seguintes palavras de Jesus, dirigidas outrora a Jairo, cuja filha todos diziam morta, ecoem em nossas almas, dando-nos coragem e valor: Não temas; crê somente.

Sem título

As denominações nada ou pouco valem. Até neste pormenor o Mestre demonstrou sabedoria, deixando de dar qualquer denominação à fé que aqui difundiu e exemplificou.

A Igreja de Jesus é inominada. Fundada na revelação, tendo por assertos indiscutíveis a lei do amor e a evolução realizada através do esforço individual para a conquista do destino, ela é, por isso mesmo, a igreja universal.

Doutrina urdida de amor e de verdade, de justiça e de dever, não se acomoda nem se ajusta aos rótulos e títulos imaginados pela mente humana.

Se a denominamos — Cristianismo — em homenagem àquele que no-la transmitiu, aplicamos o batismo por conta própria. Jesus não lhe deu qualquer designação. Nisto, como aliás em tudo o mais, o Educador, que jamais claudicou, procedeu acertadamente.

Não estamos vendo hoje os credos, ditos cristãos, hostilizarem-se mutuamente, sustentando doutrinas opostas e contraditórias? Como pode ser que o mesmo Mestre, tão claro e positivo em seus ensinamentos, tenha ministrado enunciados antagônicos que se contradizem e se anulam reciprocamente?

Onde estará o Cristianismo entre as dezenas de seitas que, dizendo-se cristãs, adotam dogmas que, entre si, são incompatíveis? Como se inculcam preceitos e doutrinas incongruentes em nome da mesma fé?

Eis por que o Missionário divino deixou de dar à doutrina que revelou ao mundo qualquer denominação. Como as árvores, ela se fará conhecida pelos seus frutos. É o Reino de Deus dominando as consciências: não tem título, não traz rótulo no exterior, porque o Reino de Deus está oculto no interior dos corações que aprenderam a amar.

Justiça

Não julgueis — preceituou Aquele que conhece a fundo a natureza humana.

A justiça não tem simpatias, ou melhor: ela se simpatiza com todos igualmente. O coração do homem não sabe manter esse equilíbrio; propende habitualmente para este ou para aquele. Daí o representar-se a figura da justiça de olhos vendados.

O homem, para julgar bem, é preciso que não veja. Os olhos são a luz do corpo; no entanto, é mister que os olhos se fechem, que a luz se apague, para que se torne possível um juízo mais ou menos reto.

A justiça requer luz. Fazer justiça é função da luz. Mas o homem faz mau uso da luz que em si mesmo existe. Vendo os indivíduos, surgem as inclinações pessoais que obscurecem o juízo, prejudicando a causa da justiça. Assim, pois, é mais provável o homem praticar justiça de olhos fechados, que de olhos abertos.

É má a luz? Ociosa e insensata pergunta. A luz é sempre boa, ainda mesmo quando descobre as fraquezas, as imperfeições e mazelas humanas. Sua função é iluminar, pondo a descoberto o que estava oculto. E o que a luz nos revela, em matéria de justiça, é que o homem não sabe ser justo. Suas paixões desvirtuam seus julgamentos.

O homem liberta o pássaro que a aranha enredou nas malhas de sua rede, para atender às legítimas necessidades de sua manutenção. Por que o homem se inclina para o pássaro sem atentar no direito de conservação própria que assiste à aranha? Simplesmente por questão de simpatia. A aranha é feia e repelente, enquanto o pássaro é esbelto e gentil. Esse mesmo homem, porém, é capaz de defender o sapo que a víbora fascina. Qual a razão? É ainda uma questão de simpatia: a simpatia pelo fraco, pelo bisonho, que vai ser vencido pela inteligência e pela astúcia. Contribui também como fator, neste caso, o prazer que o homem experimenta em sobrepor, à superioridade da víbora sobre o batráquio, a superioridade sua sobre a víbora.

Por tudo isso, o homem tem mais probabilidades de acertar, em matéria de justiça, fechando os olhos, ao invés de conservá-los abertos. Que valor terá, objetarão, o julgamento do homem, uma vez que o seu acerto depende mais das trevas que da luz?

Enquanto o homem não souber fazer uso da luz que nele há, seus juízos serão fatalmente falhos, iníquos e, portanto, destituídos de valor. Quando o homem conhecer a luz que nele há e dessa luz souber utilizar-se, julgará com justiça, porque o juiz não será mais o homem, porém Deus, através do homem.

A unidade da fé

Apreciando a convicção e a firmeza com que um certo centurião romano lhe solicitara a cura de sua ordenança, disse Jesus: *Em verdade afirmo que nem mesmo em Israel encontrei tamanha fé. E, digo mais: muitos virão do Oriente e do Ocidente, e hão de sentar-se com Abraão, Isaque e Jacó no Reino dos céus; e certos filhos do reino serão excluídos* (*Mateus*, 8:10 a 12).

Ao leproso samaritano que se prosternara aos seus pés, agradecendo-lhe a graça recebida, disse Jesus: *Ergue-te e vai; a tua fé te salvou* (*Lucas*, 17:19).

Os amigos do judeu paralítico, interessados em sua cura, não podendo penetrar na casa onde se achava o divino Esculápio do corpo e da alma, alçaram o leito do enfermo ao telhado e, dali, o arriaram por meio de cordas. Reza o Evangelho que Jesus, vendo a fé daqueles indivíduos, dissera ao paralítico: *Tem bom ânimo, teus pecados são perdoados. Levanta-te e anda.*

Como se denomina essa fé que o Mestre testificou nas três personagens supracitadas? É a fé inominada, por isso que a verificamos no judeu, no samaritano e no estrangeiro, considerando ainda que neste último aquela virtude se apresentou com tal ardor como jamais Jesus encontrara em Israel.

Assim, em verdade, é a fé: a mesma virtude onde quer que se manifeste. Não há duas — porém — uma só fé. Pode variar em grau ou intensidade como a luz, mas sempre será a mesma virtude, como a luz é invariavelmente luz em toda a parte.

Por essa razão a fé dispensa qualquer apêndice ou qualificação que se lhe queira adicionar. Esta ou aquela denominação dada à fé importa em desnaturá-la, precisamente porque seu característico é a catolicidade, que quer dizer universalidade.

Enclausurar a fé nos redutos de certos e determinados credos religiosos é absurda pretensão, porque aquela virtude é força, é potência incoercível que se não submete a nenhuma espécie de restrição. Dar-lhe este ou aquele título é outra estultícia, visto com é única, dispensando, por isso, qualquer rubrica.

Rotulam-se as garrafas de vinho, porque vinho há de vários paladares e de muitas qualidades. Rotulam-se igualmente as peças de morim, pois fabrica-se esse tecido mais grosso ou mais fino, cru ou alvejado, com maior ou menor metragem, estreito, largo e enfestado. Daí a necessidade de distinguir-se tanto o vinho quanto o morim pelos nomes de batismo que lhes dão os fabricantes.

Não se deve fazer o mesmo com a fé: ela é una, indivisível, inconfundível, universal.

Quando se convencerão desta verdade as múltiplas igrejas e religiões esparsas pela face de nosso orbe? Quando se inteirarão desse ensinamento de Jesus as seitas dogmáticas que militam sob o pálio do Cristianismo?

Quando estas e aquelas se compenetrarem deste fato, conjugarão certamente os seus melhores esforços no sentido de combaterem o vício e o crime, a hipocrisia e o materialismo, a violência, a guerra, a corrupção e a enfermidade — flagelos estes que infelicitam e degradam a Humanidade, como efeitos e heranças do pecado que todos eles são.

Saulo e Paulo

Saulo, ardendo em zelos, perseguia desapiedadamente os primitivos prosélitos do Cristianismo nascente.

Dirigindo-se certa vez a Damasco, respirando ameaças por todos os poros contra os discípulos do Senhor, teve uma visão quando se aproximou daquela cidade. Subitamente brilhou em redor dele uma luz celeste que o envolveu completamente; e ouviu uma voz dizer-lhe, em tom claro e distinto: *Saulo, Saulo, por que me persegues?* (*Atos dos apóstolos*, 9:4).

Aturdido com o insólito fenômeno, Saulo retruca: — *Quem és tu, que me falas?* — *Eu sou Jesus a quem persegues* — *responde a voz do Céu* —, *mas levanta-te e entra na cidade, e lá saberás o que deves fazer.*

Levantou-se Saulo, e, abrindo os olhos, nada viu; e, guiado pelas mãos de outrem, entrou em Damasco" (*Atos dos apóstolos*, 9:5 a 8).

Esse acontecimento transformou Saulo, o inimigo do Cristo, em Paulo, o grande pioneiro, o arauto incomparável do Cristianismo de Jesus.

Ora, por que o Senhor se manifestou ostensivamente ao adversário declarado de sua igreja, provocando-lhe de tal maneira a conversão?

A razão é simples. Saulo era inimigo de Jesus, porque o desconhecia; e Jesus era seu amigo, porque sabia muito bem quem era ele.

A verdade tem tido, e terá em todos os tempos, inimigos; porém, ela não é inimiga de ninguém. A verdade sabe que os que a combatem o fazem na ignorância do que ela seja. E Jesus é a verdade.

Quando os Saulos chegam a perceber e a sentir o esplendor da verdade, transformam-se logo em Paulos.

Demais, Saulo estava mais perto da verdade, perseguindo-a, que muitos dentre aqueles que a defendiam com os lábios.

A verdade não se deixa enganar; conhece perfeitamente os que dela se tornam dignos. Não julga pelas aparências; sonda o íntimo, penetra o âmago dos corações, revelando-se aos que de fato a buscam e querem.

O traço indelével do caráter de Saulo era a sinceridade. É precisamente esse o caminho que conduz à verdade. Combatendo embora o Cristo, Saulo ia, sem perceber, ao encontro da verdade, porque Jesus mesmo *é a Verdade*.

As três dores

Naquele dia, ergueram-se três cruzes no cimo do monte denominado Calvário.

Na do meio, foi justiçado o Cristo de Deus. Nas laterais, dois ladrões — Dimas à direita, Gestas à esquerda.

Este vociferava contra a punição que lhe infligiram as autoridades do século; insultava a Jesus, dirigindo-lhe impropérios. O outro, arrependido do seu passado culposo, recebia com humildade o suplício do madeiro, como consequência de seus crimes. Confessando-se pecador, apelava para Jesus, dizendo-lhe: "Senhor, lembra-te de mim, quando entrares no teu reino".

Essas três cruzes são também três dores. A do centro é a dor de amar sem ser amado, nem compreendido. É a dor que abrasa e tortura, no anseio de realizar um grande bem, cuja consumação está dependendo do mesmo objeto desse bem acalentado.

A cruz de Dimas alegoriza a dor do arrependimento, a dor que regenera, que converte e salva. É a dor da redenção, que liberta o Espírito das trevas do pecado, conduzindo-o às esferas luminosas de uma nova vida; é a dor que faz suceder à noite caliginosa do vício e do crime, causa eficiente da morte, a aurora bendita da imortalidade.

No madeiro onde praguejava o mau ladrão, ostenta-se a dor da revolta, a dor enfurecida do orgulho vencido, que atribui suas vicissitudes a causas estranhas que lhe não dizem respeito. É a dor do impenitente, que escabuja, estertora e blasfema, dizendo-se vítima inocente.

A dor é como o fogo. Seus efeitos podem ser benéficos e salutares, ou destrutivos e aniquiladores.

O fogo, no cadinho, purifica os metais, escoimando-os de todas as escórias que os prejudicam. O fogo, na cerâmica, coze o barro, dando-lhe resistência e transformando-o em objetos de utilidade ou em materiais de construção. O fogo, na lareira, aquece os lares, dá conforto e bem-estar à família; na arte culinária, torna os alimentos em condições de serem ingeridos e assimilados.

Mas o fogo entregue a si mesmo, sem objetivo definido, sem aplicação inteligente, é o incêndio que devasta, destrói e consome.

Assim a dor: é benéfica, segundo a maneira por que a recebemos e o modo pelo qual a suportamos.

A dor de Dimas é o fogo que redime, eleva e purifica o espírito. A dor de Gestas é o fogo que devasta as florestas do orgulho revoltado, desprendendo chamas rubras e fumo negro. A dor de Filho de Deus é a luz que ilumina o mundo, que acorda as consciências adormecidas, que enobrece os corações, afinando as cordas do sentimento.

Esta última modalidade da dor é desconhecida dos homens. Ela só atinge os anjos e os deuses.

O ensino religioso

O ensino religioso não pode fugir à regra natural que rege qualquer espécie de ensino ou aprendizagem de qualquer arte ou ofício.

A religião há de tornar o homem bom e justo como a medicina o torna médico e o habilita a curar enfermidades; como a engenharia o torna engenheiro, e, portanto, capaz de construir um aterro, uma ponte ou um edifício; como a pintura ou a escultura o torna artista capaz de manejar o pincel ou o buril, modelando o mármore ou colorindo a tela.

A religião há de apurar os sentimentos e formar o caráter do indivíduo como a ginástica desenvolve os músculos, fortalece o físico, tornando o homem resistente, capaz de suportar, sem abalos, as grandes oscilações atmosféricas.

A religião que não consegue este resultado não é religião. O sal insípido, que nem tempera, nem conserva, não é sal, embora tenha as aparências deste. Ser não é parecer. O que parece pode ser, e pode também não ser.

Ora, a religião que não é em realidade uma força viva, transformando continuamente o homem para melhor, não é religião, é apenas um simulacro.

Quimeras e realidades

Comenta-se muito, atualmente, o terem as fantasias de Júlio Verne, em grande parte, cabal confirmação no terreno objetivo.

A ideia dos balões singrando os ares, dos barcos navegando no fundo dos mares, das mensagens aéreas, das invernagens no gelo e tantas outras maravilhas imaginadas pelo cérebro fecundo do escritor francês, foram verdadeiras profecias cujo cumprimento aí está nos aeroplanos, nos submarinos, nos radiogramas, na exploração das regiões polares, na volta da Terra em poucos dias, nas observações do planeta Marte etc.

Ora, por que, então, duvidarmos da vitória da justiça, do triunfo do bem, da confraternização dos povos, da paz universal e da solidariedade humana?

Por que se cumpriram os sonhos de Júlio Verne na esfera da evolução intelectual e não se cumprirão as profecias de Jesus Cristo, na esfera da evolução moral? Acaso o Espírito há de desenvolver-se somente no que respeita à inteligência e não se desenvolverá no que concerne aos sentimentos? Acaso o homem é só cabeça, ou é também coração?

Há poucos anos, todas as ideias de Júlio Verne eram tidas como puras fantasias de uma inteligência imaginosa. Hoje, reconhece-se no escritor de Nantes grande poder de observação, grande capacidade de previsão no que respeita ao futuro da Humanidade. Hoje, seu nome é lembrado, não como de simples visionário forjador de contos fantásticos para entreter o ócio de ledores que se comprazem em leituras agradáveis, mas como de um espírito lúcido, inteligente e culto, capaz de prever, com admiráveis probabilidades, até onde pode chegar o surto de progresso intelectual do homem, no terreno das artes e das descobertas científicas aplicadas à vida utilitária.

Assim também, dia virá, ainda que com mais vagar, em que os homens reconhecerão, na loucura da cruz, a história do futuro da Humanidade revelada pelo inigualável expoente da verdade na Terra — Cristo Jesus.

A Terceira Revelação empenha-se em demonstrar, como vem demonstrando, que as quimeras do Filho de Deus são verdadeiras realidades, e que as realidades deste mundo são verdadeiras quimeras.

A soberania da lei

Amai-vos uns aos outros — tal a lei soberana. Mas os homens, em sua ignorância e em seu egoísmo, desprezam-na e mutuamente se hostilizam e se consomem.

Todavia, a Providência Divina, pondo sua sabedoria ao serviço de sua misericórdia, faz que os homens, mesmo infringindo a lei, venham, afinal, a respeitá-la e cumpri-la. Deus tira dos próprios erros e insânias dos homens o meio de corrigi-los e regenerá-los.

Observando-se o leito de certos rios, vemos ali grande porção de seixos lisos, polidos, com suas superfícies arredondadas e perfeitamente brunidas. No entanto, nem sempre foram assim. Antes, eram pontiagudos, disformes, arestosos. Entregues, porém, à corrente dos rios, eles se entrechocaram duramente arrastados pelo curso caudaloso das águas em épocas de enchente. No decorrer desses repetidos embates periódicos, as arestas e os vértices desses seixos foram-se desgastando e polindo pelo atrito, até que, depois de muito se friccionarem, se tornaram lisos, como que envernizados por engenhosa arte.

Assim sucede com os homens. Lançados ao curso da vida, combatem-se, guerreiam-se, devoram-se. As paixões entrechocam-se num tumultuar constante. As competições e as rivalidades, em todas as classes, se sucedem continuamente. "O homem é o lobo do homem." Cobiça, orgulho, ciúmes, invejas, quais arestas aguçadas, vão-se ferindo reciprocamente, até que um dia, após longos e repetidos embates, acabam por se destruírem. Surge, então, o homem novo, caráter íntegro, lapidado em todas as suas facetas como o diamante lavrado por mão de habilíssimo artífice.

A Justiça e a Misericórdia Divinas, agindo em concomitância, levam o homem a reconhecer a soberania da Lei.

Tudo que a vingança dita, que a cobiça inspira, que o orgulho obriga, que o egoísmo, numa palavra, impõe, se consome e passa.

Só o amor é eterno, só o amor vence e permanece.

Cânones do século

Missa em ação de graças, reza-se sempre e invariavelmente em honra da causa vitoriosa, seja esta ou aquela, boa ou má, justa ou iníqua.

***

Santo, só se entroniza o da grei. Fora da comunidade não pode haver virtude, nem se reconhecerá mérito algum.

***

As leis são recursos que devem ser invocados sempre que se faça mister contrariar interesses de indivíduos insubornáveis. Fora deste caso, o seu sentido e o seu espírito estão no arbítrio dos detentores do poder.

***

Liberdade é a faculdade que gozam os próceres da situação dominante de fazerem o que bem entendem em prol dos seus interesses privados, impedindo, ao mesmo tempo, que os demais o façam.

***

Justiça é o emprego da força armada contra o povo, a fim de fazê-lo suportar calado todos os ônus que, em nome do dever, se lhe imponham, impossibilitando-o, ao mesmo tempo, de pugnar pelos seus direitos em terreno prático e eficiente.

***

Verdade é tudo que agrada, enaltece e lisonjeia os poderosos em ação. Mentira, calúnia e ignomínia é tudo que os contraria, critica ou acusa.

***

Patriotismo é submissão incondicional à política dominante, seja esta ou aquela. Demonstra-se nas paradas, nas festividades, nas passeatas comemorativas, nos discursos laudatórios e em outras cerimônias cívicas legalmente constituídas.

***

Religião é conformidade com as tradições e convenções adotadas oficialmente pela maioria. Demonstra-se pelas insígnias e símbolos usados e pela obediência aos rituais e às cerimônias instituídas pelas autoridades eclesiásticas que agem de acordo com os próceres da época.

***

Inteligência ou competência é a habilidade com que o indivíduo se acomoda às situações mais antagônicas, justificando-se e defendendo-se de modo que permaneça com aquela que vigorar no momento.

***

Política é a arte de iludir o povo com certa astúcia, de maneira que ele nunca fique unido e coeso, vendo as coisas pelo prisma único da realidade.

***

Ciência é o conjunto de bulas proclamadas pelas escolas oficiais. Fora delas, tudo é superstição e ignorância.

***

Arte é tudo aquilo que gratifica os sentidos.

***

Espiritismo é uma doutrina subversiva, perigosa e diabólica que se insurge contra os cânones do século, motivo por que deve ser perseguido sem dó nem piedade.

Homens racionais

O apóstolo russo, de saudosa memória — Léon Tolstói — proferiu esta frase lapidar: "O homem racional não pode viver sem religião".

O espírito dessas palavras diz tudo, vale por um programa completo na vida humana.

De fato, em que será que o homem se distingue dos animais? Pela inteligência? Não, porque os animais possuem essa faculdade de modo positivo, insofismável, embora relativo. Pelo pensamento? Não, porque pensar não é privilégio do homem. Experiências rigorosas demonstraram cabalmente que os animais pensam. Será pelo raciocínio ou pela memória? Também não, visto como, em os nossos irmãos inferiores (na expressão amorável e sábia de Francisco de Assis) já vislumbra o dealbar da razão. Quanto à memória está provado à saciedade que os animais a possuem e bem desenvolvida. Será, finalmente, pela dedicação e cuidados dispensados à prole? Não, ainda, pois os seres de toda a escala zoológica cuidam dos filhos, dedicando-se-lhes durante toda a época em que eles necessitam de amparo e proteção.

O homem se distingue dos animais pela ideia de justiça e de dever; pelo espírito de solidariedade e de fraternidade; pelo sentimento de altruísmo, de onde derivam a renúncia e o sacrifício pelo bem e pela felicidade de outrem; finalmente, o homem se distingue dos irracionais na preocupação pelo futuro que o aguarda e no interesse com que indaga da origem de onde provém, pesquisa essa que o conduz a descobrir Deus em seu interior.

Em tal importa a síntese da religião. E, como há homens que se não interessam por esses assuntos, conclui-se que há homens irracionais. Daí a exclamação do profeta: *O boi conhece seu guia; o jumento conhece seu dono e sua manjedoura; mas esta gente não conhece o seu Deus* (Isaías, 1:3).

O homem

Penso que o homem é uma obra perfeita. E nem pode deixar de ser, uma vez que foi criado à imagem e semelhança de Deus.

Da onisciência aliada à onipotência, não provirão obras falhas e defeituosas. Cumpre, porém, notar que as obras de Deus são vivas. Ora, onde há vida, há movimento e crescimento.

A excelsa sentença do *Gênesis*: "crescei e multiplicai-vos", encerra o segredo da vida, uma vez que não nos atenhamos apenas ao sentido literal daquelas palavras. Crescer e multiplicar não se refere somente ao número ou à quantidade, mas também, e particularmente, à qualidade. Naquele simbólico "sopro" que Deus infundiu à argila, encontra-se o dinamismo vital que vem da eternidade e marcha para o infinito.

"Para a frente e para o alto", eis a legenda gravada em cada átomo do Universo. Os defeitos e prejuízos humanos atestam, portanto, não a imperfeição da obra, mas apenas o estado atual de acabamento em que ela se encontra.

O homem não é uma estátua modelada e acabada pelo buril do estatuário. O homem é obra viva, inteligente e consciente de si própria. A estátua nada sabe de si mesma:

sua forma, seus contornos, suas linhas e suas expressões são fixas, imóveis, inertes.

O supremo Artista não age assim. Infunde *vida* às suas obras; e estas, uma vez vivificadas, se agitam, crescem, sobem e transcendem, aperfeiçoando-se e aprimorando-se sempre.

O homem mesmo há de colaborar com Deus na obra de seu crescimento e de sua evolução. Daí o mérito e o demérito de cada um. De outra sorte, o homem não teria consciência do seu valor, nem estaria aparelhado para realizar o ideal de felicidade que constitui o supremo alvo da vida.

À medida que ele se vai aperfeiçoando, melhor irá refletindo a divina imagem a cuja semelhança foi criado.

Só em Jesus, o sublime, o caráter adamantino, o paradigma da perfeição, podemos ver a imagem de Deus refletir-se em sua pureza e excelsitude. Por isso, Ele pode dizer com autoridade: "quem me vê a mim, vê ao Pai".

Crer sem ver

Bem-aventurados os que não viram e creram.

A propósito da incredulidade de Tomé, Jesus proferiu a frase acima transcrita. Está visto que o Mestre não pretendia implantar a crendice, a fé ingênua e cega, que gera o fanatismo e acoroçoa a superstição. Aquelas palavras encerram profunda sabedoria.

Tomé apoiava-se neste critério: ver para crer. Todavia, os olhos, que verdadeiramente veem, não são os do corpo: são os do Espírito. Os olhos físicos estão na dependência dos espirituais. Aquilo que vemos com os olhos da carne é transmitido ao Espírito por meio de impressões. Ele é que realmente vê, porquanto é ele que julga, que discerne, que interpreta, que induz e deduz. Sem tal operação, ninguém vê: imagina, supõe que vê. A visão real é a do interior; a do exterior serve apenas para despertar aquela, impressionando-a de maneira mais ou menos acentuada. Os olhos do corpo, por si sós, nada veem, positivamente falando.

O analfabeto vê os caracteres impressos no papel, mas, em verdade, nada enxerga, porque o seu Espírito, não educado, nenhuma interpretação pode tirar daqueles símbolos. Nele, com respeito ao alfabeto, só funcionam os olhos do corpo; e tal função, desacompanhada da dos olhos do espírito, é nula ou quase nula. Por isso é que muita gente, segundo a eloquente expressão evangélica, tem olhos e não vê, tem ouvidos e não ouve, tem inteligência e não entende. Há uma espécie de analfabetos para as coisas espirituais. Para estes, os sinais positivos do Além são inexpressivos e vãos.

Os olhos do Espírito podem dispensar o concurso dos do corpo, agindo independentemente das impressões do exterior. Quando o Espírito possui certo grau de adiantamento intelectual e, especialmente, de sensibilidade moral, começa a surpreender no seu interior uma fonte de maravilhas, um mundo prodigioso até então inexplorado. Estes tais são bem-aventurados, pois estão em condições de crer sem ver; enquanto aqueles outros são desditosos porque, a despeito de verem, tornarem a ver e verem ainda, não chegam a crer, não adquirem convicções, nem alcançam fé, nem esperança.

Os que sabem ver com os olhos do espírito dispensam os sinais externos, porque o seu interior já é teatro dos milagres mais portentosos, das maravilhas mais surpreendentes.

Para os gênios, fenômenos corriqueiros, aparentemente sem importância, dão lugar a profundas meditações, donde surgem maravilhosos inventos, importantes descobertas.

A grandeza das deduções e das consequências contrasta com a insignificância dos fenômenos que lhes deram causa. Newton, ao observar a queda da maçã, descobriu a lei da atração.

Para os preguiçosos mentais, fenômenos extraordinários e surpreendentes pouco, ou quase nada, logram arrancar de seus cérebros obtusos. A mesquinhez das suas ilações e conclusões contrasta com a magnificência dos fenômenos observados.

É o que se constatou com a passagem de Jesus Cristo pela Terra. A série de maravilhas que Ele produziu — da transformação da água em vinho, nas bodas de Caná, à ressurreição de Lázaro, em Betânia — não foi suficiente para abalar a animalidade e a obliteração mental do povo judeu.

Na atualidade, a história se repete com o advento do Espiritismo. Os fenômenos mais transcendentes não são bastante fortes para vencer a materialidade e o ceticismo do século!

Orgulho

Há pessoas cujo orgulho é tão acentuado que, para se molestarem e se irritarem, basta que se faça ligeira referência às qualidades e aos méritos de terceiros.

***

O orgulho é a maior pedra de tropeço que embaraça a entrada no Reino de Deus. Daí porque Jesus disse, no sermão do monte: *Bem-aventurados os humildes de espírito* [não se trata de humildes de haveres, de posição, de linhagem, de profissões etc., mas de humildes de espírito, isto é, de coração], *porque deles é o Reino dos Céus.*

***

O homem orgulha-se de tudo: do seu dinheiro, do seu saber, da sua posição, de sua linhagem, das suas qualidades, dos seus defeitos, das suas ascensões, das suas quedas, até mesmo da sua ignorância, maldade e loucura.

Certamente por isso é que Alexandre Herculano teve esta exclamação: Orgulho humano! que serás tu mais: estúpido, feroz ou ridículo?

***

Não é a pobreza, nem a enfermidade, nem a fome, nem a nudez que mais têm ocasionado sofrimentos na Terra; é o orgulho, sob suas várias e multiformes modalidades.

***

O primeiro sangue que ensopou a Terra foi o de Abel, assassinado por seu próprio irmão. Qual a causa que determinou esse homicídio? O orgulho ferido. Como ao primeiro fratricida, o orgulho vem armando o braço criminoso de todos os Cains, em todos os tempos, sob todos os pretextos.

***

Falamos em orgulho ferido. Já se viu, acaso, algum orgulho satisfeito? Não é verdade que o orgulho está sempre ferido? Haverá algo mais delicado, mais sutil, mais melindroso, mais tênue e suscetível que o orgulho? Nem o floco de neve, nem o lírio pulcro, nem a pura açucena, nem a camélia branca são tão suscetíveis.

Uma palavra, uma interjeição, uma tonalidade de voz, um gesto, um olhar é bastante para melindrar o orgulho.

Mas que dizemos nós? Para feri-lo, basta, às vezes, o próprio silêncio!

O demônio

"A árvore se conhece pelo fruto."

O demônio anda de luto: veste-se invariavelmente de preto.

O mau humor, o tédio, o pessimismo e o aborrecimento constituem seu estado normal. É desconfiado, vive constantemente apreensivo, divisando por toda a parte ciladas e traições.

É descrente do bem, da verdade, da justiça e do amor. Sua mente só funciona no negativo.

É inimigo irreconciliável da alegria sã e franca. Aborrece os corações joviais, cujo contentamento procura por todos os meios obstar. Irrita-se com a fé no porvir, odeia o otimismo, repele a confiança na justiça. A tristeza, o desânimo e as canseiras são seus apanágios.

É adversário do bom senso, do raciocínio sereno e calmo. Seus gestos são intempestivos, seus juízos são repentinos e rápidos como o corisco, sua atitude é tumultuosa como as tempestades.

É ciumento e suscetível ao extremo. Seu desmedido orgulho melindra-se a cada passo, revolta-se a cada instante. Tem prazer em descobrir as faltas alheias. Rejubila-se nos escândalos. Propala aos quatro ventos as fraquezas e as quedas que, com rara habilidade, descobre e explora em detrimento das suas vítimas.

A malícia e a hipocrisia são atributos seus.

É visceralmente querelento e disputador. Pugna constantemente pelo interesse ferido. É dissimulador por índole: nunca assegura que viu, assoalha sempre que *ouviu dizer*. Não afirma, *cria a dúvida*.

É apressado e insofrido. Faz questão de hora certa, conta os minutos, mede os instantes.

Inteireza do Cristianismo

O Cristianismo é a verdadeira escola positiva. Nos ensinos de Jesus não há lugar para doutrinas acomodatícias. O alvo visado pelo Mestre Divino é uno e bem definido. Jesus jamais ensinou fragmentos de doutrina. Sua escola, nele mesmo personificada, é uma obra completa, uniforme, perfeita.

A meia crença divide a Humanidade, gerando intolerância, dissídios e cismas. A crença integral é magnânima, é liberal, une e congraça os corações, fazendo da Humanidade uma família.

A meia ciência incha, enfuna e confunde, originando o orgulho e criando peias à livre marcha da evolução. A ciência integral aclara a razão, aformoseia os sentimentos, formando caracteres fortes e despretensiosos, verdadeiros fatores de progresso e de civilização.

A meia arte abastarda e corrompe os ideais, enquanto a arte perfeita e íntegra eleva e enobrece o espírito.

Por tudo isso, Jesus era inimigo das lacunas, das falhas e das mediocridades em matéria doutrinária; tudo pelo melhor, tudo no superlativo. *Sede perfeitos como vosso Pai celestial é perfeito* — tal o seu programa religioso, tal a divisa inscrita no lábaro do Cristianismo.

Olhos de ver

Jesus costumava empregar frequentemente esta frase: *Quem tem ouvidos de ouvir e olhos de ver, ouça e veja. Quem tem inteligência de entender, entenda.*

À primeira vista, aqueles dizeres parecem banais; no entanto, quanta sabedoria encerram!

Olhos de ver? Acaso têm os olhos outra função que não seja ver?

Ouvidos de ouvir? Para que se destinam os órgãos auditivos senão a ouvir? E a inteligência? Essa faculdade prestar-se-á a outro fim que não o de conquistar e assimilar conhecimentos?

Realmente assim é. Todavia, o fato inconteste é que a grande maioria dos homens têm olhos e não veem, têm ouvidos e não ouvem, têm inteligência e não entendem.

Os que tendo olhos, ouvidos e inteligência — e veem, e ouvem e entendem, constituem exceção.

Da mesma sorte, a maioria da Humanidade tem coração e não ama, tem consciência e não sente o peso das responsabilidades.

Durante a passagem de Jesus pela Terra, quantos viram as suas obras, ouviram as suas prédicas e entenderam as suas parábolas? Quantas almas foram tocadas pela magia do divino Verbo? Bem poucas.

As Madalenas, os Zaqueus e os Saulos não se contam por dezenas: são raridades.

Na história profana, verifica-se o mesmo critério. As maçãs desprendem-se das macieiras, desde que essas árvores existem no mundo; não obstante, só Newton teve *olhos de ver* esse fenômeno corriqueiro, descobrindo nele a lei da atração dos corpos, vislumbrando o segredo da máquina celeste com todas as suas maravilhas.

Os testos das panelas trepidaram sempre sob a influência da água em ebulição, mas só Fulton teve *olhos de ver* essa trepidação, partindo daí a descoberta dos barcos a vapor e dos caminhos de ferro.

Inúmeras pessoas já haviam observado os fenômenos de tiptologia, mas só Allan Kardec teve *inteligência de entendê-los*, tirando deles as bases para compilar a Doutrina Espírita, cujos postulados vêm revolucionando as esferas da ciência e da fé.

Todos os homens têm no peito um coração que pulsa e que sente. Mas os que amam o próximo como a si mesmos, são tão raros que se denominam — santos.

Diante do exposto, concluímos que o Divino Mestre tinha sobras de razão quando chamava a atenção dos seus ouvintes por meio dessas palavras que deram pábulo a este artigo. Aprendemos, com o Senhor, que os verdadeiramente *vivos*, neste orbe, com olhos de ver, ouvidos de ouvir e coração de amar, são raridades dignas de nota como a flor de Lótus e os trevos de quatro folhas.

Filosofia da felicidade

O problema da felicidade é todo de ordem espiritual.

Ser feliz importa em determinado estado de alma, que independe de circunstâncias externas.

***

A felicidade, como a imortalidade, está na trama íntima da vida mesma, dessa vida que não começa no berço, nem termina no túmulo.

***

Ser feliz é viver intensamente, é mergulhar no pélago da vida, sondando-lhe os arcanos mais recônditos. *Eu vim para terdes vida, e vida em abundância.*

***

Felicidade não é satisfação, nem prazer, cuja sede seja a matéria. Tenho fome? Alimento-me, sinto-me saciado. Tenho sede? Bebo, estou dessedentado. Isto não é felicidade, pois que voltarei a ter fome e a ter sede. Ser feliz é comer certo pão e beber certa água, que nutrem e saciam para sempre.

***

Sem fé, não há felicidade. A alegria de viver vem do otimismo; o otimismo é filho da fé. Sentir alegria de viver, ser otimista, ter fé: eis a felicidade.

***

A felicidade não conhece passado, nem futuro: está sempre no presente.

***

O sofrimento não destrói a felicidade; esta é que age sobre aquele, suavizando-o hoje, dissipando-o amanhã.

***

Assim como da noite desponta o dia, assim a felicidade, muitas vezes, nasce da própria dor.

***

A felicidade é produto de autoeducação. Educar é desenvolver os poderes latentes do Espírito. Aos que pretendem alcançar a felicidade, por outros meios, estão reservados desapontamentos e desilusões.

***

Buscar a felicidade fora do seu interior, diz Vigil, é fazer como o caracol que andasse à cata de sua casa. É, ainda, como a jovem solteira que, ao cair das tardes, esperasse pelo marido.

***

Quanto mais intensa é a chama, maior será a irradiação que ela projeta. Da mesma sorte, quanto mais intensa for a vida, tanto maior será a felicidade que dela dimana. Duas chamas conjugadas formam uma chama bem mais forte. Assim, também, a vida se torna tanto mais feliz, quanto mais irmanada estiver com outras vidas e quanto mais estreita e íntima seja essa confraternização. *Pai, quero que eles sejam um comigo, como eu sou um contigo.*

***

Pela felicidade, como pelo céu, ninguém tem que esperar. Os que esperam jamais alcançam. Os que querem deveras a felicidade, já estão com ela. Os que realmente querem o Céu já nele estão, têm nele a sua morada. *A hora vem, e agora é.*

Impressão de viagem

Acho-me a bordo do "Cap Arcona", o maior e o mais aparatoso transatlântico que tem singrado águas brasileiras, depois do "Atlantique", recentemente inaugurado.

Verdadeira cidade flutuante, em que o conforto, a suntuosidade e o luxo se sucedem num ritmo maravilhoso. Sala de refeição ampla e ricamente ornamentada, "bar" esplêndido, *hall* magnífico, salão de baile decorado com requintada arte e fino gosto; confortáveis apartamentos, ótimos camarotes, biblioteca, gabinete de leitura, cabeleireiro para homens e senhoras; farmácia, consultório médico, estufas engalanadas de lindas flores, piscina de natação, campo de tênis e de futebol. Enfim, conjunto admirável, quase fantástico, que deslumbra e arrebata os sentidos.

***

Depois, dando asas ao pensamento, vi-me em alto mar, entre as duas imensidades que lembram o infinito: o oceano sem praias e o espaço sem horizontes. À noite, considerei demoradamente o céu estrelado, os planetas em profusão, os milhões de sóis esmaltando o azul do firmamento.

Espetáculo arrebatador, cuja contemplação empolga o espírito!

Atravessei o continente e saltei em terra.

Visitei Paris, Bruxelas, Amsterdam, Bremen, Hamburgo, Berlim, Viena, Zurique, Lausanne, Genebra, Londres e Roma.

Em seguida, atravessei o Atlântico Norte, rumo aos Estados Unidos. Desembarquei em Nova Iorque, terra dos arranha-céus, divisando, logo à entrada, a grande Estátua da Liberdade.

Percorri Chicago, Washington, Virgínia, Saint Louis, Califórnia, Flórida, Alabama, Texas, Missouri etc.

País admirável, onde tudo assume proporções gigantescas: a virtude e o vício, o bem e o mal, a luz e as trevas.

***

Após me haver assim inteirado de tudo quanto existe de notável e digno de menção; depois de me haver saturado de todas as maravilhas concebidas e executadas pela inteligência do homem através de séculos e de milênios; e também daquelas esparsas pelas mãos pródigas da Natureza, regressei ao ponto de partida, trazendo bem vivo na mente, como numa tela cinematográfica, o conjunto de tudo quanto me foi dado ver e admirar através de minha fantasiosa jornada.

E, sob o influxo de tal impressão, ponderei comigo: como é misteriosamente imenso o coração humano!

Quem ousará medir a sua extensão ou sondar-lhe a profundidade?

Grandezas, luxo, arte, ciência, prodígios mil; fama, glória, poder, domínio, prazeres, deleites, sensações e emoções multiformes; terra, mar, céu e espaço — tudo é insuficiente, é pouco para a sua capacidade! O Universo não lhe basta!

***

Conclusão: só o amor é grande, porque só ele é capaz de satisfazer às aspirações do coração e atingir a sua plenitude. À luz que dele irradia, empalidecem o brilho das estrelas e o esplendor dos sóis!

Só o amor é grande: *Deus é amor.*

Reflexões

Os homens procuram, às vezes, a verdade com muito empenho e não a encontram. Lamentam-se, por isso, frequentemente, e indagam: Por que a verdade há de ser esquiva?

E a verdade retruca: É a minha vindita, pois costumo ser requestada pelos homens somente quando correspondo aos seus objetivos e às suas conveniências; sempre, porém, que os procuro, advertindo-os dos seus erros e iniquidades, sou rejeitada e até repelida.

***

Para que encontremos a verdade quando a queremos, é preciso que a recebamos condignamente quando ela quer algo de nós. Tal a condição para entretermos relações amistosas com ela. Se a repelimos quando por ela solicitados, não a encontraremos quando a buscarmos.

A verdade é ciosa de sua afeição. Revela-se com prazer aos que lhe votam real estima, e oculta-se dos que costumam desdenhá-la quando ela espontaneamente se apresenta.

Daí por que Pilatos (símbolo perfeito do homem do século que coloca o interesse acima da justiça), indagando da mesma Verdade: Que é a verdade? — ficou sem resposta.

Do mesmo modo procedem os homens com relação à justiça, ao direito e à liberdade.

Clamam por justiça, quando são vítimas de iniquidade; bradam pelo direito, quando se veem prejudicados; protestam por liberdade, quando se sentem constrangidos. Esquecem-se, porém, de tudo isso, sempre que, tratando dos seus interesses, invadem o direito alheio, constrangem a liberdade do próximo e negam ao seu semelhante aquilo que lhe é devido.

É por isso que a verdade, a justiça, o direito e a liberdade são questões eternamente controvertidas entre os homens: nunca chegam a uma conclusão.

***

A razão, muitas vezes, acertando, erra. O coração, outras tantas vezes, errando, acerta.

"O homem é cérebro, a mulher é coração."

Corpo com dois corações é anomalia, e com duas cabeças é monstro.

O homem, portanto, não é mais que a mulher, nem a mulher é menos que o homem: ambos se completam.

O homem, mesmo quando sente, a razão influi nos seus sentimentos; e a mulher, mesmo quando arrazoa, o sentimento atua nos seus raciocínios. Isto quer dizer que o homem sente um pouco com o cérebro, e a mulher pensa muito com o coração.

Por isso, conta-nos o Evangelho que Maria, observando cuidadosamente os acontecimentos que se davam com Jesus, *ia conferindo tudo no seu coração.*

***

O feminismo alega que a inteligência da mulher vai enriquecendo as Letras, as Artes e as Ciências. Que bom!

É pena que o mundo vá empobrecendo de bondade, justiça e amor.

Uma coisa terá, acaso, relação com a outra?

Vigílias

A salvação de nossas almas não está numa finalidade qualquer — céu, paraíso, Nirvana — está na perpétua renovação da vida para o melhor e para o mais elevado.

***

Afirmo, sem pestanejar, que Jesus não instituiu nenhuma casta sacerdotal com poderes ou privilégios de qualquer natureza. Suas promessas são extensivas a todos os homens mediante determinadas condições, às quais, igualmente, todos estamos subordinados.

***

Os verdadeiros cristãos são como os verdadeiros missionários neste mundo: são e ignoram que o são. Perguntaram certa vez ao Batista: Sois Elias?

Não sou — foi a resposta. Sois profeta? — Não sou. Sou apenas a voz que clama no deserto.

***

Os que sobem pelo prestígio da força não sobem: descem. Os que descem à força da iniquidade não descem: sobem.

Não é o prestígio da força, mas a força do prestígio que eleva e dignifica o homem.

***

Onde está o espírito do Cristianismo? Está no coração daqueles que, divergindo embora no que respeita às sutilezas da fé, confraternizam sempre, considerando Jesus como seu Mestre e Salvador. Está na colaboração e na eficiência em prol de todas as causas que visam ao bem coletivo.

***

O melhor protesto contra o falso ensino religioso é propiciar o verdadeiro.

O método positivo é de mais eficiência que o negativo. Construindo-se a boa obra, a má vem abaixo. "Toda árvore não plantada pelo Pai será arrancada." Ao invés, portanto, de mostrarmos o erro de falsa moral, já de si decadente, intensifiquemos a propaganda da moral cristã nas sedes das nossas agremiações.

Existem, no Brasil, centenas, milhares de igrejas espíritas.

Pois que seja cada uma delas um foco ardente de luz e de amor, onde as crianças e a juventude encontrem oportunidade e facilidade de aprender as sublimes verdades evangélicas.

Transformemos as nossas sedes em escolas. Cuidemos da infância, guiemos e orientemos os pequeninos, pois dos tais é o Reino dos Céus.

***

Melhor do que remediar é prevenir. Pela educação ministrada à infância e à juventude, podem evitar-se esses males e misérias que flagelam a sociedade contemporânea e para cuja conjuração todas as medidas e todos os remédios ora empregados resultam de eficácia quase nula.

Sublata causa, tollitur effectus.

Por que deixarmos que a mocidade se abisme no tremedal dos vícios, se chafurde na lama das paixões, para, depois, convidá-la à regeneração? Por que não ministrar desde logo o verdadeiro ensino religioso às crianças?

***

A chave de todas as questões sociais está na educação da mocidade. Sócrates, que viveu na Terra quatro séculos antes do Cristo, já sabia disso.

***

Neste mundo todos os homens são, ao mesmo tempo, mestres e discípulos: ensinam e aprendem.

***

Quem se dispuser a ensinar, sem se dispor a aprender, jamais será bom instrutor.

Quem se vangloria do seu saber dá com isso provas evidentes da mediocridade desse saber. O verdadeiro sábio é humilde no seu saber. Com aquilo que ignoramos — disse um grande pensador e filósofo — Deus poderia, se quisesse, criar um outro Universo. E, com aquilo que sabemos, não podemos, ainda que o queiramos, criar um grão de areia.

***

A seara espiritual diverge da seara terrena. Para esta há épocas determinadas para semear e para colher. Aquela comporta os dois misteres ao mesmo tempo: a semeadura e a ceifa. O obreiro da seara espiritual colhe e semeia conjuntamente. Colhe o que outros semearam, semeia para outros colherem. Na lavoura do Espírito vigora a lei da solidariedade e da justiça: quem dá, recebe; e quem recebe, dá. Há sempre leiras abertas para acolher a sementeira, como há continuamente grãos e frutos sazonados para o celeiro. Na seara espiritual, a estação do plantio, como a da colheita, está sempre à porta: o lavrador não precisa esperar, porque todos os tempos são favoráveis para um e para outro trabalho.

***

Todo prazer que extenua o corpo e abate o espírito é loucura, é crime contra a Natureza considerada em seu duplo aspecto-físico e moral.

O pecado, em síntese, outra coisa não é senão desrespeito à Natureza, porque Deus não está nos templos de pedra, nem nos altares, nem nas alfaias: Deus está na Natureza — na gota de orvalho como no resplendor da estrela, no riso da criança como no coração das mães.

***

Precisamos viver cada momento da vida, tal como é, no presente.

Lamentar o passado e angustiar-se pelo futuro, desprezando o presente, é insensatez.

No dia da dor, sejamos resignados, sejamos fortes. Na hora do prazer, sejamos comedidos, sejamos gratos àquele que no-lo proporciona. Vivamos assim cada momento da vida tal como ele se apresenta. Não agravemos a dor com a revolta, nem com murmurações; e não obscureçamos o sol da Alegria, com reminiscências dolorosas. Vivamos sempre do presente, como presente. Não procuremos afastá-lo para o passado, nem impeli-lo para o futuro. O Sol de ontem ou de amanhã não nos aquece, não nos alumia hoje: vivamos, pois, o dia de hoje, como ele é.

Não nos detenhamos no mal que já passou, nem nos aflijamos por um bem que ainda não veio. Sejamos o homem do dia, tal com o dia se apresenta. *A cada hora basta a sua própria aflição.*

***

Afirmo, sem vislumbre de dúvida, que diante de Deus não há diferença alguma entre o católico e o budista, o espírita e o protestante, o maçon e o positivista, o teósofo e o muçulmano — uma vez que os profitentes de tais credos sejam sinceros, verazes, fiéis à consciência própria e se achem possuídos do espírito de justiça e de amor ao próximo.

Afirmo mais: que o conceito acima exposto é genuinamente cristão e profundamente evangélico.

***

Dá-me, Senhor, oportunidade de vingar-me dos que me fazem mal, proporcionando-me ensejo de lhes fazer um grande bem!

***

"Bom só há um, que é Deus."

Aquele, que muito se defende aos seus próprios olhos, muito se acusa e muito se compromete.

Quem a si mesmo se eleva, a si mesmo se abate. Aquele que se acusa sem reservas, no foro íntimo da consciência, promove sua defesa, evita amargas decepções e previne com segurança o dia de amanhã.

O melhor meio de nos premunirmos e nos resguardarmos de muitos males é sermos mais contra que a favor de nós mesmos. Os que têm por norma justificarem-se incondicionalmente, imaginando-se bons e virtuosos, se expõem a grandes perigos. O rigor para consigo mesmo é a melhor arma de defesa; quem a maneja continuamente previne o futuro e assegura o bem-estar presente. A nossa paz vem da guerra que movemos contra nós próprios.

***

Não só dos triunfos, mas também das quedas tiramos motivos de encorajamento na conquista dos nossos destinos. Não são unicamente os grandes, pelo saber e pela virtude, que exemplificam; os pecadores humildes, que se erguem do pó, confessando seus pecados e fraquezas, com simplicidade de coração, também edificam, servindo de estímulos aos militantes da fé.

O fariseu e o publicano oravam no templo. O primeiro lembra-se das suas qualidades e virtudes. O segundo deplora sua condição de mísero pecador. Este volta justificado, e não aquele, sentencia Jesus, refletindo a soberana Justiça.

***

Ser bom e ser justo importa numa questão muito mais importante que ser sábio e ser rico.

Não obstante, os homens invertem o problema capital da vida, relegando a justiça e a bondade para os últimos planos.

O nonada humano

Que é o homem?

O homem é a parcela mais diminuta da Humanidade. que habita a Terra.

Que é a Terra?

A Terra é nada ou quase nada no sistema solar.

Que é o sistema solar?

O sistema solar é nada ou quase nada na Via Láctea.

Que é a Via Láctea?

A Via Láctea é nada ou quase nada na universalidade das nebulosas.

Que é a universalidade das nebulosas?

A universalidade das nebulosas é nada ou quase nada na imensidade do infinito.

Não obstante essa humilíssima posição em que se encontra o homem, um dos maiores prejuízos que o acompanham é o orgulho, é a autolatria a que se entrega constantemente com menosprezo de tudo que o cerca, inclusive Deus e a sua Justiça.

Suprema lei

Há uma Lei Suprema que tudo abrange, que tudo rege, que tudo domina.

Ela impera no mundo do infinitamente pequeno, como no mundo do infinitamente grande; no mundo da matéria, como no mundo do Espírito. Ela governa o equilíbrio do Universo, sob infinitas maneiras.

No plano do infinitamente pequeno, grupa os átomos e moléculas, formando os corpos: denomina-se coesão ou afinidade. No plano do infinitamente grande, mantém os astros em suas respectivas órbitas, assegurando a estabilidade e a harmonia celeste: chama-se atração. No mundo do Espírito, invalida as distâncias, apaga as causas de separação, vence o egoísmo, irmana as almas: intitula-se amor.

Os vínculos originados dessa lei — cuja força e poder são infinitos — ninguém os vê; não obstante, eles sustêm os astros, essas moles desmesuradas, na imensidade do espaço, sem qualquer ponto de apoio. Mantêm os átomos num redemoinhar vertiginoso, que assombra e confunde a inteligência humana. Urdem certa trama que, uma vez enlaçando os corações, não há mais distância que os separe, não há mais morte que os desenlace.

Daí por que o Redentor do mundo disse que essa lei é a síntese de todas as leis, é a súmula de todas as profecias.

***

Amar os maus não é só um gesto de misericórdia: é também um ato de justiça. Eles devem ser amados precisamente por serem o que são: maus.

Há tanto gozo em ser bom; defluem tanto prazer e tanta felicidade da prática do bem, que é um grave pecado deixar alguém de condoer-se dos que se encontram privados de tão grande fonte de bênçãos.

O coração amorável, simples e humilde tem em si mesmo um manancial inesgotável de ventura. Até mesmo quando sofre, goza no sofrimento. O mau tem em si próprio a condenação. É um padecente, é um infeliz. Faz, por isso, jus ao amor.

Serão, acaso, os bons que inspirarão piedade? Certamente que não. Amiserar-se dos bons, se possível, seria insânia. Ora, que é a piedade, ou a comiseração, senão amor? Logo, amar o mau é obra de justiça, porque importa num ato ditado pela consciência.

Todo e qualquer impulso nobre, que vem do coração, é, invariavelmente, amor. Quem ama é feliz, ainda mesmo não sendo amado.

O amor encerra em si mesmo a melhor das recompensas.

Só os maus não sabem amar. Só os maus são desgraçados, dignos, portanto, de serem amados.

Os bons conquistam amor. Em realidade, não lhes damos nosso amor: eles no-lo arrebatam e nós nos comprazemos em que o nosso amor vá para eles. Para os maus, é preciso dar amor, porque eles não sabem conquistá-lo; mas nem por isso deixam de merecê-lo, ou, melhor, por isso mesmo devem merecê-lo.

O tempo

"Para Deus mil anos são como um dia, e um dia é como mil anos."

Como poderemos definir o tempo e dar uma ideia exata do que seja?

Há dias que correm céleres como os relâmpagos, traçando sinuosas linhas de fogo no espaço. São os dias da mocidade.

Outros há, tão longos quanto aqueles do *Gênesis*. São os dias da reparação e da expiação da culpa.

Há horas que, de tão rápidas, nunca são presentes: são sempre passadas; porquanto, logo que percebidas, já não são mais: tinham sido, foram... Essas horas chamam-se *saudade*.

Horas há tão penosas em que a vida nelas vivida é um pesadelo do qual parece jamais se acordar! São as horas do desengano.

Concluímos, portanto, que o tempo é uma abstração, uma fantasia criada pela nossa própria mente. O tempo está em nós mesmos e não fora de nós como supomos. Nós o forjamos consoante as transformações e as emoções por que passamos.

A nossa matéria se transforma continuamente sob a influência de Leis Naturais: dizemos, então, que estamos envelhecendo por obra do tempo. Recordamos de fatos que nos impressionaram e damos a isso o nome de *passado*. Aspiramos a um bem que ainda não alcançamos e, daí, nos vem a ideia de *futuro*.

Quando sonhamos, embalados na magia do amor, a vida se torna leve e o nosso ser diáfano. Não percebemos o jugo da matéria, nem o peso da atmosfera terrena que nos envolve. Quando, porém, suportamos as consequências amargas dos nossos erros e das nossas fraquezas, a vida se transforma em fardo cujo peso se nos afigura insuportável.

Daí a relatividade do tempo. De fato, e realmente, não existe o tempo tal como imaginamos. Não há *passado*, nem *futuro*. O que há é o *presente* eterno onde a nossa alma imortal realiza o objeto supremo da vida mediante o influxo da lei incoercível que a rege: a evolução.

Por isso disse o sapientíssimo Mestre: *A hora vem, e agora é.*

Os mistérios do amor

> Este é o meu mandamento; que vos ameis uns aos outros
>
> (João, 15:12).

Paulo, com admirável justeza, disse: *O amor é o vínculo da perfeição*. De fato, assim é. Não há virtude que no amor não se contenha, ou melhor, que dele não dimane.

O amor é o mistério dos mistérios. Quem o entende, quem o define? João, apóstolo, definiu-o com o indefinível, dizendo: *Deus é amor*.

Uma das particularidades misteriosas do amor é atingir e interessar a todos os seres, do mais vil ao mais nobre e elevado, do mais rude e ignaro ao mais sábio e mais santo. Cada qual o vê por determinado prisma, o sente sob modalidades várias. Não obstante, o amor é uno e indivizível.

Ninguém sabe o que o amor diz ao sábio, nem o que diz aos simples. Não se sabe igualmente como se acomoda nos corações delicados e nas almas rudes, nos temperamentos dóceis e nos gênios arrebatados. O fato é que o amor invade todos os arcanos da alma humana, seja esta ou seja aquela.

É erro supor-se que os maus se acham desprovidos de amor. O que se passa com eles é apenas um caso de ignorância: ignoram que é do amor que vem a vida que fruem. Vivem sem saber viver, amam sem saber amar.

Descrever o amor é descrever a perfeição. Só pode descrever a perfeição aquele que é perfeito. O que podemos e devemos fazer é estudar o amor como o astrônomo estuda as inúmeras e longínquas terras do céu. Mas para estudar o amor não basta o uso do telescópio para contemplá-lo em sua incomensurável grandeza. É preciso analisá-lo também como o bacteriologista, manobrando o microscópio a fim de surpreendê-lo em seus aspectos infinitamente pequenos, imponderáveis quase. É este outro mistério do amor: ser ao mesmo tempo infinitamente grande e infinitamente pequeno. Às vezes revela-se numa palavra, num gesto, num olhar, como, por exemplo, no sacrifício daquela viúva deitando duas ínfimas moedinhas, que era tudo quanto possuía, no gazofilácio do templo. Outras vezes, somente o lobrigamos no conjunto de uma vida inteira, formando um todo tão grande e tão deslumbrante que só de longe pode ser admirado. Tal é o amor de Jesus Cristo, que só vem sendo visto e contemplado através da objetiva de dois milênios.

A natureza do amor é genuinamente espiritual. Sem embargo, surge frequentemente da materialidade como a aurora desponta das trevas. E não será esta particularidade mais um dos seus mistérios? Certamente. E ainda não é tudo. Amor é altruísmo. Altruísmo é o oposto do egoísmo. Não obstante, é comum vermos o amor no egoísmo e o egoísmo no amor. Paradoxo? Não; outro mistério. Exemplifiquemos. Haverá amor menos suspeitoso que o materno? Todavia, esse afeto, como todo o amor nascido da carne e do sangue, é cheio de egoísmo.

Há quem condene o amor mesclado de egoísmo, alegando que semelhante amor não é amor. Que será então? Egoísmo? Mas egoísmo que vai ao sacrifício de si mesmo em prol do objeto de seus afetos? Nesse caso, há um egoísmo bom; e esse egoísmo bom há de ser o princípio do amor.

Entre o fogo e a luz há grande diferença. O fogo destrói, a luz ilumina; o fogo abrasa e consome, a luz suaviza e dulcifica; o fogo arrebata, a luz acalma; o fogo é a violência, a luz é a clemência. Contudo, é inegável que no fogo há luz, e que na luz há fogo.

Não condenemos, portanto, o amor sob todos os aspectos em que se nos apresente. Neste mundo tudo é imperfeito; porém, através das imperfeições, caminhamos para a perfeição. É na fraqueza, disseram a Paulo as vozes do Céu, que se desenvolve a fortaleza. E o Apóstolo das gentes compreendeu tão bem aquela asserção que, depois, assim se manifestava em suas epístolas: "Quando me sinto fraco, estou forte".

Gravemos apenas isto em nossa mente, de modo indelével: o amor é a vida, sem amor ninguém vive. Quanto mais e melhor o compreendermos — na relatividade sempre de nossas faculdades — mais e melhor viveremos. A intensidade da vida está na razão direta da influência do amor. A vida mede-se por grau, como o calor. Mesmo na Terra, pode-se viver mais ou viver menos, não só quanto ao tempo, mas principalmente quanto à intensidade, à profundeza da vida. Podemos concentrar em nós maior ou menor soma da vida universal, que é a vida infinita. Isto importa numa questão de amor, porque, como dissemos, viver é amar.

Assim se explicam as palavras de Jesus: *Eu vim a este mundo para que tenhais vida, e a tenhais em abundância.* Daí a procedência do mandamento: *Amai-vos uns aos outros.*

O Evangelho do reino

O Evangelho constitui uma fonte inexaurível de bênçãos. Tem-se tirado e continua-se tirando desse tesouro gemas preciosas sem que jamais qualquer redução se verifique em seu conteúdo. Parece que quanto mais sofregamente se apossam de suas riquezas mais se pronuncia a fecundidade desse tesouro.

Cada dia se nos depara um diamante novo, uma pedra diferente daquela até então recolhida. Que aluvião de cores, feitios, configurações e aspectos!

Que soma infinita de nuances! Quanta preciosidade se vai encontrando através de filões bastas vezes explorados! Quanta maravilha oculta em suas jazidas inesgotáveis! Quanta riqueza ao alcance de todos os homens e para eles destinada, e quanta gente na carestia e até na miséria!

E que tesouro tão singular; tem de tudo: ouro puríssimo, platina, pedras preciosas, tais como — diamante, rubi, safira, esmeralda, topázio, ametista, opalas e turquesas; e, ao lado dessa opulenta pedraria, sem que a sabedoria humana possa explicar o milagre, encontram-se fios de soberbas pérolas!

E tudo isso ignorado da maioria dos homens! Todos esses bens encobertos pela nuvem espessa do teologismo confuso, infecundo, esterilizador da inteligência, da vontade e dos sentimentos!

Oh! digamos com Wagner: Quão mais simples é o Evangelho, do que os Concílios, os tantos padres teólogos de todas as raças! Quão mais fortificante do que suas doutas algaravias é uma só palavra de Jesus!

Quem nos livrará da mixórdia dos escribas, fazendo que de novo ouçamos a voz do Sermão do Monte?

O Caminho, a Verdade e a Vida

Jesus reúne em si mesmo as duas naturezas: humana e divina. Humana porque, como disse Paulo, se apresentou na Terra em semelhança da carne do pecado. Divina porque desceu do Céu: não era deste mundo.

Jesus Cristo humano é a imagem do homem atingindo o supremo grau de perfeição na escala hominal: é o homem sublimado. Daí por diante cessa a escala humana e começa a divina: extingue-se o hominal, consumando-se a ressurreição do *espiritual*. À medida que o hominal diminui, cresce o espiritual, que acaba por absorvê-lo. Jesus é o modelo, é o arquétipo dessa metamorfose sublime. É o espelho que foi dado ao homem para que ele pudesse ver, num reflexo vivo, a transição do humano para o divino.

Para tornar-se, como se tornou, *o caminho, a verdade e a vida*, Jesus realizou no cenário terreno, aos olhos da Humanidade, a trajetória que o homem há de realizar na conquista gloriosa dos seus destinos.

Bendito seja o Filho de Deus que, para salvar o mundo, não mediu sacrifícios. Baixou lá do alto, nivelando-se aos cá de baixo; e, mesmo na baixeza humana, tomou o derradeiro plano, nascendo num estábulo e morrendo numa cruz.

Excertos

Só há um jugo suave, só há um fardo leve: o amor.

Só há uma servidão que não avilta, antes enobrece: a servidão do amor.

O amor é jugo, porque prende; é fardo, porque se faz sentir. Mas é fardo leve e jugo suave, porque pesa com blandícia e liga com doçura.

O amor prende com plena aquiescência do mesmo prisioneiro: daí por que é doce a sua prisão.

A escravidão do amor é a única que enobrece, porque o próprio senhor se torna, a seu turno, escravo, em pleno exercício de sua soberania. O rei e o vassalo se confundem no amor, pois ambos reinam um sobre o outro, e ambos se submetem reciprocamente ao mesmo reinado e à mesma vassalagem!

No amor não há constrangimento: todos os seus atos e todos os seus gestos são naturais, são espontâneos, são voluntários.

Só o amor possui o segredo da felicidade, porque é só através do amor que todos podem viver a vida de cada um, e cada um pode viver a vida de todos. Ora, a felicidade não é outra coisa senão a mesma vida bem vivida, isto é, vivida em abundância, em toda a sua plenitude.

***

O Evangelho é o livro maravilhoso onde se aprende a verdade sob os seus múltiplos e variados aspectos. É o compêndio de higiene em sua alta significação, abrangendo o corpo e o espírito. É o livro da vida, considerada em sua lídima e lata expressão.

***

Deus meu! por que não saras as chagas humanas? Por que não suprimes a enfermidade e a dor que nos fere?

Deus quer fazê-lo, porque é amor; pode fazê-lo, porque é força; mas não o faz, porque é justiça!

***

Os deturpadores da verdade, os mistificadores da justiça, os adversários da liberdade, os violadores do direito, os opressores dos povos — tais são os inimigos do Cristianismo, os verdugos de Jesus, por isso que são esses elementos que impedem a vinda do Reino de Deus, que é o da justiça, da verdade e do amor.

***

Como pensas tu, que és demônio, em fazer de outrem anjo? Sonhador! transforma-te, converte-te primeiramente a ti próprio, e, depois, apresenta-te ao divino Alquimista suplicando-lhe que, por teu intermédio, opere a transmutação dos metais vulgares em ouro puro.

***

Eu vim a este mundo para um juízo, a fim de que os que não veem, vejam; e os que veem, se tornem cegos (João, 9:39).

E assim, hoje como outrora, Jesus, que é o lume da vida, continua fazendo com que, os que nada veem através da sua insciência, vejam; e os que veem pelo vidro opaco de suas vaidades e presunções se tornem cegos.

***

A ideia de responsabilidade está intimamente ligada à de imortalidade.

Se queremos responsabilizar os homens, temos que admitir a imortalidade como postulado real e positivo.

Não será no decorrer de uma existência, considerada insuladamente, que veremos recair sobre ela a responsabilidade de seus atos, como efeito natural das causas que gerou.

Há causas cujos efeitos são, por assim dizer, imediatos. Outras há, porém, de consequências remotas; mas, nem por isso, menos certas e evidentes.

Só através da imortalidade, portanto, podemos sustentar a responsabilidade do homem.

Aqui, neste cenário, em existências ulteriores; no além, como entidades desembaraçadas da libré de carne, o Espírito responderá fatalmente pelos seus atos.

Não importam o estado ou as condições em que se encontre; o bem e o mal que tiver praticado recairão sobre ele.

Assim se verifica a responsabilidade através da imortalidade.

Jesus, o expoente máximo da Lei, cognominado, por isso, o Verbo humanado, sustentou ambos os enunciados, mostrando nos mesmos a sanção da indefectível Justiça Divina, a pairar soberana acima de todas as contingências do tempo e do estado em que o espírito possa encontrar-se.

É o que se infere claramente destas palavras suas:

Não penseis que vim revogar a Lei ou os profetas; não vim revogar, mas cumprir. Porque, em verdade, vos digo: enquanto não passarem o céu e a terra, de modo nenhum passará da Lei um só i ou um só til, sem que tudo se cumpra. Aquele, pois, que violar um destes mínimos mandamentos e assim ensinar aos homens será chamado mínimo no Reino dos Céus; mas aquele que os observar e ensinar será grande no Reino dos Céus. Porque vos digo que, se a vossa justiça não exceder a dos escribas e fariseus, de modo nenhum entrareis no Reino dos Céus (Mateus, 5:17 a 20).

***

É muito difícil encontrar quem arrazoe das coisas, independente das influências que o cercam, das circunstâncias do momento e, sobretudo, das injunções dos interesses a que se acha submetido.

No entanto, só se pode lobrigar a verdade, investigando com isenção de ânimo, com serenidade de espírito e completa ausência de fatores externos e de ideias preconcebidas.

Daí os dizeres do Mestre: *Em verdade vos digo que se não vos fizerdes como as crianças, não entrareis no Reino dos Céus* (Mateus, 18:3).

O indivíduo é, geralmente, o que é o meio em que vive e de onde resultam para ele os elementos de subsistência e de tudo o mais que satisfaça e corresponda aos seus desejos e às suas ambições.

Aquele que consegue elevar-se acima de todas as influências e de todas as conjunturas, e que é capaz de pensar e agir por conta própria, atendendo somente a voz da razão e da consciência — esse é o gênio, o super-homem a caminho do Homem-Deus.

***

Enquanto Jesus espera e luta pela vinda do Reino de Deus à Terra, permanece sua paixão, porque ela está no anseio com que Ele aguarda aquele acontecimento, objeto ardente de um ideal acalentado há vinte séculos, e até hoje embaraçado pela maldade dos homens.

***

Vigiai e orai — aconselha o Mestre. Quer isso dizer: confiai e desconfiai. Quem vigia desconfia. Quem ora confia.

Confiai em Deus e na sua Justiça. Desconfiai dos homens, da tentação e das fascinações do século; mas, sobretudo, desconfiai de vós mesmos.

Sede simples como as pombas e prudentes como as serpentes; isto é, nem a todos deveis abrir as portas do vosso coração.

***

Os atos do homem religioso (no legítimo sentido do termo) estão subordinados à consciência; a consciência, iluminada pela razão; e a razão, fortalecida pela fé. Daí o caminho da perfeição.

***

Não será adivinhando, nem por obra do acaso, mas meditando, raciocinando e porfiando que solucionaremos os problemas da vida.

***

Covardia é fugir das dificuldades da vida pela porta das aventuras, ainda que perigosas.

***

A verdadeira coragem está em preferir, à estrada larga e cômoda das facilidades obtidas, à custa do brio e da honra, o caminho estreito, íngreme e pedregoso do dever que, impondo, embora, renúncias e sacrifícios, permite viver em paz com a consciência e conservar ilesa a dignidade própria.

***

Modelos e padrões: Negro como o azeviche, branco como o arminho, duro como o diamante, quente como o fogo, frio como a neve, austero como o espartano, justo como Jesus, bela e humilde como Maria... impudente e cínico como os inescrupulosos profissionais da política.

***

Qual semeador, espalha pelo caminho da vida pequenas alegrias; verás como, centuplicadas, elas volverão a ti.

***

"O último inimigo a vencer é a morte", disse Paulo.

Como se vencerá esse inimigo? Morrendo? Absolutamente não: vivendo, e vivendo eternamente.

***

Os que não vacilam em regar o solo com sangue são geralmente os que se furtam a regá-lo com o suor do rosto, como preceitua a Lei de Deus.

***

O egoísmo vem do instinto. Pode, portanto, ser astuto e sagaz, porém, nunca inteligente.

***

Ninguém se lembra de Deus para agradecer o que tem, mas sim para reclamar o que não tem.

***

Muitos são os que professam a doutrina de Jesus; porém, poucos, bem poucos os que a praticam. Entre professar e praticar o Cristianismo vai um abismo de distância.

***

Um olhar carinhoso teu, ó Redentor e Senhor Nosso! para quem nasceu sem lar, perdeu o pai e nunca teve mãe!

***

Guerra é a inversão de toda a Lei Natural e a perversão de todos os sentimentos.

***

Amar é ter a alma em estado de santidade. Nesse estado, tudo o que se faz é bom, é agradável a Deus: uma palavra, um aperto de mão, um gesto, um olhar, uma côdea de pão — é sempre a expressão do bem, porque é o reflexo, a refulgência do amor.

Fora desse estado não existe virtude alguma, nem mesmo no mais melodramático sacrifício.

***

A Terra está para a Humanidade como o corpo está para o espírito.

***

Se és grande, lembra-te dos pequenos;

Se és forte, ampara os fracos;

Se és poderoso, defende os humildes;

Se és rico, pensa nos pobres e famintos;

Se és bom, amisera-te dos maus;

Se és justo, compadece-te dos iníquos;

Se és sábio, interessa-te pelos ignorantes;

Se és puro, apiada-te dos viciados;

Se és livre, condói-te dos escravos;

Se estás com Deus e o conheces, deplora e penaliza-te dos que o desconhecem e não percebem a sua presença.

Se, porém, não te lembras dos pequenos, nem amparas os fracos, nem defendes os humildes, nem pensas nos pobres, nem te amiseras dos maus, nem te compadeces dos viciados, nem te condóis dos escravos, nem deploras, nem te penalizas dos que desconhecem Deus — realmente não és grande, nem forte, nem poderoso, nem rico, nem bom, nem justo, nem sábio, nem puro, nem livre; e, finalmente, não é verdade tampouco que conheces Deus e sentes a sua divina presença.

**

Como se denomina certa organização que cuida de produzir mais eleitores inconscientes, mais comissões, mais impostos, mais lucros nas desapropriações e mais sinecuras? Que prescreve e galardoa a transigência incondicional com a vontade dos poderosos e grandes do dia, a complacência com a fraude e o dolo, o conluio amistoso no jogo de interesses, a hipocrisia e o cinismo? Enfim, que nome tem essa máquina de desfibrar caracteres, de amortecer os sentimentos, de liquefazer o brio e a dignidade humana? POLÍTICA!

O pêndulo da vida

Dormem os olhos, dormem os ouvidos, dorme o olfato, dorme o paladar, dormem os sentidos todos.

Dormem os músculos, dormem os nervos motores e os sensitivos; dorme o cérebro e, com ele, a razão. Dormem os lábios, dorme a língua e, com ela, a palavra, o canto, a exclamação.

Dorme a dor e dorme o prazer, dormem as lágrimas e dorme o riso também. Dorme a esperança e repousa a fé: só o coração não dorme, só ele vela dia e noite, pulsando sempre, sustentando com suas batidas isócronas o ritmo eterno da vida!

Tudo dorme, só o coração vigia e palpita incessantemente, porque é a sede do amor, e sem amor não há vida.

Tudo dorme, para todos há dia e há noite, há sono e vigília: só ao coração não é dado repousar! Para ele só existe o dia, o Sol sem ocaso, no zênite perpétuo, sempre vivo, brilhante e quente!

Tudo dorme: só não dorme o coração, porque sendo o órgão do amor é, por isso mesmo, o pêndulo da vida, oscilando no relógio da eternidade.

O EVANGELHO NO LAR

Quando o ensinamento do Mestre vibra entre quatro paredes de um templo doméstico, os pequeninos sacrifícios tecem a felicidade comum.[1]

Quando entendemos a importância do estudo do Evangelho de Jesus, como diretriz ao aprimoramento moral, compreendemos que o primeiro local para esse estudo e vivência de seus ensinos é o próprio lar.

É no reduto doméstico, assim como fazia Jesus, no lar que o acolhia, a casa de Pedro, que as primeiras lições do Evangelho devem ser lidas, sentidas e vivenciadas.

O espírita compreende que sua missão no mundo principia no reduto doméstico, em sua casa, por meio do estudo do Evangelho de Jesus no Lar.

Então, como fazer?

Converse com todos que residem com você sobre a importância desse estudo, para que, em família, possam compreender melhor os ensinamentos cristãos, a partir de um momento de união fraterna, que se desenvolverá de maneira harmônica e respeitosa. Explique que as reflexões conjuntas acerca do Evangelho permitirão manter ambiente da casa espiritualmente saneado, por meio de sentimentos e pensamentos elevados, favorecendo a presença e a influência de Mensageiros do Bem; explique, também, que esse momento facilitará, em sua residência, a recepção do amparo espiritual, já que auxilia na manutenção de elevado padrão vibratório no ambiente e em cada um que ali vive.

Convide sua família, quem mora com você, para participar. Se mora sozinho, defina para você esse momento precioso de estudo e reflexões. Lembre-se de que, espiritualmente, sempre estamos acompanhados.

Escolha, na semana, um dia e horário em que todos possam estar presentes.

O tempo médio para a realização do Evangelho no Lar costuma ser de trinta minutos.

---

[1] XAVIER, Francisco Cândido. *Luz no lar.* Por Espíritos diversos. 12. ed. 7. imp. Brasília: FEB, 2018. Cap. 1.

As crianças são bem-vindas e, se houver visitantes em casa, eles também podem ser convidados a participar. Se não forem espíritas, apenas explique a eles a finalidade e importância daquele momento.

O seguinte roteiro pode ser utilizado como sugestão:

1. Preparação: leitura de mensagem breve, sem comentários;
2. Início: prece simples e espontânea;
3. Leitura: *O evangelho segundo o espiritismo* (um ou dois itens, por estudo, desde o prefácio);
4. Comentários: breves, com a participação dos presentes, evidenciando o ensino moral aplicado às situações do dia a dia;
5. Vibrações: pela fraternidade, paz e pelo equilíbrio entre os povos; pelos governantes; pela vivência do Evangelho de Jesus em todos os lares; pelo próprio lar...
6. Pedidos: por amigos, parentes, pessoas que estão necessitando de ajuda...
7. Encerramento: prece simples, sincera, agradecendo a Deus, a Jesus, aos amigos espirituais.

As seguintes obras podem ser utilizadas nesse momento tão especial:

- *O evangelho segundo o espiritismo*, como obra básica;
- *Caminho, verdade e vida; Pão nosso; Vinha de luz; Fonte viva; Agenda cristã*.

Esse momento no lar não se trata de reunião mediúnica e, portanto, qualquer ideia advinda pela via da intuição deve permanecer como comentário geral, a ser dito de maneira simples, no momento oportuno.

No estudo do Evangelho de Jesus no Lar, a fé e a perseverança são diretrizes ao aprimoramento moral de todos os envolvidos.

O LIVRO ESPÍRITA

Cada livro edificante é porta libertadora.

O livro espírita, entretanto, emancipa a alma nos fundamentos da vida.

O livro científico livra da incultura; o livro espírita livra da crueldade, para que os louros intelectuais não se desregrem na delinquência.

O livro filosófico livra do preconceito; o livro espírita livra da divagação delirante, a fim de que a elucidação não se converta em palavras inúteis.

O livro piedoso livra do desespero; o livro espírita livra da superstição, para que a fé não se abastarde em fanatismo.

O livro jurídico livra da injustiça; o livro espírita livra da parcialidade, a fim de que o direito não se faça instrumento da opressão.

O livro técnico livra da insipiência; o livro espírita livra da vaidade, para que a especialização não seja manejada em prejuízo dos outros.

O livro de agricultura livra do primitivismo; o livro espírita livra da ambição desvairada, a fim de que o trabalho da gleba não se envileça.

O livro de regras sociais livra da rudeza de trato; o livro espírita livra da irresponsabilidade que, muitas vezes, transfigura o lar em atormentado reduto de sofrimento.

O livro de consolo livra da aflição; o livro espírita livra do êxtase inerte, para que o reconforto não se acomode em preguiça.

O livro de informações livra do atraso; o livro espírita livra do tempo perdido, a fim de que a hora vazia não nos arraste à queda em dívidas escabrosas.

Amparemos o livro respeitável, que é luz de hoje; no entanto, auxiliemos e divulguemos, quanto nos seja possível, o livro espírita, que é luz de hoje, amanhã e sempre.

O livro nobre livra da ignorância, mas o livro espírita livra da ignorância e livra do mal.

EMMANUEL[1]

---

[1] Página recebida pelo médium Francisco Cândido Xavier, em reunião pública da Comunhão Espírita Cristã, na noite de 25 de fevereiro de 1963, em Uberaba (MG), e transcrita em *Reformador*, abr. 1963, p. 9.

LITERATURA ESPÍRITA

Em qualquer parte do mundo, é comum encontrar pessoas que se interessem por assuntos como imortalidade, comunicação com Espíritos, vida após a morte e reencarnação. A crescente popularidade desses temas pode ser avaliada com o sucesso de vários filmes, seriados, novelas e peças teatrais que incluem em seus roteiros conceitos ligados à Espiritualidade e à alma.

A literatura espírita apresenta argumentos fundamentados na razão, que acabam atraindo leitores de todas as idades. Os textos são

Os ensinamentos espíritas trazem a mensagem consoladora de que existe vida após a morte, e essa é uma das melhores notícias que podemos receber quando temos entes queridos que já não habitam mais a Terra. As conquistas e os aprendizados adquiridos em vida sempre farão parte do nosso futuro e prosseguirão de forma ininterrupta por toda a jornada pessoal de cada um.

Cada vez mais, a imprensa evidencia a literatura espírita, cujas obras impressionam até mesmo grandes veículos de comunicação devido ao seu grande número de vendas. O principal motivo pela busca dos filmes e livros do gênero é simples: o Espiritismo consegue responder, de forma clara, perguntas que pairam sobre a Humanidade desde o princípio dos tempos. Quem somos nós? De onde viemos? Para onde vamos?

trabalhados com afinco, apresentam boas histórias e informações coerentes, pois se baseiam em fatos reais.

Divulgar o Espiritismo por meio da literatura é a principal missão da FEB, que, há mais de cem anos, seleciona conteúdos doutrinários de qualidade para espalhar a palavra e o ideal do Cristo por todo o mundo, rumo ao caminho da felicidade e plenitude.

www.febeditora.com.br
@febeditoraoficial
@febeditora

Conselho Editorial:
Carlos Roberto Campetti
Cirne Ferreira de Araújo
Evandro Noleto Bezerra
Geraldo Campetti Sobrinho – Coord. Editorial
Jorge Godinho Barreto Nery – Presidente
Maria de Lourdes Pereira de Oliveira
Miriam Lúcia Herrera Masotti Dusi

Produção Editorial:
Elizabete de Jesus Moreira

Capa:
Agadyr Torres Pereira

Projeto Gráfico:
Dimmer Comunicações Integradas

Normalização Técnica:
Biblioteca de Obras Raras e Documentos Patrimoniais do Livro

Esta edição foi impressa no sistema de Impressão pequenas tiragens, todos em formato fechado de 140x210 mm e com mancha de 100x170mm. Os papéis utilizados foram o Off white 80 g/m² para o miolo e o Cartão 250 g/m² para a capa. O texto principal foi composto em fonte Minion Pro 12/14,4 e os títulos em Stone Serif Italic 24/24. Impresso no Brasil. *Presita en Brazilo.*